지포止浦 김구金坵 선생 시詩 전집全集

- 주해(註解)와 상설(詳說) -

지포 김구 학술총서 ②
지포止浦 김구金坵 선생 시詩 전집全集
주해(註解)와 상설(詳說)

2024년 11월 15일 초판1쇄 인쇄
2024년 11월 22일 초판1쇄 발행

편저자 | 신병기 · 문혜정
발행인 | 김영환
발행처 | 도서출판 다운샘

05661 서울특별시 송파구 중대로27길 1
전화 (02)449-9172 팩스 (02)431-4151
E-mail : dusbook@naver.com
등록 제1993-000028호

ISBN 978-89-5817-550-6 04990
ISBN 978-89-5817-549-0 (세트)

값 21,000원

지포 김구 학술총서 2

지포止浦 김구金坵 선생 시詩 전집全集
- 주해(註解)와 상설(詳說) -

김병기
문제선

머리말

　포폄(襃貶)이라는 말이 있다. '襃는 '기릴 포'라고 훈독하는 글자로서 '포상(襃賞:기려 상을 줌. 칭찬하고 장려하여 상을 줌)'이 그 주요한 뜻이다. '貶'은 '깎을 폄, 떨어뜨릴 폄'이라고 훈독하는 글자로서 '폄하(貶下:가치를 깎아 내림)'가 그 주요한 뜻이다.

　'춘추필법(春秋筆法)'이라는 말이 있다. '대의명분을 밝혀 세우는 역사 기록자의 군엄한 글쓰기'를 이르는 말이다. 즉 기려 칭찬할 것을 명확하게 기려 칭찬하고, 꾸짖어 깎아내릴 것을 명확하게 꾸짖어 깎아내리는 정확한 개관적 글쓰기 방법을 '춘추필법'이라고 하는 것이다. 이 말은 공자가 엮은 『춘추(春秋)』라는 책의 문장에 공자의 역사비판 의식이 잘 나타나 있다고 하는 데서 비롯된 것으로, 중국의 경서 『춘추』와 같은 비판적인 태도로 오직 객관적 사실에 입각하여 기록하는 것을 의미한다. 달리 '춘추직필(春秋直筆)'이라고도 한다.

　『춘추』는 중국 고대의 사서(史書)로, 춘추시대 노(魯)나라 은공(隱公) 초년(BC 722)부터 애공(哀公) 14년(BC 481)에 이르기까지 12대 242년간의 편대기이다. 『맹자』에 따르면 기원전 5세기 초에 공자가 엮은 것으로 전해진다. 노나라 242년간의 사적에 대하여 간결한 사실(史實)을 적고, 선악을 논하고 대의명분을 밝혀 그것으로써 후세 사람들에게 손왕(尊王)의 길을 가르침으로써 천하의 질서를 유지하려 한 것으로 전해진다. 이런 의도로 『춘추』를 집필하면서 공자가 채용한 표현법이 곧 '춘추필법'으로 일컬어졌으며, '춘추삼전(春秋三傳)'으로 불리는 『공양전(公羊傳)』, 『곡량전(穀梁傳)』, 『좌씨전(左氏傳)』 등 공자의 원작 『춘추』에 대한 세 주석서 또한 '춘추필법'으로 쓴 편년체(編年體) 역사서로 전해오고 있다.

공자는 춘추시대 말기 사람으로 노나라 태생이다. 그가 살던 시대는 하극상과 약육강식이 만연했던 시대였다. 공자는 그런 시대의 혼란상을 저마다 자기 직분을 잃고 있기 때문에 나타난 현상이라고 판단하여 '임금은 임금, 신하는 신하, 부모는 부모, 아들은 아들다워야 한다(君君, 臣臣, 父父, 子子).'라고 말하여 각자의 직분을 지켜야 함을 강조했다. 그리고 과거를 거울삼아 기강이 무너진 천하를 바로잡아야겠다는 취지로『춘추』를 집필하게 되었다. 사건을 기록하는 기사(記事), 직분을 바로잡는 정명(正名), 칭찬과 비난을 엄격히 하는 포폄(褒貶)의 원칙을 세워, 여기에 어긋나는 것은 철저히 배격했으며, 오직 객관적인 사실에 입각하여 자신의 판단에 따라 집필하였다. 특히 앞선 시대 왕들의 업적을 평가할 때에도 이 원칙은 예외 없이 지켰다.

역사에 위대한 업적을 남긴 인물이 제대로 평가를 받지 못하고 그 이름이 묻힌다거나, 역사를 퇴행시킨 사악한 인물이 오히려 기림을 받는다면 세상은 큰 위험을 맞게 된다. 가치관에 혼돈이 생겨 지향할 목표가 없어지기 때문에 각자가 종욕적(從慾的)인 삶 즉 자기 욕심 내키는 대로 살게 되어 동물의 세계나 다를 바 없는 약육강식의 사회가 형성되므로 큰 위험에 빠지게 되는 것이다. 동·서양에 다소간의 차이가 있기는 하지만 유사 이래로 인류는 개인의 삶이든 국가의 존망이든 역사로 평가하곤 하였다. 특히, 한자문화권에서는 춘추필법의 영향으로 더욱더 역사를 중시하고 역사로 개인의 삶을 평가했다. 서양이 기독교적 종교관으로 현세를 사는 인류를 윤리 도덕적으로 살게 하는 장치를 삼았다면 동방 한자문화권에서는 역사를 사람으로 하여금 윤리 도덕적으로 살게 하는 장치로 삼았다. 서양이 대개 현세를 하느님의 뜻에 따라 살면 죽어서 하느님 나라에 가게 된다는 종교관으로 현세를 하느님의 뜻에 맞춰 선하게 살도록 유도했다면, 한자문화권에서는 현세를 사악하게 살면 역사에 오명을 남겨 자손 대대로 오명을 안고 살아야 한다는 역사의식으로 현세를 선하게 살도록 유도한 것이다. 따라서 한자문화권에서는 춘추필법이 절실하게 필요했다. 모든 개인의 삶을 역사라는 이름으로 사실적 객관적으로 올바르게 기억하도록 함으로써 망자는 물론 그 후손들에게 억울함이 미치게 해도 안 되고, 거짓 명예를 안겨 주는 일이 생겨서는 안 되기 때문에 춘추필법이 절실하게 필요했던 것이다.

그런데, 우리 사회에서는 포폄이 제대로 이루어지지 않아서 민족 반역자나 매국노가 오히려 호의호식하고 국가와 민족을 위해 큰 공을 쌓은 사람이 과소평가 되거나 지워져 버리는 경우가 허다하게 일어나곤 하였다. 특히 요즈음 2~3년 들어 포폄이 잘못되는 사태가 수시로 도처에서 발생하고 있다. 지난 일은 지난 일대로, 현재 일어나고 있는 일은 현재의 일대로, 포폄이 정확하게 되어야 사람들은 살아갈 희망을 갖는다. 그리고 어떤 어려움 앞에서도 바르게 살려는 의식을 버리지 않게 된다. 그러므로 먼 과거 역사 속의 인물이나 사건에 대해서도 항상 되돌아보며 포폄을 잘 못한 부분이 있거나 억울하게도 역사의 그늘 속에 묻혀 버린 인물이 없는지를 살펴서 잘 찾아내어 바른 포폄을 해야 한다.

우리의 역사를 되돌아볼 때 잊히거나 공로에 비해 턱없이 낮게 평가된 인물이 적지 않다. 고려 후기의 관료이자 외교관이었으며, 학자이자 문장가였던 지포 김구 선생도 행적이 묻히는 바람에 공적에 비해 낮은 평가를 받아왔던 인물 중의 하나이다. 나는 유·청년 시절부터 나의 아버지로부터 "지포 김구 선생이 무척 훌륭하신 분이셨는데 세상 사람들이 그분이 남긴 공적을 잘 알지 못해서 참 안타깝다. 장차 너의 한문 공부가 웬만한 수준에 오르거든 지포 김구 선생에 대해 연구해서 그분의 공적이 가감 없이 세상에 알려지도록 했으면 좋겠다."는 말씀을 듣곤 하였다. 그리고 2012년 아버지는 선서(仙逝)하셨다. 나는 아버지께서 돌아가시기 전에 내가 지포 선생에 대해 관심을 가지고 연구하고 있다는 점을 보여 드리기 위해 아버지께서 90세이던 해인 2011년 12월에 전라북도와 부안군의 지원을 받아 첫 번째 문정공 지포 김구 선생 학술대회를 개최하였다. 그해는 마침 지포 선생 탄신 800주년이 되는 해였다. 같은 해에 부안김씨 문중에서는 「문정공 지포 김구 선생 탄신 800주년 기념사업추진위원회」를 결성하여 기념사업을 추진하였다. 학술대회 개최 소식과 기념사업추진위원회 결성 소식을 들으신 아버지께서는 무척 기뻐하셨다. 그리고 이듬해 3월에 아버지께서는 병석에 누우셨고 그해 5월에 선서(仙逝)하셨다. 그 해 즉 2012부터 부안김씨 문중에서는 문정공 지포 김구 선생 탄신 800주년 기념사업을 활발하게 추진하였다. 그 첫 번째 사업으로 '문정공 지포 김구 선생 시비' 건립이 있었고 성대한 제막식을 가졌다. 병풍 모양의 시비를 내가 직접 설계했고, 시비에 새길 시를 내가 혼신의 힘을 다해 서예작품으로 썼다. 이후, 김구 선생에 대한 나의 연구는 한층 더 진지해졌다. 해마다 지포 김구 학술대회를 개최하여 이미 13회를 치렀다.

 올해로 14회를 맞는 학술대회, 지난 13회까지 김구 선생을 다각도로 조명한 논문들이 연평균 5편씩 발표되었다. 그 과정에서 김구 선생이 제주도에 돌 밭담을 정책적으로 쌓은 행적이 구체적으로 드러나게 되었고, 대몽고 외교에서 얻은 성과와 공적이 의외로 크다는 사실이 밝혀졌다. 김구 선생이 원나라에 보내는 표전문이 원나라 황제를 설득하고 감동시킴으로써 고려가 외교적 성과를 거두어 국가 존망의 난국을 슬기롭게 극복할 수 있었던 점을 확인할 수 있었으며, 고려와 원나라 황실과의 결혼 동맹을 성사시킨 인물이 바로 김구의 장자 김여우(金汝盂)라는 사실도 밝혀졌다. 이런 학술대회를 기획하고 진행하는 과정에서 충렬왕이 김여우에게 하사한 공신녹권인 단권(丹券)을 발견하는 쾌거도 이루었다. 이 과정에서 나는 개인적으로 연구한 부안김씨에 대한 내력과 김구 선생의 위상 그리고 김구 후예들의 활동 내용 등을 엮어 『부안김씨 연구』(2019, 다운샘)라는 책을 출간했고, 김구 선생의 일대기를 요약한 『고려 말 시대를 앞서간 선각자 지포 김구』(2021, 다운샘)도 출간했다. 그리고 부안군의 지원을 받아 『고려 명현 지포 김구 선생과 그 후예관련자료 집성』(2022, 다운샘)을 총서 형식으로 발간이었다.

학술대회가 지속되는 동안 『지포선생문집』에 대한 연구가 다각도로 진행되었다. 그중에서도 지포 선생이 남긴 12제 14수의 시에 대해 여러 연구자들이 상세한 연구를 하였다. 시에 담긴 여러 역사적 사실과 당시의 시대상 및 김구의 사상과 감정이 거의 대부분 밝혀졌다. 그리고 『지포선생문집』에 수록되지 않은 시도 새롭게 3수를 찾아내게 되었다. 이에, 김구의 시집 정본(定本)을 확정하고, 지포의 시에 대해 현 시점에서 할 수 있는 담론을 망라하여 단행본으로 출간할 필요성을 느끼게 되었다. 이런 필요성에 의해 저술된 책이 바로 이 『지포김구 학술총서2 지포止浦 김구金坵 선생 시 전집全集 - 주해(註解)와 상설(詳說)-』이다. 앞서 2022년에 발간한 『고려 명현 지포 김구 선생과 그 후예관련자료 집성』이 총서 형식으로 출간한 첫 번째 도서이므로 비록 당시 서명(書名)에 '총서'임을 명기하지는 않았지만 그 책을 '총서 1'로 보고 이번에 출간한 『지포止浦 김구金坵 선생 시 전집全集 - 주해(註解)와 상설(詳說)-』에 '총서2'라는 표제어를 붙인 것이다.

부안군의 2024년 예산을 지원받아 출간하는 책이다 보니 '2024년 연내 출간'이라는 시간상의 제약으로 인해 좀 더 꼼꼼하게 살피지 못하고 '다음'을 기약하며 넘긴 부분이 더러 있다. 그런 부족한 면이 있음에도 불구하고 이 책이 김구 선생에 대해 연구하는 분들께 조금이나마 도움이 되기를 기대해 본다. 그리고 '다음'을 기약한 부분에 대해서도 차후 여러 연구자들께서 보충, 보완해 주시기를 바란다.

함께 연구한 문혜정 박사께 감사하고, 졸저를 흔쾌히 맡아 출간해 주신 도서출판 다운샘의 김영환 사장께 깊이 감사드린다.

2024년 10월 일
전주시 일우(一隅) 학재(鶴齋)에서 김 병 기 識

일러두기

1. 전문 학술서이지만 일반인들도 쉽게 읽을 수 있도록 전문용어는 ( )에 한자를 병기하였다.
2. 시를 배치한 순서는 제재별 분류, 시대순 배열 등을 고려하지 않고 『지포선생문집』의 원 편차(編次)를 중시하여 『지포선생문집』의 편차를 따랐다.
3. 시어(詩語)에 대한 「주해(註解)」는 사전적 의미와 함께 역사적 사실에 근거하여 최대한 객관적인 풀이를 하고자 노력하였다.
4. 「상설(詳說)」은 해당 시와 관련하여 할 수 있는 설명을 최대한 다하려고 노력하였다.
5. 본서의 저술과정에서 김구 선생의 시를 통해 느낀 의기(義氣)와 정취(情趣)를 서예작품으로 표현해 보았던 것의 일부를 함께 수록함으로써 독자와 공감하고자 하였다.

목차

머리말 / 5

일러두기 / 11

Ⅰ. 『지포선생문집(止浦先生文集)』의 편간 과정 ·················· 19

Ⅱ. 지포 김구 선생 시 전집 - 주해(註解)와 상설(詳說) ············· 35

   1. 分水嶺途中분수령도중 분수령 넘는 길에 ················· 37
      주해(註解) ··· 38
      상설(詳說) ··· 42

   2. 出塞출새 국경을 벗어나 ····························· 54
      주해(註解) ··· 55
      상설(詳說) ··· 59

   3. 嘲圓覺經조원각경 원각경 조판을 조롱하다 ··············· 63
      주해(註解) ··· 64
      상설(詳說) ··· 65

   4. 落梨花낙리화 떨어지는 배꽃 ························· 72
      주해(註解) ··· 73
      상설(詳說) ··· 75

   5. 6. 宣政殿行大藏經道場音讚詩선정전행대장경도량음찬시 선정전에서
      대장경도량을 행할 때 응제(應製)한 부처님 공덕을 찬양한 시 (2수) ···· 81

주해(註解) ……………………………………………………… 83
　　상설(詳說) ……………………………………………………… 88
7.8. 上晉陽公상진양공 진양공에게 올리다 (2수) …………………… 94
　　주해(註解) ……………………………………………………… 96
　　상설(詳說) ……………………………………………………… 97
9. 中例消災道場音讚詩중례소재도장음찬시 중례로 치른 소재도량 음찬시 ·· 104
　　주해(註解) ……………………………………………………… 105
　　상설(詳說) ……………………………………………………… 107
10. 文机障子詩문기장자시 문기장자에 쓴 시 ………………………… 111
　　주해(註解) ……………………………………………………… 112
　　상설(詳說) ……………………………………………………… 114
11. 賀柳平章門生李右丞尊庇領門生獻壽 하유평장문생이우승존비영문생헌수
　　평장사 유경(柳璥)의 문생(門生)인 우승(右丞) 이존비(李尊庇)가
　　문생들을 거느리고 헌수하기에 이 수연(壽宴)을 하례하다 ……… 117
　　주해(註解) ……………………………………………………… 118
　　상설(詳說) ……………………………………………………… 120
12. 迎主教坊致語詩영주교방치어시 임금을 맞이하는 교방의 연회에서
　　올리는 축하의 시 ……………………………………………… 122
　　주해(註解) ……………………………………………………… 123
　　상설(詳說) ……………………………………………………… 126
13. 過西京(庚子歲朝蒙古過西京)과서경(경자세조몽고과서경)
　　서경을 지나며 (경자년에 몽고에 조회하러 서경을 지나며) ……… 139
　　주해(註解) ……………………………………………………… 141
　　상설(詳說) ……………………………………………………… 144

14. 過鐵州과철주 철주를 지나며 ·················· 149
　　주해(註解) ································· 151
　　상설(詳說) ································· 152

15. 上白蓮社天頙禪師詩상백련사천책선사시
　　백련사 천책선사에게 올리는 시 ·············· 160
　　주해(註解) ································· 161
　　상설(詳說) ································· 163

16. 洪原縣題詠홍원현제영 홍원현에서 읊다 ········ 169
　　주해(註解) ································· 170
　　상설(詳說) ································· 170

17. 贈高休翁증고휴옹 고휴옹(고계림)에게 보내다 ·· 172
　　주해(註解) ································· 173
　　상설(詳說) ································· 174

[부록1] 문정공 지포 김구의 생애와 업적 ········ 177

　Ⅰ. 생애 ······································ 179
　　1. 이름은 구(坵), 자는 차산(次山), 신동 소문과 과거 합격 ········ 179
　　2. 12살에 조사(造士)에 선발, 22세에 과거 급제 ················ 180
　　3. 중앙 내직으로 귀환, 권신 최항(崔沆)과의 갈등 ·············· 183
　　4. 탁월한 문장력으로 외교역량 발휘와 연이은 승진 ············ 184
　Ⅱ. 업적 ······································ 186
　　1. 원나라와 소통하는 외교문서를 전담–실리외교, 자주외교 실천 ··· 186
　　2. 인재 양성을 위한 참외문신(參外文臣) 재교육 제도 제안 ······ 195
　　3. 성리학의 도입에 선도적 역할 ······························ 196

4. 안향 주벽 소수서원에 대한 김구 주벽 제향 도동서원의 의의 ·· 207
   5. 국립통역관양성기관 통문관(通文館)의 설치 ·················· 241
   6. 고려시대를 대표하는 뛰어난 시인이자 문장가 ················ 246
  Ⅲ. 결론 ··· 247

[부록2] 김구(金坵)의 제주 '돌 밭담' 축조와 그 인문학적 가치 ·· 253
  Ⅰ. 서론 ··· 255
  Ⅱ. 문집곧 지포 김구 '제주 돌 밭님 쌓기'에 대한 기록 ··········· 257
  Ⅲ. 제주 돌 밭담 이외 세계 유명 돌담의 유래 ···················· 264
   1. 프랑스의 경우 ·· 264
   2. 영국 아일랜드의 경우 ····································· 266
   3. 일본의 경우 ·· 267

  Ⅳ. 제주 돌 밭담의 인문학적 가치 ······························· 272
  Ⅴ. 제주 돌 밭담 인문학적 가치의 활용 방안 ···················· 275
   1. 극적인 스토리텔링 ·· 275
   2. 차별화된 관광 정책 ······································· 276
   3. 지포 김구 선생을 소재로 한 소설·영화·연극의 제작 ········ 277
  Ⅳ. 결론 ··· 278

[부록] 原典 影印
   止浦先生詩全集(우철) ·· 1-30

목차 15

지포 김구 선생 시 전집

I. 『지포선생문집(止浦先生文集)』의 편간 과정

　지포 김구의 시와 산문을 모아 놓은 『지포선생문집』에는 모두 14수의 시가 수록되어 있다. 비록 14수라고 하지만 이 숫자는 한 제목에 기일(其一), 기이(其二) 두 수로 지어진 수까지 포함만 숫자이고 제목만으로 치자면 모두 12제의 시가 수록되어 있다. 김구의 시에 대한 그동안의 연구는 『지포선생문집』에 수록된 12제 14수의 시를 대상으로 이루어졌다. 이경우는 「김구론(金坵論)」에서 『지포선생문집』에 수록되어 있는 14수 가운데 12수의 시를 분석하였고, 양진조는 「지포 김구 한시(漢詩) 연구」에서 15수를 제시하며 13수를 분석하였다. 김상일은 「지포 김구의 시문(詩文) 연구:불교시문과 표전문(表箋文)을 중심으로」에서 16수를 제시하며 불교와 관련된 시 6수를 분석하였으며, 전가람은 「고려 문단에서 지포 김구의 문학적 위상에 대한 소고(小考)」에서 김구의 시가 15수가 선한다고 소개하며 2수를 부기하였다. 앞선 수는 『지포선생문집』에 수록된 시 외에 1제 1수의 시를 더 찾아 분석하였고, 김상일은 2제 2수의 시가 더 있다는 정보를 제시하였으며, 전가람 역시 『지포선생문집』에 수록된 시 외에 1수의 시가 더 존재함을 인정하였다.1)

---

1) 이경우, 「김구론(金坵論)」, 『韓國漢詩作家研究』1, 太學社, 1995.
　양진조, 「지포 김구 한시(漢詩) 연구」, 『語文論集』, 1997.
　김상일, 「지포 김구의 시문(詩文) 연구 : 불교시문과 표전문(表箋文)을 중심으로」, 『동악어문학』, 2020.
　전가람, 「고려 문단에서 지포 김구의 문학적 위상에 대한 소고(小考) : 역대 지포(止浦) 시문에 대한 평가와 일화를 중심으로」, 『대동한문학』, 2020.

본서는 그간의 연구실적을 종합하고 또 새로운 자료를 분석하는 과정에서 현재 『지포선생문집』에 수록된 12제 14수 외에 3제 3수의 시가 더 있음을 파악하여 현전하는 김구의 시가 모두 15제 17수임을 최종 확인하였다. 아울러, 『지포선생문집』 편간의 모태가 된 『동문선(東文選)』과 현전하는 『지포선생문집』을 상세히 비교해본 결과 양자 사이에도 일부 글자가 서로 다르게 쓰여 있음을 확인하였다. 이러한 현상들을 보면서 현전하는 김구의 시를 모두 모아 『지포 김구 선생 시 전집』을 정본화(定本化)할 필요가 있다는 생각을 하게 되었다. 아울러, 그간 연구자들의 견해를 모으고 또 새로운 자료를 찾아 분석함으로써 김구의 시에 대해 상세한 주해(註解)를 하고, 그러한 주해를 바탕으로 각 시가 창작된 배경과 시가 함유하고 있는 가치 등에 대해 자세한 설명을 할 필요를 느꼈다. 이러한 필요에 의해 본서는 현전하는 지포 김구의 한시 모두를 모아 전집(全集)을 정본화(定本化)하고 각 시에 대해 주해와 상설(詳說)을 붙이는 작업을 하게 되었다.

『지포선생문집』은 김구 생전에 이루어졌다거나 김구 사후에 바로 이루어진 책이 아니다. 어떤 이유에서인지 분명히 본래 있었던 것으로 여겨지는 문집은 사라지고 지금 전하는 『지포선생문집』은 조선시대 순조 원년(1801)에야 출간된 것이다. 『지포선생문집』 서문에는 다음과 같은 설명이 있다.

> 우리나라 문장이 고려시대에 있어서 왕성하지 않은 것은 아니었지만 대개 그 남긴 문집들이 세간에 널리 펼쳐진 것이 매우 적고, 또 더러는 그 당시 수집 출판한 것도 병화에 타버림으로써 그 본래의 실적이 사라져 후세에 전할 수 없었으리라 생각된다. 내가 일찍이 동문선을 열람하다가 늘 이러한 점을 안타깝게 여겼으니 지포 김공의 사적이 곧 그중의 하나였다.

그러던 어느 날, 공의 후손 익(瀷)이 공의 유고 세 책을 가지고 나를 찾아와 보이기에 나는 나도 모르게 벌떡 일어나 한번 두루 읽고서 공에 대해 더욱 상세하게 알 수 있었다. … 중략 … 책의 분량이 비록 적기는 하나 각 문체가 두루 다 갖추어져 있어서 그다지 초라한 편은 아니다. 어찌 깃털 한 개의 값진 빛깔과 고기 한 점의 아름다운 맛이 아니겠는가? 여러 곳에서 나온 글들을 수집하여 정밀하게 교정함으로써 조금도 그릇되거나 뒤섞이지 않게 한 것은 이런 일을 추진한 여러 후손들의 성의가 다 근실하였기 때문이다. 처음으로 문집 간행을 주창한 인물은 공의 18세손인 동호(東灝)이다.2)

이 서문의 필자는 송환기(宋煥箕 1728-1807)이고 서문을 쓴 때는 '숭정후삼을묘계동하한(崇禎後三乙卯季冬下澣)' 즉 '숭정 연호를 사용하기 시작한 후 세 번째 맞은 을묘년 겨울'이니 서기로 환산하면 1795년이다.3) 즉 정조19년에 김구의 18세손인 김동호(金東灝 1754-1905)가 『동문선』 등 여러 곳에서 김구의 시문을 찾아내어 『지포선생문집』을 구성한 것이다. 그런데 김인수(金麟洙 1764-1811)이 쓴 발문에는 발문을 쓴 연대가 1801년으로 기록되어 있고 발문에는 다음과 같은 문장이 있다.

---

2) 『지포선생문집』지포집서(止浦集序) "我東文章, 在麗朝不爲不盛, 而凡其遺集布行于世者, 甚鮮, 抑或始有哀悼, 而失於兵燹, 終致其寅蹟泯沒不傳也. 余嘗覽東文選, 而尋常慨恨於斯, 若止浦金公之事, 卽其一也. 一日, 公後孫瀷, 以公遺稿三冊來示余, 余不覺蹶然而作, 一繙閱而得知公益詳矣. … 중략 … 篇帙雖少, 而各文俱存, 不甚寂寥. 奚翅爲一羽之珍一臠之美也. 其所以搜撫於散出之書, 精加校讐, 絕無躇駁者, 後裔之誠, 固皆勤矣, 而實始主張者, 卽公十八代孫東灝也."
3) 현행 번역본에는 간지 년도 계산을 잘못하여 1795년에다 다시 60년을 보태어 1855년으로 기록하고 있다. 서문을 쓴 송환기(宋煥箕)의 생몰년이 1728-1807년이므로 서문을 쓴 연대가 결코 1855년일 수 없다. 명백한 단순오류이다.

공의 향사를 받드는 도동서원을 찾아 공을 배알하고, 공의 유집(遺集)에 대해 물었더니 대개 세대가 오래인데다가 병화까지 겪어 남아있는 것이 겨우 시문 몇 편과 공의 16세손 홍철(弘哲)이 엮은 연보 한 권이 있을 뿐이라서 여러 유생들이 진즉부터 출판할 것을 계획했으나 성취하지 못했다가 두 해를 지나 지난해 겨울에야 비로소 완성하게 되었다고 한다. 공의 후손 진사 종택(宗澤)이 나에게 발문을 부탁하기에 내가 이 유집을 가장 먼저 보게 되었는데 특히 감모하는 마음이 마지않은 것은 그 당시 오랑캐에게 복종하는 무리를 탄핵하고 부처에 아첨하는 자를 기롱한 사실이 뚜렷하며 당시 임금님의 표창과 원나라 사람들이 칭찬한 공의 문장들이 빛나고 또 빛나서 국사(國史)와 읍승(邑乘)의 기록이 찬란하다는 점이었다. 뿐만 아니라 정태사(鄭太師: 鄭寀)의 비명(銘碑)과 송이사(宋貳師: 宋煥箕)의 서문이 또 극진하거늘 내 어찌 감히 덧붙여 말할 수 있겠는가.4)

이러한 사실로 보아 1795년부터 시작된 편간사업이 1799-1801년 사이에 완성되어 1801년에야 출간하였음을 알 수 있다. 『지포선생문집』은 현재 서울대학교 규장각, 국립중앙도서관, 연세대 중앙도서관 등에 소장되어 있으며, 부안김씨 승지공파 재실인 취성재에 보존되어 있던 『지포선생문집』 목판 57점은 2012년에 전북대학교 박물관에 기탁되어 현재까지 보관하고 있다.

그렇다면 『지포선생문집』이 왜 1795년으로부터 1801년 사이에 간행되었을까? 이 점은 김구를 주벽으로 제향하는 도동서원을 사액서원으로

---

4) 『지포선생문집』 지포집발(止浦集跋) "首謁公所享道東之院, 諗問公遺集, 蓋世久而歷兵燹, 存者無幾, 僅有詩文略干篇及公十六世孫弘哲所編年譜一卷, 諸生方謀付梓而未就焉, 越二年冬, 役始成. 公之後進士宗澤, 問跋於余, 余乃獲覩是集最先, 而竊有所感慕不已者, 服胡之劾, 媚佛之譏, 事業著焉, 時君之褒, 元人之獎, 文章炳焉, 國史邑乘, 固已蔚然可稱. 而鄭太史之銘碑, 宋二師之弁卷, 又盡之, 余何敢贅爲."

격상시키기 위해 사액을 청하는 이른바 '청액상소'와 관련이 있는 것으로 보인다. 도동서원 청액상소에 관한 기록은 『조선왕조실록』과 『일성록』에 보이는데, 1790년(정조14) 전라도 유생 박태규(朴泰奎) 등은 다음과 같이 상소하였다.

> 부안현 도동서원은 바로 고려조 문정공 김구를 제사하는 곳입니다. 명나라 가정 갑오년(1534 중종29)에 창건하였고, 우리 앞 임금 병오년(1726 영조2)에 이르러 증 영의정 충정공 홍익한(洪翼漢)을 추배하였습니다. 대개 문정공이 생전에 머물러 살았던 곳이고 충정공을 사모하는 마음이 깃들어 있는 곳이기 때문이었습니다. 김구는 고려조에 문교(文敎)가 널리 퍼지지 못하여 이단이 밀려들어 성행하는 시기를 당하여 홀로 유교를 추켜세우고 사교를 배격하여, 성학을 신명함으로써 우뚝하게 백세의 사표가 되었습니다. … 중략 … 그가 옛 성인을 계승하고 후인의 앞길을 안내해 준 공로는 참으로 훌륭합니다. 그러므로 앞 시대의 바른 선비인 문성공 이이(李珥)는 김구가 선한 일을 많이 하고 공적을 쌓았다고 칭송하였고, 문정공 송시열은 그를 '명현(名賢)'이라고 칭송하였는데 이는 김구의 미문에 자 니다가 있습니다.
> 충정공 홍익한(洪翼漢)으로 말하지면, 병자호란 후 청나라에 볼모로 삽혀간 3학사의 한 사람으로서 명나라에 대한 충신이자 우리나라의 열사입니다. 그의 절의는 해와 별처럼 찬란히 빛을 발하고 있어서 저희들이 다시 거론할 필요가 없을 것입니다. 한 분은 도학으로 다른 한 분은 충절로 시원에 제향하였고, 학문과 행실이 탁이한 진사 최수손(崔秀孫)을 함께 서원에 배향하여 백세토록 길이 제사지낼 것이니 사액하는 것이 마땅합니다. 삼가 바라건대 어서 액호(額號)를 내려주소서.5)

---

5) 『정조실록』 14년(1790) 2월 13일(갑자).

이렇게 상소를 하였으나 정조의 허락을 받지 못하여 사액이 이루어지지는 않았다.6) 그런데 이러한 청액상소를 올리기 위해서는 도동서원의 권위를 한층 높일 필요가 있었다. 도동서원의 권위를 높이기 위해서는 당연히 주벽인 김구의 위상을 높여야 했다. 바로 이러한 필요에 따라 김구의 위상을 높이기 위해 그의 문집인『지포선생문집』을 재구성하여 간행하는 작업을 서둘렀던 것이다. 비록 청액 상소가 받아들여지지는 않았지만 청액 상소를 다시 올려 훗날을 도모하기 위해서는 문집발간이 절실하게 필요했기 때문에 처음 청액상소를 올린 1790년도 이후, 사액이 관철되지 않는 상황에서 힘을 보태기 위한 노력으로 18대손 김동호(金東灝) 등이『동문선』과 『고려사』등에서 김구의 시문을 뽑아 1795년에 편집을 완성한 것이다.

『지포선생문집』은 권1에는 시(詩), 권2~3은 문(文)을 수록하고 있으며 권3의 후미에는 부록이 첨부되어 있다. 권수(卷首) 즉 책머리에는 1795년에 송환기가 지은 서문이 있고 뒤를 이어 목록이 있다. 권1에는 칠언절구, 칠언율시, 칠언고시가 실려 있으며, 그중에는 1240년에 서장관으로 원나라에 갔을 때 지은『북정록(北征錄)』중에 수록되어 있었다고 하는 몇 편이 포함되어 있다. 권2는 왕의 제작 명령에 부응하여 지은 글을 모은 응제록(應製錄)으로서 왕세자옥책문(王世子玉冊文) 등 교책(敎冊) 4편과 마제(麻制) 1편, 그리고 표전(表箋) 68편이 실려 있다. 이 중에 표전은 원나라에 보낸 통문으로서 김구의 문장 실력이 드러나 보이는 부분으로 알려져 있다. 이들 표전은 연대순으로 수록되어 있고 제목 아래에는 이 표전을 지은 시대적 배경이 비교적 상세하게 기록되어 있다. 권3에는 계(啓), 소(疏), 서(書), 비명(碑銘) 등이 실려 있다. 이중 서(書) 3편은 원나라의

---

6) 같은 내용의 기록이『일성록』정조 14년(1790) 2월 13일(갑자)에도 보인다.

한림학사인 장(張)학사에게 보낸 것이 한 편, 왕(王)학사에게 보낸 것이 두 편이다. 권3의 뒷부분은 부록인데 16세손 김홍철(金弘哲)이 엮은 「김구선생연보」와 외손 정실(鄭寀)이 지은 신도비문, 그리고 부안 현감으로 와있던 먼 외손 안동김씨 김인순이 지은 발문이 수록되어 있어서 사실상 제4권의 역할을 하고 있다. 『지포선생문집』에 수록된 김구가 지은 시문의 편수를 보면 다음과 같다.

- 칠언절구 4편
- 칠언율시 6편
- 칠언고시 2편
- 교책(敎冊) 5편
- 표전(表箋) 69편
- 계(啓) 1편
- 소(疏) 5편
- 서(書) 3편
- 비명(碑銘) 2편 도합: 95편

김구의 후손 김동호가 『지포선생문집』을 편찬할 때 주로 서거정(徐居正 1420-1488)이 편찬한 『동문선』과 서거정이 『동문선』을 편찬할 때 활용한 『동인지문(東人之文)』을 다 참고한 것으로 보인다. 『동인지문』은 고려 후기의 문인 최해(崔瀣 1287-1340)가 신라의 최치원(崔致遠 857-?)으로부터 고려 충렬왕(忠烈王) 때까지의 명시인과 명문장가의 시문을 모아 간행한 시문선집이다. 목판본으로서 『동인지문·오칠(東人之文·五七)』 9권과 『동인지문·천백(千百)』 1권, 『동인지문·사륙(四六)』 15권 등 모두 25권이 남아있다.7) 최해는 이 선집에서 각 시인에 대해서 간략하게 소개한 다음 시를 수록하면서 시마다 자신의 느낌과 평가를 담아 비점(批點)과 주해(註解)를 달아놓았다.8)

김구의 시는 『동인지문・오칠(東人之文・五七)』 8권에 소개되어 있다. 표제에 사용된 '오칠(五七)'은 5언시와 7언시라는 뜻이다. 먼저 김구의 생애에 대해서 간략하게 소개한 다음, 김구의 한시를 5수 소개하는데 그 가운데 「떨어지는 배꽃(落梨花)」 시에는 시 전체에 대해 비점을 쳤고 주해도 달아놓았다. 「출새(出塞)」는 3,4구에만 비점을 남겼고, 「철주를 지나며(過鐵州)」에는 비점은 남기지 않고 주해만 달아놓았다. 또한 「경자년에 몽고에 조회하러 서경을 지나며(庚子歲朝蒙古過西京)」(『지포선생문집』에는 「過西京」으로 수록) 시는 제목의 '몽고(蒙古)'라는 글자 앞을 한 칸 떼어 「庚子歲朝 蒙古過西京」이라고 표기하였다. 「분수령 넘는 길에(分水嶺途中)」는 단지 시만 수록하고 있다. 이후 서거정이 편찬한 『동문선』은 『동인지문・오칠』에 수록된 시를 모두 수용하고, 여기에 또 다른 시를 추가하여 총 13수를 수록하고 있다. 김구의 후손 김동호는 『동문선』에 수록된 13수

---

7) 한국민족문화대백과사전 https://encykorea.aks.ac.kr/Article/E0016742 『동인지문』의 권차(수)는 『동인지문・사륙』(보물, 1981년 지정)과 『동인지문・오칠』 권 7~9(보물, 1991년 지정)에서 확인되었다. 『사륙』은 소장처는 각각 다르나 전질 15권이 밝혀졌고, 『오칠』은 권 7~9의 잔본이기는 하나 전질 9권임이 확인되었으며, 나머지 1권은 천백으로 추정된다. 『사륙』은 고려대학교 도서관 소장본과 이겸로(李謙魯) 소장본이 보물로 지정되었다.

8) "비점을 찍는 방법은, 단순히 빗금으로 내리친 경우, 반달모양의 비점을 찍은 경우, 동그라미로 관주를 친 경우 등이다. 각각 시평의 깊이가 다르기 때문으로 보인다. 『동인지문・오칠』 가운데 비점을 찍은 것은 90수, 관주(貫珠)로 표시한 것은 7수이다. 그 중에서 시 전체에 비점을 찍은 것은 23수, 비점과 관주를 동시에 찍은 것은 4수이다. 주해는 10수에 달아놓았다." 박한남, 「최해의 『동인지문・오칠』 편찬과 사료적 가치」, 사학연구 제67호, 2002. 68쪽.

를 모두 취하고 달리 『고려사』에서 1수를 더 습득하여 모두 12제 14수의 시를 『지포선생문집』에 수록한 것이다.

앞서 밝힌 바 있듯이 지포 김구의 한시는 현재 17수를 확인할 수 있다. 『지포선생문집』에 전하는 한시는 모두 12제 14수이고, 그 외 『호산록(湖山錄)』에서 1수, 『동국여지승람(東國輿地勝覽)』에서 1수, 『제주고씨대동보(濟州高氏大同譜)』에서 1수를 습득하여 총 15제 17수가 되었다.9) 이들 시의 출처를 확인해 보면 다음과 같다.

	제목	형태	『지포선생문집』	기타 수록 문헌	비고
1	「分水嶺途中」	7언절구	수록	『東人之文·五七』 『東文選』	
2	「出塞」	7언절구	수록	『東人之文·五七』 『東文選』	
3	「嘲聞覺經」	7언절구	수록	『高麗史』	『高麗史』列傳에 시구만 보임
4	「落梨花」	7언절구	수록	『東人之文·五七』 『櫟翁稗說』 『三韓詩龜鑑』 『東人詩話』 『東文選』	
5 6	「宣政殿行大藏經道場音讚詩」	7언율시	수록	『東文選』	

---

9) 위의 분석은 김상일의 「止浦 金坵의 詩文 연구 : 불교시문과 表箋文을 중심으로」(동악어문학, 2020.), 양진조의 「止浦 金坵 漢詩 硏究」(어문론집, 1997.) 등을 참고하고 기타 자료를 추가하여 정리하였다.

	제목	형태	『지포선생문집』	기타 수록 문헌	비 고
7 — 8	「上晉陽公」	7언율시	수록	『東文選』 『謏聞瑣錄』	『謏聞瑣錄』에서 둘째 시 4구 인용.
9	「中例消災道場音讚詩」	7언율시	수록	『東文選』	
10	「文機障子詩」	7언율시	수록	『東文選』 『謏聞瑣錄』	『謏聞瑣錄』에서 첫째 시 2구와 둘째 시의 4구 인용.
11	「賀柳平章門生李右丞尊庇領門生獻壽」	7언율시	수록	『東文選』	
12	「迎主敎坊致語詩」	7언율시	수록	『東文選』	『東文選』에는 「甲子年迎主敎坊致語」라 표기
13	「過西京」	7언고시	수록	『東人之文·五七』 『靑丘風雅』 『東文選』	『東人之文·五七』, 『靑丘風雅』, 『東文選』에 「庚子歲朝蒙古過西京」으로 수록
14	「過鐵州」	7언고시	수록	『東人之文·五七』 『三韓詩龜鑑』 『靑丘風雅』 『東文選』	
15	「上白蓮社天頙禪師詩」	7언율시		『湖山錄』	『湖山錄』에 시제는 보이지 않음
16	「洪原縣題詠」	5언절구		『東國輿地勝覽』	
17	「贈高休翁」	7언절구		『濟州高氏大同譜』	(上世篇)

위의 표에서 확인할 수 있듯이 가장 많은 문헌에 오른 작품은 「떨어지는 배꽃(落梨花)」이고, 다음은 「철주를 지나며(過鐵州)」이다. 김구의 한시는 『지포선생문집』외에, 『호산록』, 『동인지문』, 『역옹패설』, 『삼한시귀감』,

『고려사』, 『청구풍아』, 『동인시화』, 『동문선』, 『동국여지승람』, 『소문쇄록』, 『제주고씨대동보』 문헌에서 찾아볼 수 있다. 이 수록 자료를 다시 시대 순으로 나열하고 수록된 한시 수를 정리하면 다음과 같다.

	출처	연도	저자	수록 시	비고
1	『湖山錄』	1307	眞靜國師天頙 저.	「上白蓮社天頙禪師詩」	1수
2	『東人之文·五七』	1331-1338	崔瀣 편찬	「庚子歲朝蒙古過西京」「過鐵州」「分水嶺途中」「出塞」「落梨花」	5수
3	『櫟翁稗說』	1342	李齊賢 저.	「落梨花」	1수
4	『三韓詩龜鑑』	1374?	崔瀣 批點, 趙云仡 精選.	「落梨花」「過鐵州」	2수
5	『高麗史』	1449-1451	金宗直 외	「嘲圓覺經」	1수
6	『靑丘風雅』	1473?	金宗直 편찬	「庚子歲朝蒙古過西京」「過鐵州」	2수
7	『東人詩話』	1474	徐居正 저	「落梨花」	1수
8	『東文選』	1478	徐居正 外.	「分水嶺途中」「出塞」「落梨花」「宣政殿行大藏經道場音讚詩」2수「上晉陽公」2수「中例消災道場音讚詩」「文機障子詩」「賀柳平章門生李右丞」	13수

I. 『지포선생문집(止浦先生文集)』의 편간 과정

	출처	연도	저자	수록 시	비고
				「尊庇領門生獻壽」 「庚子歲朝蒙古過西京」 「過鐵州」 「甲子年迎主敎坊致語」	
9	『東國輿地勝覽』	1481	盧思愼 外.	「洪原縣題詠」	1수
10	『謏聞瑣錄』	16세기초	曺伸 저.	「上晉陽公」 「文機障子詩」	2수
11	『止浦集』	1801	金坵	「分水嶺途中」 「出塞」 「嘲圓覺經」 「落梨花」 「宣政殿行大藏經道場 音讚詩」2수 「上晉陽公」2수 「中例消災道場音讚詩」 「文機障子詩」 「賀柳平章門生李右丞 尊庇領門生獻壽」 「迎主敎坊致語詩」 「過西京」 「過鐵州」	14수
12	『濟州高氏大同譜』	미상	제주고씨대동보편집위 원회	「贈高休翁」	1수

위의 표에서 알 수 있듯이 가장 초기의 시는 진정국사(眞靜國師) 천책(天頙 생몰년 미상. 고려 고종 때의 승려)이 저술한『호산록』에서 찾아볼 수 있고, 본격적으로 김구의 시를 선정한 자료는『동인지문』10)이다.『지포선생문집』은『동문선』에 수록된 시 13수를 모두 수용하고『고려사』에

전하는 「조원각경(嘲圓覺經:원각경 조판을 조롱하다」 1수를 추가하였다.
금전하는 김구의 시 17수를 목록화하면 다음과 같다.

	제목	정본화한 원문	형태
1	「分水嶺途中」 분수령 넘는 길에	杜鵑聲裏但靑山, 竟日行穿翠密間. 渡一溪流知幾曲, 送潺潺了又潺潺.	7언절구
2	「出塞」 국경을 벗어나	峽中盡日踏黃沙, 橫擁貂裘冒雨過. 山盡已疑胡地盡, 地多還恐朔天多.	7언절구
3	「嘲圓覺經」 원각경 조판을 조롱하다	峰歌蝶舞百花新, 擔品盡輸藏裏今. 終日啾啾說圓覺, 不如織口過殘春.	7언절구
4	「落梨花」 떨어지는 배꽃	飛舞翩翩去却回, 倒吹還欲上枝開. 無端一片黏絲網, 時見蜘蛛捕蝶來.	7언절구
5	「宣政殿行大藏經道場音讚詩」 선정전에서 대장경도량을 행할 때 응제(應製)한 부처님 공덕을 찬양한 시 (2수)	一. 一藏全勝百萬師, 故應魔外不容窺. 揀來龍象渾無畏, 掃去豺狼更莫疑. 晝講杵頭春玉屑, 夜談梭腹吐金絲. 願王已輦千祥至, 社稷昇平自可知. 二. 一會藏嚴是鷲峯, 百爐香動嶽煙濃. 講唇老干飜三藏, 譚舌飛珠演五宗. 端信覺皇分有力, 足敎兵騎不僧凶. 龍天亦感宸誠切, 導灑眞冷醒國容.	7언율시
6			
7	「上晉陽公」 진양공에게 올리다(2수)	一. 兩世波瀾定海東, 泰山功後泰山功. 茹分萬戶猶毫末, 河潤三韓亦掌中. 胡影不侵楡塞月, 漢歌閒倚玉樓風. 黑頭承相前應有, 綠髮封侯始見公. 二.	7언율시
8			

---

10) 김상일은 "『東文選』 편찬자들보다 100여년 앞서 살았던 『東人之文・五七』의 편찬자인 최해는 작자의 성정이 오롯이 반영된다고 할 수 있는 작품들만 취한 것이 아닌가 한다."라고 하였다. 김상일, 「止浦 金坵의 詩文 연구 : 불교시문과 表箋文을 중심으로」, 『동악어문학』, 2020. 213쪽. 참고.

	제목	정본화한 원문	형태
		玉上無端點作痕, 已將名利負乾坤. 早年奈埋塵土, 餘孼那堪及子孫. 金榜工夫誰見賞, 雪窓文字未償冤. 可憐百歲升沈事, 決在明朝一片言.	
9	「中例消災道場音讚詩」 중례로 치른 소재도량 음찬시	遊空宿曜偶相干, 世眼無端作怪看. 若是祓萌將醞造, 當緣呪力旋消殘. 壽山更疊千年翠, 神杵鑱舂一粒丹. 熾盛光中添瑞氣, 臘前春色滿三韓.	7언율시
10	「文機障子詩」 문기장자에 쓴 시	一朶蓬萊湧海高, 銀宮貝闕駕靈鼇. 蘭燈燦爛頹仰卯, 豽僕參差翠鳳毛. 風護花奴頭上檟, 露濃金母手中桃. 請看明月俳徊影, 應是姮娥望赭袍.	7언율시
11	「賀柳平章門生李右丞尊庀領門生獻壽」 평장사 유경(柳璥)의 문생(門生)인 우승(右丞) 이존비(李尊庀)가 문생들을 거느리고 헌수하기에 이 수연(壽宴)을 하례하다	令公桃李四番榮, 駑谷當年薦壽觥. 座上座看邀座主, 門生門見領門生. 三韓慶閱喧簫哄, 一代詞林摠俊英. 更有罕聞奇事在, 失來輕帶得來呈.	7언율시
12	「迎主敎坊致語詩」 임금을 맞이하는 교방의 연회에서 올리는 축하의 시	我王曾爲活蒼生, 親屈龍沙萬里行. 北極風雲初啓會, 東方日月更廻明. 笙歌滿國呈新喜, 劍佩趨朝賀太平. 請見功臣歸美處, 山舍萬壽湧峥嶸.	7언율시
13	「過西京」 (庚子歲朝蒙古過西京) 서경을 지나며 (경자년에 몽고에 조회하러 서경을 지나며)	扁舟橫截碧江水, 晚抵荒涼長慶寺. 悲詞輒欲弔江山, 恐有坤靈潛下淚. 憶曾負笈遠追師, 正見西都全盛時. 月明萬戶不知телоть, 塵靜九衢無拾遺. 如今往事盡如掃, 可憐城闕空靑草. 鉏犂牛入英雄居, 麻麥遍生朝市道. 採桑何處倩裙兒, 哀唱一聲愁欲老.	7언고시
14	「過鐵州」 철주를 지나며	當年怒寇闌塞門, 四十餘城如燎原. 依山孤堞當虜蹊, 萬軍鼓吻期一呑. 白面書生守此城, 許國身比鴻毛輕. 早推仁信結人心, 壯士嘯呼天地傾. 相持半月折骸炊, 晝戰夜守龍虎疲. 勢窮力屈猶示閑, 樓上管絃聲更悲. 官倉一夕紅焰發, 甘與妻孥就火滅. 忠魂壯魄向何之, 千古州名空記鐵.	7언고시

	제목	정본화한 원문	형태
15	「上白蓮社天頙禪師詩」 백련사 천책선사에게 올리는 시	白藕化開道價殊, 東林蓮社又西湖. 三韓海上誰移種, 萬德山中始盛敷. 結社幾人期到彼, 投機一句願容吾. 平生不是攢眉客, 莫作劉雷契外呼.	7언율시
16	「洪原縣題詠」 홍원현에서 읊다	地僻雲煙古, 原低樹木平. 長安知幾至, 回首不勝情.	5언절구
17	「贈高休翁」 고휴옹(고계님)에게 보내다	卜居林壑感漁樵, 靜裏乾坤遠市朝. 不羨溫公園圃樂, 暮年自得永消遙.	7언절구

조선전기 어숙권(魚叔權)이 저술한 『패관잡기(稗官雜記)』에는 다음과 같은 기록이 있다.

이규보(李奎報), 김극기(金克己), 김구(金坵), 이제현(李齊賢), 박인범(朴仁範), 이곡(李穀) 부자와 본조(本朝)의 신숙주(申叔舟), 성삼문(成三問), 서거정(徐居正)의 시가 모두 중국에 널리 퍼졌다."11)

이 기록으로 볼 때 김구의 시가 중국에까지 알려져 있었다는 사실은 조선시대 전기 사람들도 인식하고 있었음을 알 수 있다. 김구의 시는 고려시대를 대표하는 시인인 이규보, 김극기, 이제현, 박인범, 이곡의 시와 같은 위상을 갖는 것이다. 그럼에도 근세의 우리 학술계에서는 '자료부족'을 이유로 김구에 대한 연구가 거의 이루어지지 않음으로써 김구의 시학적 위상 또한 거의 드러나지 않은 상태에 있었다.

---

11) 魚叔權, 『稗官雜記』 卷2, "李奎報·金克己·金坵·李齊賢·朴仁範·李穀父子, 本朝申叔舟·成三問·徐居正之詩, 皆流布中國."

Ⅱ. 지포 김구 선생 시 전집

- 주해(註解)와 상설(詳說)

1. 分水嶺途中 분수령도중 분수령 넘는 길에

杜鵑聲裏但靑山,
竟日行穿翠密間.
渡一溪流知幾曲,
泛潺湲了又潺湲.

푸른 산 속, 두견 소리만 늘리는데,
우거진 숲길을 지나 하루 종일 걸었네.
시냇물을 얼마나 굽이굽이 건넜는지,
졸졸졸 흐르는 물 지났는데 또 졸졸졸 흐르는 물이로구나.

주해(註解)

1) 분수령(分水嶺): 『신증동국여지승람(新增東國輿地勝覽) 제47권 강원도 평강현(平康縣)』조에 따르면, "분수령은 현 북쪽 49리에 있다. 백두산 산맥이 여기에 이르러 동서 두 갈래로 나누어진다.(分水嶺, 在縣北四十九里. 白頭山之脈勢, 到此分爲東西二支.)"고 하였다. 『증보문헌비고(增補文獻備考)』에서는 『대동지지(大東地志)』를 참고하여 분수령에 있는 삼방(三防)에 대해서 "분수령에 있는데 동북쪽 안변(安邊)으로부터 서울로 다다르는 첩로(捷路)였기 때문에 세 곳 모두 방(防:방어 시설)을 세워 외침에 대비하였다. 산은 완만하고 물이 깊지만 고개의 기세는 깎아 세운 듯하며 언덕을 통해 겨우 통할 수 있다. 철령(鐵嶺)보다 더욱 긴요한 곳이어서 누(壘)를 여러 곳에 세우고 관(關)을 세워 지키니, 아무리 많은 사람들이라도 그 지세를 뚫지 못한다."고 하였다. 이상과 같은 기록으로 보아 분수령은 천혜의 요새였음을 알 수 있다.

2) 두견(杜鵑): 두견이과에 속하는 새를 말한다. 우리말로는 접동새라 하고, 한자어로는 두우(杜宇), 자규(子規), 원금(寃禽)이라고도 한다. 중국 고대 촉(蜀)나라의 망제(望帝)인 두우(杜宇)가 죽어서 두견새가 되어 봄이면 밤낮으로 슬피 울었는데 그 눈물이 떨어진 자리에 진달래가 피었다고 한다. 두견새의 울음소리는 '뿌루꾸, 뿌루꾸'처럼 들리는데 이는 중국어 발음 '뿌루꾸이' 즉 '부루꾸이(不如歸)'를 읽는 발음과 비슷하다. '不如歸'는 '돌아가는 것만 못하다.'라는 뜻이다. 그러므로 중국인들은 두견새의 울음소리가 마치 고향 떠난 나그네를 향해 고향으로 '돌아가느니만 못하다. 돌아가느니만 못하다'고 말하는 것으로 인식하였다. 이런 인식을 가지고 두

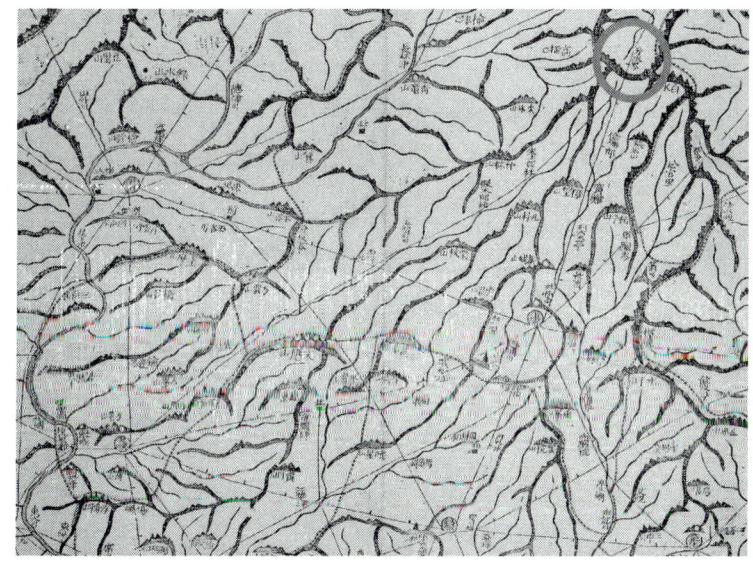

분수령 위치 - 「대동여지도」

건의 울음소리를 들으면 나그네의 수심이 더욱 깊어질 수밖에 없다. 이처럼 두견의 울음소리를 '돌아감만 못하다' 혹은 '부루꾸이(不如歸)'로 의식하게 된 데에는 그만한 이유가 있다. 고대 중국의 촉나라 황제 두우의 슬픈 사랑 이야기에 그 이유가 있다.

두우의 '사랑이야기'는 전하는 책마다 조금씩 달라서 오늘날도 말하는 사람에 따라 강조하는 부분에 차이가 있다. 중국 한나라 때의 학자 양웅(揚雄)이 지은 『촉왕본기(蜀王本紀)』(원본은 실전되고 명나라 때에 재구성)를 중심으로 내용을 요약하면 대략 다음과 같다.

> 촉나라의 시조는 잠총(蠶叢)이다. 그 후예는 백릉(柏濩)이고 또 그 후예는 어부(魚鳧)이다. 이 3대는 각각 수백 세를 살았다. 모두가 신적인 존

재가 되어서 죽지 않았다. 그 백성들 또한 왕을 따라 신으로 변화되곤 하였다. 후에 두우(杜宇)라는 남자가 하늘에서 내려와 주제산(朱堤山)에 이르렀을 때 리(利)라는 여자가 강원(江源)의 우물에서 나와 두우의 아내가 되었다. 이후, 두우는 스스로의 역량으로 촉나라의 왕이 되었고, 망제(望帝)라 불렸다. … 망제가 100여 세 쯤 되었을 때 형(荊) 지역에 별령(鱉靈)이라는 사람이 있었는데, 죽은 후 그 시신이 망제의 통치구역까지 떠내려 와서 다시 살아났다. 이를 신통하게 여긴 망제는 별령을 재상으로 삼았다. 그 당시 옥산(玉山)에서 물이 쏟아져 백성들이 홍수로 고생하였는데 별령이 옥산으로 달려가 수개월을 고생하여 홍수를 믹고 수로를 정리하였다. 별령이 집을 비운 사이에 망제 두우는 별령의 아내와 사랑에 빠지게 되었다. 별령이 치수를 하고 돌아오자 망제는 별령의 아내와 사통한 것을 부끄럽게 여겨 황제의 자리를 별령에게 내어 주고 고국을 떠나 멀리 가게 되었다.1) 고국이 멀어질수록 망제는 사랑하는 임 생각과 고국 생각에 발길을 멈추고서 자신이 지금 멀리 떠나는 것이 다시 "되돌아가느니만 못하다(不如歸: 뿌루꾸이)."는 말을 되뇌었다. 그러나 차마 되돌아갈 수는 없다. "되돌아가느니만 못하다! 되돌아가느니만 못하다!"는 말을 되뇌며 가던 길을 계속 가다가 망제는 그만 피를 토하고 쓰러져 죽고 말았다. 망제의 혼은 새가 되었다. 바로 두견새이다.2) 새가 되어서도 망제는 계속 "되

---

1) 揚雄, ≪蜀王本紀≫ "蜀之先, 名蠶叢, 後代名曰柏灌, 後者名曰魚鳧, 此三代各數百歲, 皆神化而不死, 其民亦頗隨王化去. 時蜀民稀少, 後有一男子名曰杜宇. 從天墮, 止朱提. 有一女子, 名利, 從江源井中出, 爲杜宇妻. 乃自立爲蜀王, 號曰望帝. 治汶山下邑曰郫, 化民往往複出. 望帝積百餘歲, 荊有一人名鱉靈, 其屍亡去, 荊人求之不得. 鱉靈屍隨江水上至郫, 遂活, 與望帝相見, 望帝以鱉靈爲相. 時玉山出水, 若堯之洪水. 望帝不能治, 使鱉靈決玉山, 民得安處. 鱉靈治水去後, 望帝與其妻通. 慚愧, 自以德薄不如鱉靈, 乃委國授之而去."
2) 망제의 혼이 두견새가 되었다는 설은 晉・張華『博物志』로부터 비롯되었다. 注引漢・李膺『蜀志』: "帝稱王於蜀, 得荊州人鱉靈, 便立以爲相. 後數歲, 望帝以其功高, 禪位於鱉靈, 號曰開明氏. 望帝修道, 處西山而隱. 化爲杜鵑鳥, 或云化爲杜宇鳥, 亦曰子規鳥, 至春則啼. 聞者淒惻."

돌아가느니만 못하다." 즉 "부루꾸이, 부루꾸이"를 되뇌었다. 그게 바로 두견새의 처량한 울음소리 '부루꾸이, 부루꾸이…'이다.3)

　　망제의 고사에 따른 두견새의 울음소리가 의성화(擬聲化)하여 두견새의 별명이 '불여귀(不如歸:부루꾸이)'가 되었고, '돌아가느니만 못하다'는 뜻의 '불여귀'는 곧 '머뭇거리는 모습, 되돌아가고자 하는 모습'이므로 나중에는 불여귀의 의미를 '척촉(躑躅:멈칫거림, 躑:머뭇거릴 척, 躅:머뭇거릴 촉) 혹은 '주저(躊躇, 躊:머뭇거릴 주, 躇:머뭇거릴 저)'라고도 표현하게 되었다. 이에 따라, 우리나라에서는 '두견새'(두건이 과)를 '척촉새'(부엉이 과)라고 부르기도 했는데 두견새와 척촉새는 근본적으로 과(科)가 다른 새이다. 척촉새는 나중에 '소쩍새'로 음이 와변(訛變)되었다. 두견새가 '척촉'새로 불리면서 두견화 또한 '척촉'꽃으로 불리게 되었으며 후에 음이 변하여 '철쭉'이 되었다. 역시 진달래과와 철쭉과는 다른 종이다. 두견화는 중국에서 들어온 이름이고 진달래는 순우리말인데 이 둘의 관계는 등식(＝) 관계이다. '철쭉'과 '소쩍새'는 두견으로부터 파생된 '척촉(躑躅)'이라는 단어로부터 새거나 별종에 대한 이름인 것이다. 후에 시문에서는 두견, 귀촉, 소쩍새, 철쭉꽃 등이 혼용되어 혼란을 일으켰다. 두견새, 두견화(진달래꽃), 소쩍새, 철쭉은 다 망제의 슬픈 사랑이야기 '불여귀(不如歸:뿌루꾸이)'의 애환으로부터 나온 말이다.

　　3) 잔잔(潺潺): 시냇물이 가늘고 약하게 졸졸 흐르는 소리이다. 의성어를 사용하여 가는 길 내내 졸졸 흐르는 냇물 소리를 벗 삼음을 표현하였다.

---

3) 古人以爲杜鵑啼聲酷似人言"不如歸去", 因用爲催人歸家之詞. https://www.zdic.net

상설(詳說)

『지포선생문집』에는 이 시에 대해 다음과 같은 설명이 붙어 있다.

> 가희 4년 경자년에 공이 한림원(翰林院)에 권직(權職)되어 서장관(書狀官)으로 원나라에 가게 되었다. 이 때, 이 시와「북정록(北征錄)」,「서경을 지나며(過西京)」「철주를 지나며(過鐵州)」,「출새(出塞)」등의 시를 지었다.4)

'가희(嘉熙)'는 중국 송나라 이종(理宗 1205-1264)의 연호이다. 가희 4년은 1240년이며 이때 지포 김구의 나이는 30세였다. 1234년 24세 때 제주 판관으로 나갔다가 29세인 1239년에 내직으로 돌아와 한림원(翰林院)에 있었는데 그 이듬해인 30세 때 권직(權職)으로 서장관이 되어 원나라로 가는 사신 행렬에 들게 되었다. 권직은 '권무직(權務職)'의 약칭이며 권무직은 관제상의 정직(正職=實職:실지로 관장하는 업무상의 직책) 외의 업무를 처리하기 위하여 마련된 임시적인 직책이다. 제주도로부터 돌아온 김구가 맡은 정식 직책은 한림원의 한림이었는데, 김구는 임시로 차출되어 서장관이라는 직책을 맡아 원나라로 가는 사신 길에 오르게 된 것이다. 한림원은 동아시아 한자 문화권 국가 학술기관의 명칭으로, 한국에서는 고려 때부터 한림원 제도를 두었으며 국왕 명의로 된 공문서 작성과 서적 출판 등의 업무를 맡았다. 조선시대로 말하자면 예문관(藝文館), 홍문관(弘文館)이 고려시대의 한림원에 해당한다. 한림원의 기관장은 판한림

---

4) 『지포선생문집』권1. "嘉熙四年庚子, 公以權直翰林, 充書狀官如元. 有此詩及北征錄西京鐵州出塞等詩."

원사(判翰林院事), 한림학사승지(翰林學士承旨) 등의 관명을 받았다. 서장관은 사신의 업무를 맡은 우두머리인 정사(正使)와 부사(副使)를 보좌하면서 사행(使行)을 기록하고 외교 문서의 작성을 맡은 중요한 직책으로서 당시의 가장 뛰어난 젊은 문관(4-6품)이 맡는 것이 관례였다.

그렇다면, 당시 김구가 서장관이 되어 수행한 고려의 사신 일행은 어떤 임무를 띠고 중원 땅으로 들어가게 된 것일까? 칭기즈칸이 세운 몽고제국은 파죽지세로 여진족의 금나라를 쳐서 기세를 꺾은 다음, 거란족도 완전 소탕할 생각으로 요나라를 침략했다. 그러자 몽고에게 쫓긴 요나라의 거란족은 고려로 침입해 들어왔고, 거란족을 쫓던 몽고도 고려의 경내에 들어오게 되었다. 고려는 몽고와 연합하여 일단 거란족의 요나라를 완전히 멸망시켰다. 이때부터 몽고는 고려를 도와 거란족을 물리쳐준 은혜를 내세우며 고려에게 과다한 공물을 요구하는 등 부당한 행위를 시작했다. 1225년(고종 12년) 음력 1월, 몽고의 사신 저고여(箸告與)가 귀국하던 도중 국경에서 자객에게 피살당하는 사건이 발생했다. 몽고는 고려의 소행이라 주장했고, 고려는 고려의 국경 밖에서 금나라 사람에게 피살된 것이라고 주장했다. 이로써 양국 관계는 악화되며 국교단절에 이르렀다. 1231년 8월, 몽고는 1225년에 발생한 저고여 살해 사건에 대한 응징을 명분으로 고려를 침입하였다. 몽고군은 8월에 압록강을 넘어 의주, 철주 등을 단숨에 함락시키며 남하했고, 고려군은 이에 맞서 자모산성(慈母山城) 전투와 동선역(洞仙驛) 전투 등에서 승리했으며 귀주성(貴州城) 전투에서도 혈전으로 맞서는 등 부분적으로는 승리했으나 결국은 몽고군에게 밀려 수도 개경이 포위되었다. 이에, 고종은 할 수 없이 몽고의 권항사(勸降使:항복을 권하러 온 사신)를 만나 강화를 맺었다. 강화를 통해 일시적인 안정을 찾은 고려는 장기전을 준비하기 위해 강화도로 천도를 단행했다. 이에 격노한 몽

II. 지포 김구 선생 시 전집 43

고는 1232년 8월에 2차 침입을 단행했다. 왕이 강화도로 들어가 버린 고려는 전 국토가 처절하게 유린당했다. 서북주 동북부를 초토화한 몽고는 남하하여 처인성(처인부곡)까지 공격하였다. 그러나 처인성에서 승려 장군 김윤후의 화살에 몽고군 수장인 살리타이가 사망하자 일단 퇴각하였다. 이때의 2차 침입으로 인해 분황사 목조탑, 초조본 팔만대장경 등 많은 문화재가 불탔다.

여진족이 세웠던 금나라를 1234년에 완전히 멸망시킨 몽고는 1235년에 남송을 공격함과 동시에 고려도 침략했다. 이후, 4년 동안 고려의 영토를 유린하며 초토화하였다. 고려 정부는 강화도에서 부처님의 힘으로 난국을 타개하고자 팔만대장경을 재조하면서 몽고에 맞섰다. 그러나 육지에서 몽고군의 만행이 극에 달하자 고려 조정은 몽고에 강화(講和)를 제의했고 몽고도 고려 왕 고종이 직접 원나라 조정에 들어와 예를 갖추는 것을 조건으로 1239년 4월에 철수하였다.

몽고군의 철수 후, 고려는 왕의 병을 이유로 친조(親朝)를 미루고 대신 왕족인 신안공(新安公) 왕전(王佺)을 왕의 아우라 칭하여 그해 12월에 몽고에 보냈다. 이듬해 즉 1240년에 고려는 4월과 12월 두 차례에 걸쳐 몽고에 사신을 보냈고, 두 차례의 사신과는 별도로 앞서 1239년 12월에 몽고에 갔던 왕전은 1240년 9월에 몽고의 다가(多可)와 파하도(坡下道), 아질(阿叱) 등 17인과 함께 몽고 황제의 조서를 가지고 귀국했다. 조서를 통해 몽고는 다시 고려의 왕 고종의 입조(入朝)를 회유하였다.5)

김구는 1940년 4월과 12월에 있었던 두 차례의 사신 파견 중의 한 차례 사행에 서장관으로 몽고에 가게 되었다. 그런데 『고려사』 「김구열전」

---

5) 『고려사』 권23 세가, 고종 27년 9월. "秋九月, 新安公佺, 與蒙古多可·坡下道·阿叱等 十七人, 賷詔來, 復諭入朝."

에는 사신으로 파견된 시기가 명시되어 있지 않다. 앞서 살펴보았듯이 조선 후기인 1801년 편찬된 『지포선생문집』의 연보 부분에는 고종(高宗) 27년(1240)에 몽고에 갔다고 서술되어 있다. 연보의 작성자는 김구의 16세손 김홍철(金弘哲)이다. 김홍철은 『지포선생문집』에 수록된 「과서경(過西京)」이라는 시(詩)를 근거로 이 시가 바로 김구가 사행 길에 서경을 지나면서 지은 시인데 이 시를 지은 연대가 1240년이므로 김구의 몽고 사행 연대를 1240년으로 확정하였다. 그렇다면, 『지포선생문집』은 김구가 이 시를 지은 연대를 무엇을 근거로 1240년으로 본 것일까? 『지포선생문집』은 김구의 18대손 김동호(金東澔)가 구성 초기에 서거정이 편찬한 이른바 『성편』 동문선』과 신용개(申用漑 1463-1519) 등이 편찬한 『속동문선』, 조선 후기에 송상기(宋相琦 1657-1723) 등이 편찬한 『신찬 동문선』 등에 수록된 김구의 시문을 모아 재구성하여 편찬한 것이다. 그런데, 서거정은 최초에 『동문선』을 편찬하면서 당시까지 완정한 형태로 유전되던 고려 말 최해(崔瀣 1287-1340)가 편찬한 『동인지문·오칠(東人之文·五七)』 9권, 『동인지문·천백(東人之文·千百)』 1권 『동인지문·사륙(東人之文·四六)』 15권, 도합 25권을 참고하였다. 그리고 1713년에 송상기가 편찬한 『신찬 동문선』은 당연히 서거정의 『동문선』을 참고했기 때문에 결과적으로는 『신찬 동문선』도 최해가 편찬한 『동인지문·오칠(東人之文·五七)』을 비롯한 도합 25권의 동문 선집을 참고하였을 것이다. 그런데 『지포선생문집』에는 「과서경(過西京)」이라는 제목으로 수록된 이 시가 서거정의 『동문선』과 송상기의 『신찬 동문선』에는 「경자세조몽고과서경(庚子歲朝蒙古過西京)」으로 기록되어 있다. 즉 「경자년에 몽고에 조회하러 서경을 지나며」라는 제목으로 기록되어 있는 것이다. 이에, 『지포선생문집』을 편찬한 김동호는 이를 근거로 「과서경」 시의 작시 연대를 1240년 즉 고종

27년으로 확정하여 기록한 것이다. 이상과 같은 논거를 통해서 볼 때「과서경」을 비롯하여「출새(出塞)」,「과철주」,「분수령도중」등의 시는 모두 1240년에 지은 것임을 확언할 수 있다. 이에 대해 윤용혁도 다음과 같이 말했다.

> 이 해(1240)에는 4월과 12월 2회에 걸쳐 몽고에 사신이 파견되었는데, 4월에는 우간의(右諫議:정4품) 조수(趙修), 합문지후(閤門祗候) 김성보(金成寶) 등이, 12월에는 예빈소경(禮賓少卿:종4품) 송언기(宋彦琦), 어사(御使) 권위(權韙) 등이 파견되었다. 사료상의 기록으로 보자면 김구가 4월과 12월 어느 쪽에 편승한 것이었는지는 분명하지 않다. 그러나『지포선생문집』에 수록된 시「서경을 지나면서(過西京)」가운데 "성터와 궁궐 있던 곳에는 푸른 풀만 우거졌네.", "관아도 저자도 삼과 보리(麻麥)만 잔뜩 자랐네."라는 구절이 있는 것으로 보아 김구가 고종 27년(1240)의 4월에 우간의 조수, 합문지후 김성보 등과 동행했음을 알 수 있다. 시에 나오는 '푸른 풀(靑草)', '삼과 보리만 잔뜩(麻麥遍生)' 자란 계절은 음력 12월이 아니라 4월에 해당하기 때문이다.6)

1239년 몽고군 철수 후, 고려와 몽고 양국은 외교교섭을 위한 사신 교환이 활발하였다. 고종 25년(1238) 12월 고려의 첫 사신 파견부터 고종 28년(1241) 4월 왕준이 질자로 몽고에 갈 때까지 사신이 왕래한 사례는 고려에서 몽고로 사신을 보낸 것이 6차례, 몽고 사신이 고려에 온 것이 4차례이다. 김구의 몽고 사행 또한 고려가 3차 전쟁 종료 직후 몽고와 우호관계를 회복하기 위해 노력하는 과정에서 이루어진 것으로 볼 수 있다.

1240년 4월에 출발한 김구 일행은 7월경 카라코룸 인근 카안의 행궁

---

6) 윤용혁,「止浦 金坵의 외교 활동과 대몽 인식」,『전북사학』, 2012. 10쪽.

에 도착하고 2~3개월 체류하다가 9~10월 귀환에 나서 12월이나 이듬해 (1241) 1월 강도에 도착했으리라 여겨진다.

이때의 김구 일행의 사절들이 몽고에 가서 어떤 외교활동을 벌였는지는 『고려사』 등 우리 사서에 직접적으로 언급한 기록이 없으므로 단정적으로 말할 수는 없다. 그러나 몽고가 1차 침입 때부터 계속 요구한 것이 고려 국왕이 직접 몽고에 와서 몽고의 황제를 뵙는 '친조(親朝)'였으므로 김구 일행의 사신 활동도 '친조(親朝)' 문제를 해결하는 데에 초점이 맞춰져 있었을 것이라는 짐작은 충분히 할 수 있다. 이에 대해 고명수는 "김구 사신단이 진빌힌 고종의 표문을 빋고 응닝 외조(回詔)를 보냈을 테지만 확인되지 않는다. 그러나 『원고려기사(元高麗紀事)』에 사신단이 두착하기 약 2개월 전인 태종 12년(1240) 5월 우구데이가 고종에게 내린 조서가 수록되어 있어 당시 고려에 대한 몽고의 외교적 입장을 살필 수 있다."7)고 하면서 1240년 5월에 보내온 우구데이의 조서를 다음과 같이 소개하였다.

모두 일음 삿추에 이끼꼈오나 밀이 모두 진실되서 않녀, 사싯이 없이 너희가 원래 아뢴 대료 할 수 있다며 무엇이 이려겠는가. 다민 휘꺼(손車), 차럴(箚刺)이 이미 죽었나고 거싯으로 아뢰었으나 이 일을 아는 사람들이 모두 존재한다. 너희가 일찍이 온 힘을 다했다고 아뢰었으나 나는 어린애가 아니니 어찌 나를 속일 수 있겠는가. 일찍이 온 힘을 다했음을 나도 알고 있다. 보내온 글에 찬송·축하했으니 다시 무슨 말을 하겠는가. 우리나라는 다음과 같이 명한다. 아뢴 바에 따르면 두 마음이 없으니 진실로 가상하다. 과연 두 마음이 없다면 섬의 민호(民戶)를 나오게 하고 그 수를 모두 알려라. 만약 보낸 사신이 도착하지 않으면 나오게 하지 말고 사신이 두착한 때를 기다린 연후에 옮거 사신으로 허여금 일일이 그 수를

---

7) 제12회 문정공(文貞公) 지포(止浦) 김구(金坵) 학술대회 자료집 54쪽.

점검하게 하라. 명에 따라 사신이 도착할 때까지 나오라고 말하지 않겠으나, 너희들은 바다에서 나오라고 명하지 않았다고 여기지 말라. 다만 사신이 도착할 때를 기다려 옮겨 나와라. 한 번에 민호 수를 점검하는 것을 마친 연후에 바다에서 나와라. 외부에서 들어간 자나 예부터 섬 여기저기에 살던 백성들도 법에 따라 나오게 하라. 바다에 있는 집은 모두 불태워 없애라. 너희들은 반드시 다시 들어가려는 의지가 있고 다시 바다로 들어가면 반드시 대적하려 할 것이다. 만약 민호의 수를 은닉한다면 대조(大朝)의 법에 따라 죄를 묻겠다. 민호 점검을 마치면 이에 의거하여 다루가치(禿魯花) 수를 내어라. 연후에 분명하게 명을 내릴 것이니 바다에서 나와 안정된 후 별도로 사신을 보내지 않아도 매년 공물을 거두어 보내라. 만약 바다를 나오지 않으면 대군으로 공격해 취할 것이다. 또한 창주(昌州), 삭주(朔州)의 민호가 귀부했으나 너희들이 번번이 그들을 죽이고 멋대로 죽인 사람들을 지켜주었으니 어찌 죄가 아니겠는가. 가장 먼저 모의한 만호(萬戶), 천호(千戶) 관원을 붙잡아 보내라. 너희들은 이미 한 나라라고 하면서 한 나라 안에 어찌 이런 일이 있는가. 그곳이 함락된 후 유망하는 사람들을 다 모으도록 하라. 만약 겁탈한 자를 잡아서 보내지 않고 유망하는 민호를 일부러 모으지 않는다면 어찌 공직에 힘썼다고 하겠는가. 너희가 죽이라고 명했으므로 일부러 그들을 체포하지 않는 것이다. 만약 일찍이 그렇게 명하지 않았다면 반드시 체포하도록 하라. 저고여(著古歟)에 관한 일은 당시 너희들이 특별히 우가하(于加下)에게 죄를 덮어씌워 덕을 위배한 허물이므로, 이미 드러난 죄상 외에 우가하처럼 처리해야 하지만, 우가하를 정벌할 때 너희가 일찍이 군대를 보내 도왔다. 이제부터 한 나라가 되었으니 귀부하는 백성이 있으면 맞이하는 것이 마땅한가. 은닉하는 것이 마땅한가. 만약 대국의 법도에 항거하면 반드시 배반할 뜻이 있는 것이다. 섬에서 나오는 것, 민호 수를 점검하는 것, 독로화를 보내는 것, 잘못 있는 자를 체포하는 것 오직 이 4가지를 명하니 어찌 많은 말이 필요하겠는가. 바다에서 나오는 것, 호구 수를 점검하는 것, 다루가치를 보내는 것

외에 모두 법도를 따르도록 하라. 이러한 명을 내릴 때 네 동생 전(佺)이 아뢰기를, "형인 철(皦)이 '황제의 성훈을 반드시 어기지 않겠습니다.'라고 아뢰게 했습니다."라고 했다. 지난 일을 아뢴 바에 따라 명을 별도로 적어 보내니 너는 마땅히 그것을 알지어다. 이처럼 명해도 도리어 섬에서 나오지 않고 와서 "반드시 어기지 않겠습니다."라고 아뢴다면 이는 전에 한 말을 어기는 것이다. 우리나라가 어찌 알겠냐만, 하늘이 그것을 살필 것이다.8)

이러한 조서를 근거로 고명수는 이때에 이루어진 김구 일행의 외교성과를 다음과 같이 정리하였다.

위 인용문과 유사한 내용을 담은 조서를 갖고 왔으리라 추측된다. 결국 고종 28년(1241) 4월 고려는 영녕공(永寧公) 왕준(王綧)을 투르칵(質子:인질) 신분으로 몽고에 파견했다. 이는 몽고의 무리한 복속 요구에 대해 고려가 지속적으로 거부 의사를 밝히고 타협점을 모색한 결과 그들로부터 국왕 친조를 투르칵 파견으로 대체하는 외교적 양보를 이끌어 냈음을 의미한다. 물론 이 같은 외교적 성과를 서두는 데에 김구 사신단의 외교활동도 일정 부분 기여했을 것이다. 여기에서 그의 대몽 사행이 갖는 의의를 찾을 수 있다.9)

이상으로 1240년에 있었던 김구 일행의 대몽고 외교활동의 원인과 과정 그리고 의의 등에 대해 살펴보았다. 이러한 시대적 배경과 외교적 상황 아래서 김구의 시 「분수령도중」이 창작된 것이다. 3차에 걸친 몽고의 침입으로 인하여 고국산천은 초토화하였는데 자신은 몽고의 황제에게 고려에

---

8) 『원고려기사(元高麗紀事)』 태종 12년 5월.
9) 제12회 문정공(文貞公) 지포(止浦) 김구(金坵) 학술대회 자료집 55쪽.

대한 배려를 당부하는 분하고, 아쉽고, 안타까운 외교활동을 하러 이역 땅 몽고를 향하게 되었으니 당시 김구의 심정이 어떠했을지 짐작할 만하다. 따라서 이 「분수령도중」 시는 단순한 기행시도 아니고 서정시도 아니다. 「출새」, 「과철주」, 「과서경」 등도 다 이 시기 이러한 사행 길을 가는 상황에서 지은 시라는 점에서 상호 연관 아래 시의 내면에 담긴 지포 김구의 생각을 읽어야 한다.

첫 구절에서 김구는 푸른 산, 울창한 숲과 두견새 울음소리를 대비시켰다. 음력 4월이면 푸른 산과 울창한 숲은 으레 볼 수 있는 풍경이다. 두견새 울음소리 또한 어렵지 않게 들을 수 있다. 그러나 그런 숲길과 두견새 울음소리가 김구의 귀에는 예사롭게 들리지 않는다. 슬프게 들린다. 문득 돌아가느니만 못하다고 되뇌다가 피를 토하고 죽은 망제 두우의 한이 떠올랐다. 이때, 두견의 울음소리를 들으며 김구는 무엇을 생각했을까?

앞서 살펴보았듯이 망제 두우로 인하여 두견화, 진달래, 철쭉이 갖게 된 의미는 사랑하는 사람을 두고 떠나야 하는 사람의 슬픈 머뭇거림에 있다. 김구가 지은 「분수령도중」 시의 두견새 울음소리도 슬픔 머뭇거림을 담고 있다. '망국의 위기', '짓밟힘에 대한 통한' 앞에서 국력이 약한 나라의 신하로서 이러지도 저러지도 못하는 분노에 찬 머뭇거림을 담고 있다. 김구는 생각한다. '아! 내가 왜 이 길을 가야 하지? 우리 조국을 분탕질 친 저놈들한테 사실상 관용을 빌러 가는 이 사행의 길을 내가 왜 가야 하지? 아! 다 팽개치고 내 고국으로 돌아가 차라리 군대를 이끌고 이들을 치러 가고 싶다. 그 옛날 망제가 울부짖듯이 '돌아가느니만 못하리!'를 되뇌면서도 끝내 돌아서지 못하고 앞으로 나가다가 결국엔 피를 토하고 죽어 저리 슬피 우는 두견새가 되어 지금도 울고 있는데, 나는 그 두견새 울음소리를 들으면서도 돌아서지 못하고 하루 종일 하늘도 잘 보이지 않는 빽빽한 숲길을 지치도록 가고 또 가야 한다. 「분수령 도중」 제1구와 제2구에 담긴 김구의 심정은 이렇게 이해해야 작시 당시 김구의 심정을 제대로 파악하는 것이라고 생각한다. 하루 종일 가도 끝이 안 보이는 빽빽한 숲길은 아무리 찾아봐도 쉽게 보이지 않는 조국의 앞길처럼 암울하고 답답한 길이었으리라.

이와 비슷한 시기 몽고의 말발굽 아래 유린당하는 조국의 현실을 보며 읊은 남송의 충신 문천상(文天祥 1236-1283)의 시에도 두견새가 등장한다. 「금릉역(金陵驛)」이라는 시이다. 「금릉역(金陵驛)」 시 제1수는 다음과 같다.

其一
草合離宮轉夕暉,   들풀로 뒤덮인 행궁에 저녁노을이 물드는데
孤雲飄泊復何依!   외로운 구름 같은 나는 떠돌다 또 어디에 의지해야 하나!
山河風景元無異,   조국 산하의 풍경이야 원래부터 달라질 리가 없건마는
城郭人民半已非.   성과 안에 사는 백성들은 태반이 본래 송나라 백성이
                         아니고 이민족의 백성이 되었네.
滿地蘆花和我老,   땅에 넘쳐 핀 갈대꽃은 나처럼 늙어가고
舊家燕子傍誰飛.   옛 백성들의 집안으로 날아들던 제비들은 뉘 곁으로
                         날아가나?
從今別御江南路,   오늘 이 강남 길을 떠난 후에는
化作啼鵑帶血歸.   죽은 후에야 망제의 혼처럼 두견새가 되어 피를 토하며
                         돌아오겠지.

이 시는 송나라를 구하기 위해 끝까지 싸우던 문천상이 1278년 포로로 체포되어 몽고의 원나라로 끌려가는 길에 금릉 즉 오늘날의 남경을 지나면서 지은 시이다. 문천상의 조국애와 충성심이 그대로 표현된 시이다. 마지

막 구절에서 "죽은 후에야 망제의 혼처럼 두견새가 되어 피를 토하며 돌아오겠지."라는 말을 통하여 조국을 떠나 이역으로 끌려가는 문천상의 참담한 심정이 잘 표현되어 있다.

김구의 「분수령 도중」 시도 겉보기에는 단지 풍경을 읊은 서경시이자 서정시로 보이지만 내면에는 망국의 위기에 놓인 조국을 떠나 몽고의 황제에게 구차한 동정을 구하러 가는 사행의 서러움과 분노와 답답함이 담겨있다. 더욱이 이 시가 「과철주」와 「과서경」, 「출새」 시와 함께 다 몽고로 가는 도중에 지은 시라는 점에서 당시 김구가 품었던 생각을 짐작할 수 있다. 김구는 두견새 울음소리 속에 비통한 자신의 심성을 의탁한 것이다.

이처럼 비통한 마음으로 길을 가는데 가고 싶지 않은 길이라서 그런지 길이 멀기만 하다. 가도 가도 끝이 없다. 종일 가다 보니 사람도 말도 지친다. 상심하고 지친 사람에게 빽빽한 숲속은 신선함도 생기도 아니다. 고난의 동굴과 같다. 암울한 길이다. 빠져나가고 싶다. 그러나 어찌하랴? 또 가야지! 함께 길을 가는 동료 누구도 유쾌한 심정이 아니다. 농담 한마디 나올 분위기가 아니다. 모두 다 묵묵히 길을 가기만 한다. 그런 가운데 그나마 시냇물 소리가 무겁게 가라앉은 분위기를 깨고 졸졸졸 흐른다. 물소리가 희망의 소리였으면 좋겠다. 굽이굽이 흐르는 저 물굽이가 우리 민족과 나라의 생명줄이었으면 좋겠다. 그래서 김구는 하릴없는 마음을 시냇물에 기탁하여 "시냇물을 얼마나 굽이굽이 건넜는지, 졸졸졸 흐르는 물 지났는데 또 졸졸졸 흐르는 물이로구나."라고 읊었다. 기행시인 듯, 서경시인 듯, 서정시인 듯 시어와 시풍을 사용하면서 내면으로는 은근히 조국의 앞날에 대한 큰 우려와 아픔과 슬픔을 담은 시인 것이다.

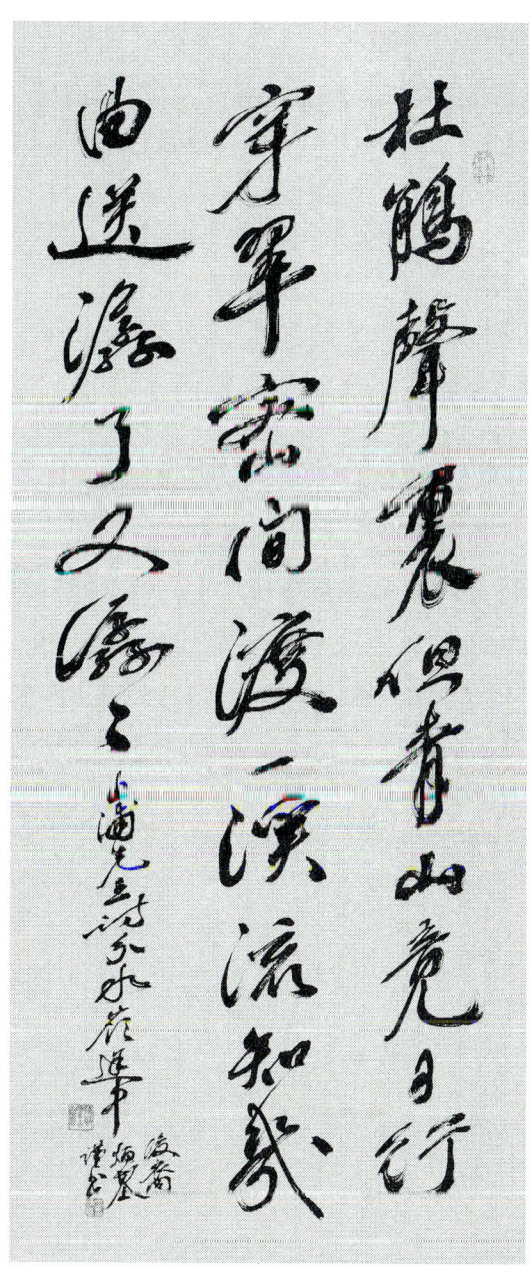

김구 선생 시 「分水嶺途中」 70×135cm 김병기 작

2. 出塞출새 국경을 벗어나

峽中盡日踏黃沙,
橫擁氈裘冒雨過.
山盡已疑胡地盡,
地多還恐朔天多.

협곡 길, 누런 모랫길을 온종일 밟으며,
털옷 가죽옷을 이리저리 휘감고서 비를 무릅쓰고 길을 가네.
산이 끝나기에 이제 오랑캐 땅은 다 지났나 했는데,
땅이 넓으니 초하루 날이(걸리는 시간이) 많을까 걱정이 되네.

주해(註解)

1) 출새(出塞): '출새'는 직역하자면 '변방을 벗어나다'라는 뜻으로서 단순히 '국경을 넘다'라는 의미로 사용하기도 하지만 다른 한편으로는 중국 한나라 때에 음악을 관장하던 관청인 '악부(樂府)'에서 채집하거나 제작하여 모아놓은 이른바 '악부시(樂府詩)'의 시편 이름으로서 고유명사로 사용되기도 한다. 악부시「출새(出塞)」는 변방으로 출성할 때 불렀던 노래로서 송나라 사람 곽무천(郭茂倩 1041-1099)이 편찬한『악부시집(樂府詩集)』의「횡취곡사(橫吹曲辭)」부분에 수록되어 있다. 후대 시인들도 한나라 때에 발생한 악부시의 제목인「출새(出塞)」를 재사용하여 많은 시를 남겼다. 변방으로 나간 군사의 생활과 한을 담은 시를 총괄하여 당나라 때에는 '변새시(邊塞詩)'로 분류하기도 했다. 이때부터「출새(出塞)」는 변새시파 시인들이 즐겨 사용하는 제목이 되었다. 참고로 당나라 사람 동방규(東方虯 생졸년 미상, 武則天 시대의 인물)가 한나라 때 왕소군(王昭君 BC54-AD19)의 고사를 원용하여 지은「소군원(昭君怨:왕소군의 원한)」이라는 부제가 붙은「출새」시를 제시하면 다음과 같다.

出塞- 昭君怨
一
漢道方全盛,　　한나라 한창 융성한 때
朝廷足武臣.　　조정에는 무신들이 넘쳐났네.
何須薄命妾,　　하필 기구한 운명인 첩이
辛苦事和親.　　화친의 어려움 맡아야 하는가.

二
揜淚辭丹鳳,　　눈물을 감추고 붉은 봉황 궁전(한나라의 궁전)과 이별하며
銜悲向白龍.　　슬픔을 머금고 흰 용의 땅(흉노의 땅)으로 향하네.
單于浪驚喜,　　흉노의 왕인 선우는 미인을 얻었다고 헛되이 놀라고
　　　　　　　또 기뻐할 테지만
無復舊時容.　　왕소군의 모습은 더 이상 옛 시절 아름다운 모습이 아닌 걸.
三
胡地無花草,　　오랑캐 땅에는 꽃과 풀이 없으니
春來不似春.　　봄이 왔어도 봄 같지가 않구나.
自然衣帶緩,　　(고국을 그리는 수심에) 절로 허리띠가 느슨해졌을 뿐,
非是爲腰身.　　몸매 가꾸려 일부러 허리둘레를 줄인 건 아니라오.

이 외에도 두보(杜甫)의 「전출새(前出塞)」와 「후출새(後出塞)」, 왕지환(王之渙)의 「출새」, 왕창령(王昌齡)의 「출새」 등이 유명하다. 「출새」라는 시 제목을 대표로 하는 변새시는 변방의 삭막한 풍경과 자연환경, 그곳의 생활이나 종군하는 병사들의 고통과 고향에 대한 향수 등을 읊은 시이다. 이런 변새시는 나중에 독자적으로 변새시만의 풍격을 갖추면서 예술적으로도 새로운 면모를 보여주었다.

2) 황사(黃沙): 누런 모래는 변방의 삭막한 분위기를 극대화한다. 북방 몽고고원으로부터 불어오는 모래바람을 말한다. 당나라 시인 왕창령(王昌齡 698-757)도 변새시의 하나인 「종군행(從軍行)」을 통해 "누런 모래 날리는 전장의 많은 싸움에서 갑옷은 구멍 났지만, 누란(樓蘭) 지역의 오랑캐를 쳐부수지 않고는 결코 돌아가지 않으리라.(黃沙百戰穿金甲, 不破樓蘭

終不還.)"라고 읊었다. 김구 일행은 사신으로 가는 길에서 고려 땅에서는 경험할 수 없는 모래바람을 경험하고서 많이 당황했을 것으로 짐작된다.

3) 전구(氈裘): 털 가죽옷을 말한다. 북쪽 오랑캐를 이르는 말이기도 하다. 털 가죽옷을 걸치고 간다는 것은 추운 북방지역으로 간다는 것을 의미한다. 앞서도 살폈듯이 『지포선생문집』의 주(註)에 의하면 이 시는 1240년 4월에 김구 일행이 몽고에 사신으로 가는 길에 지은 것이다. 4월은 당연히 음력 4월일 테니 양력으로 치면 5월에 해당한다. 양력 5월이면 고려의 날씨로 보아 춥기보다는 오히려 더울 때이다. 그럼에도 이 시에서 김구는 "털옷 가죽옷을 이리저리 휘감고서 비를 무릅쓰고 길을 가네."라고 하였다. 이 시의 제목이 「출새」이므로 이미 국경을 넘어 북방의 어느 지역을 지나고 있음을 알 수 있다. 북방이므로 4월임에도 비가 내리는 날씨에는 추위를 느껴 털옷과 가죽옷을 이리저리 대강 걸친 것으로 이해할 수 있다. '氈'자가 『동문선』과 『동인지문』에는 '氊'로 되어 있다. 두 글자는 사실상 같은 글자이다.

4) 삭천(朔天): '朔은 '초하루 삭'이고 '天'은 '하늘 천'이지만 여기서는 '日'의 의미로 쓰였다. 오늘날 중국어에서 '今日(오늘)' '明日(내일)'을 '今天, '明天'으로 쓰는 것과 같은 사례이다. 고대 고문에서도 '天'이 '日'의 의미로 쓰인 예는 많다. 그러므로 '삭천'은 '초하루 날'이라는 뜻이다. 따라서 마지막 구절 '지다환공삭천다(地多還恐朔天多)'는 '땅이 넓으니 초하루 날이(걸리는 시간이) 많을까 걱정이 되네.'로 번역해야 한다. 즉 중원대륙을 포함한 당시의 몽고 대륙은 땅이 넓어서 또 몇 번의 초하루 날을 보내야 목적지에 도착할 수 있을지, 목적지에 도착하는 데에 걸리는 시간이 많을

까 염려된다는 뜻인 것이다.

물론, '삭천(朔天)'은 '삭풍이 부는 추운 하늘' 즉 '추운 날씨'라는 의미로도 사용된다. 조선 초기 권근(權近 1352-1409)이 지은 「어촌기(漁村記)」라는 문장에 쓰인 '삭천(朔天)'이 그런 사례이다.

　　花明兩岸, 身在畵中, 潦盡寒潭, 舟行鏡裏. 畏日流炎, 柳磯風細, 朔天飛雪, 寒江獨釣. 四時代謝而樂無不在焉.
　　강물의 양쪽 언덕에 꽃이 붉을 적엔 몸이 그림 가운데 있고, 장마가 끝나면 치가운 못물에는 배가 거울 속을 가는 깃 같다. 여름날 뜨거운 햇빛에 더위가 쏟아질 적엔 버드나무 늘어진 낚시터에 미풍(微風)이 불고, 겨울 하늘에 눈이 날릴 때면 차가운 강물에서 홀로 낚시를 드리운다. 사계절이 차례로 바뀌건만 즐거움은 없는 때가 없다.

여기에서 볼 수 있는 "삭천비설, 한강독조.(朔天飛雪, 寒江獨釣.)"구의 '삭천(朔天)'은 '삭풍이 부는 추운 하늘'이라는 뜻이 분명한 것이다. 그러나 김구의 이 출새 시에 나오는 '삭천(朔天)'을 '삭풍이 부는 추운 하늘'로 해석해서는 무리가 따른다. 김구 일행이 몽고 국경을 넘는 시기가 음력 4월 즉 양력으로 치면 5월인데 이 시기의 날씨를 '삭풍이 부는 추운 하늘'로 보기에는 무리가 따르는 것이다. 따라서 이 구절은 산이 끝나는 부분이라서 오랑캐 땅을 지난 것으로 보이기는 하지만 몽고 대륙은 땅이 하도 넓으니 몇 초하루 날을 지내야 목적지에 도착하게 될지 그것이 염려된다는 뜻으로 풀이해야 한다. 그래야 앞의 '지다(地多)'와 '천다(天多)'가 '땅의 넓음'과 '시간이 많이 걸림'의 뜻으로 서론 호응하게 된다. 그런데 그동안 이 시에 대한 대부분의 번역들이 '삭천다(朔天多)'를 '삭풍이 부는 추운 하늘'로 번역하는 오류를 범하였다.

상설(詳說)

　이 시에는 가고 싶지 않은 사행 길에 대한 김구의 불편한 심경이 표현되어 있다. 원나라 황제에게 관용을 베풀 것을 구걸하러 가는 사신 길이 결코 마음에 내키는 길이 아닌데 땅이 이토록 넓다 보니 비록 지금 국경을 넘기는 했지만 아직도 갈 길이 멀어서 도착하는 데에 더 많은 시간이 걸릴까 봐 염려하고 있다. 가고 싶지 않은 길을 가자니 가는 길이 더욱 멀게 느껴져서 마음이 한층 더 불편한 것이다. 게다가 동방규(東方虬)의 변새시인 「소군원(昭君怨: 왕소군의 원한)」에 묘사된 것처럼 "오랑캐 땅에는 꽃과 풀이 없으니, 봄이 왔어도 봄 같지가 않아서(胡地無花草, 春來不似春)" 가는 길에는 화초는커녕 누런 황사만 날리고 갑자기 비가 내리니 날씨가 싸늘해져서 때아닌 털옷과 가죽옷을 꺼내 대강 몸에 두름으로써 비도 막고, 빗물과 함께 젖어드는 모래 먼지 물도 막아야 할 형편이다. 고국 땅 고려에서는 경험할 수 없는 험한 길, 이상한 날씨로 인해 한심한 마음은 더 한심해진다. 이런 하찮고 소박한 짐을 떼 일이나 너 시야 힌난 범인기? 힘 이떤 나라 과원의 하이 가스란히 남긴 시이다.
　작가의 한심한 감정이 주변의 정경과 기후와 잘 융합되어 있다. 만약 김구의 이 여행이 황제에게 관용을 빌러 가는 사행길이 아니고 개인의 자유로운 여행이었다면 김구는 처음 경험하는 이국의 지형과 지세와 모래바람과 황사비가 오히려 신기하고 이채롭게 느껴졌을 것이다. 그러나 이 여행이 그런 단순한 여행이 아니고 강대국의 황제에게 관용을 빌러 가는 비굴한 사신의 여행이었기 때문에 이국적 풍경이 모두 한심하게만 보인 것이다. 중국의 유명 호수인 동정호의 아름다운 풍경이 전란을 만난 두보(杜甫)의 눈에는 오히려 처량하게 보였던 경우와 같은 상황이다. 두보(杜甫)

는 「등악양루(登岳陽樓:악양루에 올라)」시에서 다음과 같이 읊었다.

昔聞洞庭水,	오래전부터 동정호가 아름다단 말 소문으로만 들었는데,
今上岳陽樓.	오늘에야 악양루에 올랐네.
吳楚東南坼,	동정호를 사이에 두고 오나라 초나라는 동쪽과 남쪽으로 갈라졌고
乾坤日夜浮.	하늘과 땅은 밤낮으로 호수 위에 떠있네.
親朋無一字,	친척이나 친구들로부터는 편지 한 장 소식이 없고,
老病有孤舟.	늙고 병든 나에게는 외로운 배 한 척 뿐이네.
戎馬關山北,	관산 북쪽은 여전히 싸움 말들이 달리는 전쟁터이니
憑軒涕泗流.	악양루 난간에 기대어 눈물 콧물만 흘리네.

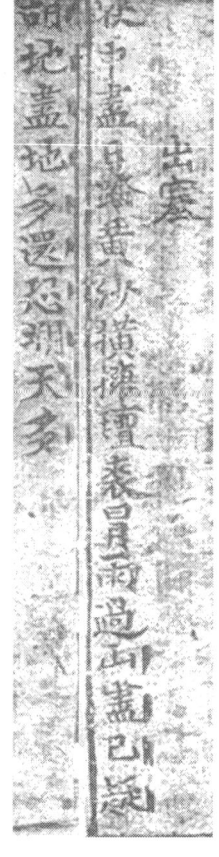

東人之文・五七影印
「出塞」

이 시는 두보가 57세 되던 해인 769년에 동정호의 악양루에 올라 그 장엄한 호수의 아름다운 풍경 앞에서 자신의 심정을 읊은 것이다. 당시는 비록 안사의 난이 표면적으로 평정되기는 했지만 여전히 북방에서는 반란행위가 횡출하고 도적들이 날뛰어 정치와 사회는 혼란하고 민생은 도탄에 빠져있었다. 이런 상황에서 두보는 난생처음 와본 동정호의 장엄한 풍경 앞에서 나라를 위해 아무런 일도 하지 못한 채 하릴없이 늙어가는 자신의 심정을 읊었다. 심정이 처량하다 보니 땅을 오나라와 초나라로 갈라놓고 하늘의 해, 달, 별과 땅의 산 모습까지 다 물속에 담고 있는 광활하고 장엄한 동정호 앞에서도 눈물만 흘릴 뿐 달리할 수 있는 일이 없는 자신의 무기력한 상황을 눈물로 읊을 수밖에 없게 된 것이다.

   원나라 사행 길에서 난생처음 북방 이국의 풍경을 만났고, 심상치 않은 기후도 접했지만 두보가 악양루 앞에서 눈물만 흘렸듯이 김구의 심정은 한심하기만 했던 것이다. 고려 말의 문인 최해(崔瀣)는 그가 편찬한 『동인지문』에서 김구의 이 시 제3,4구에 비점(批點)을 남겼다. 한 편의 시문 내에서도 특별히 이미가 깊고 감동적인 부분에 비점을 찍는다는 점에서 볼 때, 최해는 이 시의 제3,4구에 드러난 김구의 심경 표현을 높이 평가했음을 알 수 있다. 김구는 이 시에서 '恐(두렵다)'자를 사용하여, 두려운 것이 단지 '몇 초하루를 더 겪어야 할 먼 길'만이 아니라, 압도적으로 힘이 강하고 넓은 땅을 차지한 강력한 몽고를 상대로 관용을 청하는 외교를 벌일 것이 한심하고 두려웠다. 이 시는 그러한 두려움을 은근히 암시하고 있는 것이다.

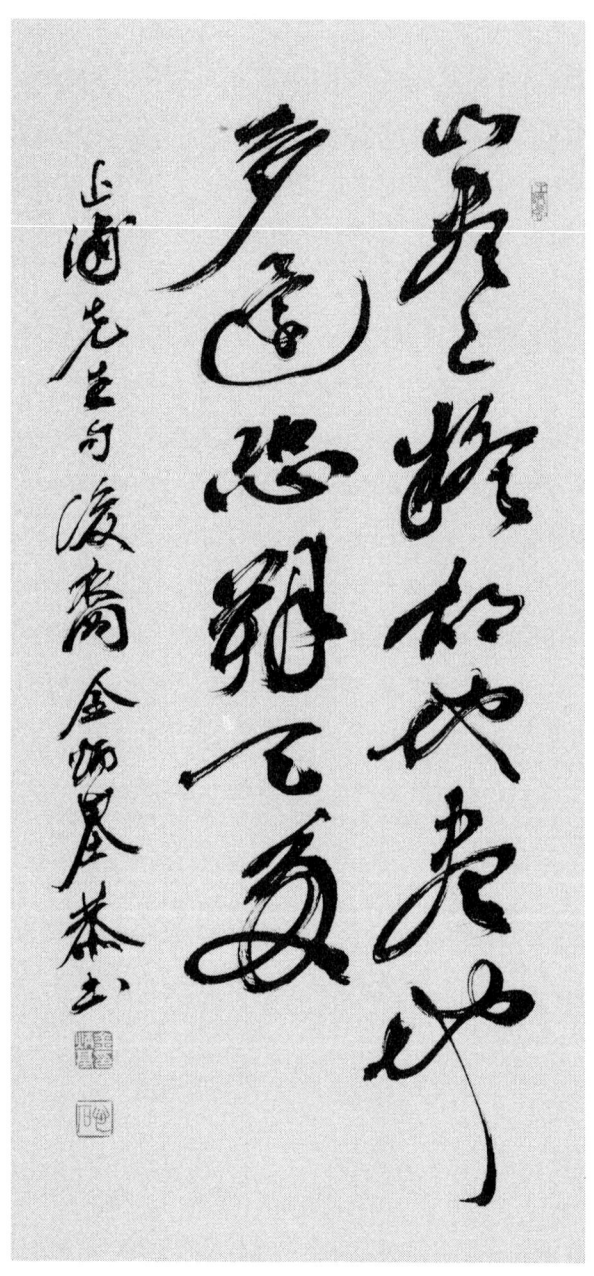

김구 선생 시 「出塞」 3, 4구 34×68cm 김병기 작

3. 嘲圓覺經 조원각경 원각경 조판을 조롱하다

蜂歌蝶舞百花新,
總是華藏藏裏珍.
終日啾啾說圓覺,
不如緘口過殘春.

벌은 노래 부르고 나비는 춤추며 온갖 꽃이 새로이 피어나니,
이 모든 것이 다 화장세계(華藏世界: 불국정토)여서 그 안에 온갖
아름다움이 다 깃들어 있구나.
종일토록 원각경 설법한답시고 중얼거리느니,
입을 봉한 채 남은 봄이나 잘 보내는 것이 훨씬 나으리라.

주해(註解)

 1) 원각경(圓覺經) : 예부터 한국에서 대승불교의 근본경전으로 써 온 불경이다. 이 경은 고려의 지눌(知訥)이 깊이 신봉하여 '요의경(了義經:부처님의 가르침을 에둘러 하는 말이 없이 명료하게 밝힌 경전 ※저자 주)'이라고 정의한 뒤 크게 유통되었다. 조선 초기에 함허화상(涵虛和尙)이 『원각경소(圓覺經疏)』 3권을 지었고, 유일(有一)과 의첨(義瞻) 스님이 각각 원각경에 대한 개인적인 견해를 담은 사기(私記)를 지어 첨부한 뒤 정식으로 우리나라 승려의 교과과목으로 채택되었다. 원각경의 현존 판본으로는 1380년(우왕6년) 이색(李穡)이 지은 발문이 있는 판본을 비롯하여, 세조 연간에 을해자(乙亥字)로 간행한 활자본과 1464년(세조10년)의 간경도감판(刊經都監版), 1465년 을유자(乙酉字)로 찍어낸 활자본 등이 있다. 고려 무신 정권의 권신이었던 최항(崔沆)은 1247년에 원각경을 새기면서 김구에게 발문을 쓸 것을 요구하였다.

 2) 화장(華藏) : 화장세계(華藏世界) 혹은 연화장세계(蓮華藏世界)의 약칭이다. 『위키실록사전』(http://dh.aks.ac.kr/sillokwiki/ index.php/)은 연화장세계를 다음과 같이 설명하고 있다. "연화장 세계는 진리 그 자체를 형상화한 것으로, 온 우주에 가득 차 있는 비로자나불(毘盧遮那佛)의 서원(誓願)으로 장엄된 세계이다. 온갖 보배로 장식되어 있으며, 천개의 꽃잎이 놓인 단상에는 이 세계의 주인인 비로자나불이 결가부좌하고 있다. 천개의 꽃잎 하나하나에는 다시 백억 개의 국토가 있는데, 이는 연화장세계의 무량한 공덕과 광대한 넓이를 상징적으로 나타낸다." 김구의 이 시에서는 "벌과 나비가 노래하고 춤추며 온갖 꽃이 새로이 피어나는" 자연계의 생

명력과 아름다움을 비로자나불의 서원으로 꾸며진 '형상화'된 연화장 세계와 같은 곳으로 보았다. 즉 "벌과 나비가 노래하고 춤추며 온갖 꽃이 새로이 피어나는" 자연계의 풍경이 불경에 묘사된 어떤 형상 세계보다도 더 아름답다고 본 것이다. 더욱이 무신의 사욕으로 무리하게 새기는 원각경을 통해 볼 수 있는 화장세계보다는 자연의 조화가 훨씬 더 본래의 불법에서 말하는 화장세계와 가깝다는 게 김구의 생각인 것이다.

3) 추추(啾啾): 벌레가 울거나 새가 지저귀는 소리, 또는 말이 우는 소리, 피리 따위를 부는 소리가 가늘고 구슬픈 모양이나, 귀신이 처량하게 우는 소리나 사람이 두런거리는 가늘고 작은 소리를 뜻하기도 한다.

상설(詳說)

『지포선생문집』에 수록된 이 시의 제목 옆에 붙은 주해에는 다음과 같은 설명이 있다.

> 이때는 온 나라가 불법을 숭상하고 믿어서 윗사람이나 아랫사람 모두가 불법을 앞다투어 복을 비는 장소로 여겼다. 1247년 권신(權臣)이었던 최항(崔沆)이 원각경을 새긴 뒤에 공(金坵)에게 발문을 지으라고 하였다. 그런데 김구는 발문을 지으려 하지 않고 이 시를 지어서 최항을 조롱하였다. 최항은 화를 내어 "날더러 입을 다물고 있으란 말이냐?"라고 하였다. 끝내 김구를 제주판관으로 좌천시켰다.10)

---

10) 『지포선생문집』 권1. "時擧國, 崇信佛法, 上下奔走要福之場. 權臣崔沆, 雕圓覺經, 令公

이 이야기는 본래 『고려사』「김구전」11)에 기록되어 있다. 『지포선생문집』의 편집자가 『고려사』에 수록된 시를 채취하고 아울러 『고려사』에 수록된 내용을 인용하여 주해를 붙인 것이다. 따라서 김구가 시를 지을 당시에는 대놓고 이런 제목을 붙이지 않았을 수도 있다. 제목이 없이 당시의 상황에 맞게 시만 지어서 최항을 질책했던 것인데 훗날 이 시를 『고려사』에 수록한 사람이 「조원각경(嘲圓覺經)」이라는 제목을 붙였을 가능성이 크다. 김상일은 이 시가 유전된 내력을 다음과 같이 설명하였다.

이 시가 20세기 이전의 문헌에 등장하는 것은 조선전기(1451년)에 편찬된 『고려사』 열전과 19세기 초반(1801)에 수습된 『지포집』뿐이다. 김구의 시문이 비교적 많이 실린 14세기 초에 편찬된 최해의 『동인지문·오칠』이나, 고려 말 조선 초에 편찬된 것으로 추정되는 최해 비점·조운흘(趙云仡) 정선의 『삼한시귀감』, 조선전기 서거정 등이 편찬한 『동문선』(1478)이나 김종직의 『청구풍아』, 17세기 남용익의 『기아(箕雅)』에도 이 시는 보이지 않는다. 따라서 「조원각경」은 『고려사』 열전에 처음 실렸고, 『지포집』에서는 『동인지문·오칠』과 『삼한시귀감』, 『동문선』 등에 실린 다른 시편들과 함께 실었음을 알 수 있다. 그러므로 「조원각경」시를 분석할 때는 『고려사』를 편찬한 사람들의 시각을 고려할 필요가 있다고 생각된다. 곧 「조원각경」시를 조선 초의 『고려사』 편찬자들은 김구의 불교 배척 시의 한 작품으로 지나치게 강조한 것은 아닌가 하는 점이다.12)

跋之. 公不肯許, 作此嘲之. 沆怒曰, 謂我緘口耶, 遂左遷濟州判官."
11) 『고려사』 권106 열전19 김구전. "崔沆雕圓覺經, 令坵跋之, 坵作詩曰, '蜂歌蝶舞百花新, 摠是華藏藏裏珍, 終日 啾啾說圓覺, 不如緘口過殘春.' 沆怒曰, "謂我緘口耶?" 遂左遷."
12) 김상일, 「지포 김구의 시문 연구: 불교 시문과 표전문을 중심으로」, 동악어문집 제80집 2020, 223쪽.

조선이 건국 초기부터 억불정책을 강하게 펴면서 성리학을 특별히 강조했다는 점을 상기한다면 김상일의 견해는 타당하다고 생각한다. 따라서 이 시에 붙은 제목 또한 작시 당시에는 없었고『고려사』를 편찬한 사람들이 붙였을 가능성이 더욱 높아진다. 사실, 당시의 상황이나 시의 내용대로라면 제목은「조원각경(嘲圓覺經)」이 아니라,「조최항지조원각경판(嘲崔沆之雕圓覺經板: 최항의 원각경 경판을 새기는 일을 조롱함)」이라야 한다. 김구는 결코 원각경이라는 불경 자체를 조롱한 것이 아니라, 최항이 무리하게 원각경을 판각하는 작업을 추진하는 것을 수통했기 때문이다. 일부 연구자들이 이 시를 들어 김구가 배불의식을 갖고 있었다는 주사를 하는데 얼핏 보면 그렇게 볼 수도 있다. 그러나 김구가 원각경 자체를 비판한 게 아니라 최항의 무리한 행태를 비판한 것이라는 점에 초점을 맞추고 보면 이 시를 배불의식을 표현한 시로 보는 것은 무리가 있다. 더욱이, 현전하는『지포선생문집』에는 김구가 불교와 관련하여 쓴 다수의 시문이 수록되어 있다.

제목	주요내용	출처
「萬德社開設冬安居法會疏」	첫째부인의 명복을 빌기 위한 疏	『東文選』권111/
「內殿請說禪文」 「內殿行百座仁王說經道場疏」 「內殿行金經說經疏」 「洛山觀音慶讚疏」	국가의 불교 의식을 위한 疏	『東文選』권114 『지포선생문집』권3 『東文選』권110 『지포선생문집』권3 『東文選』권110 『지포선생문집』권3 『東文選』권110 『지포선생문집』권3

제목	주요내용	출처
「宣政殿行大藏經道場音讚詩」 「中例消災道場音讚詩」	音讚詩	『東文選』권110 『지포선생문집』권1 『東文選』권110 『지포선생문집』권1
「臥龍山慈雲寺王師贈諡眞明國師碑銘」	고승 비명	『東文選』권117 『지포선생문집』권3
「首楞嚴經環解刪補記序」,	불경 주석에 붙인 서문	『韓國佛教全書 제6책』 『首楞嚴經環解刪補記』
「上白蓮社大頭禪師詩」	고승에게 보낸 시	허흥식, 『眞靜國師와 湖山錄』, 민족사, 1995, 163-164면)

　위의 표에 열거한 김구의 불교 관련 시문의 내용을 보면 사실상 불교를 배척한 내용은 없다. 게다가 김구의 조부는 승려였었다.13) 따라서 김구가 최항이 제작하는 원각경 조판에 반대하는 뜻을 담은 시「조원각경」을 지었다고 해서 곧바로 김구에게 배불의식이 있었다고 평가할 수는 없을 것 같다. 다만, 『고려사』「김구열전」과 『지포선생문집』의 이 시 부분에 수록된 주해의 내용 중에 공히 "이때는 온 나라가 불법을 숭상하고 믿어서 윗사람이나 아랫사람 모두가 불교를 앞다투어 복을 비는 장소로 여겼다(時擧國, 崇信佛法, 上下奔走要福之場.)"는 구절에 대해서는 주의를 기울일 필요가 있다. 이 주해가 비록 『고려사』를 편찬한 인물의 관점에서 나온 주해라고 하더라도 당시에 불교가 지나치게 난만해 있었고, 전 국민이 부처님 앞에 나아가 개인이 잘 살고자 복을 비는 현상이 심했음을 짐작할 수 있기 때문이다. 즉, 불교가 지나치게 난만해진 결과, 불법을 깨우치고자 하는 수

---

13) 그의 부친은 7품관인 합문지후(閤門祗候)에 올랐지만, 그의 조부는 불승(佛僧)이었다고 한다. 조부가 승려였던 점은 그의 벼슬길에 장애가 되기도 하였다

도(修道)나 구도(求道)의 행위보다는 단지 개인의 사사로운 욕망을 비는 구복(求福) 신앙으로 전락하고 있었음을 짐작할 수 있다. 사실 이 시기에 불교가 적지 않은 폐단을 노정하였고, 특히 최씨 무신정권과 밀착하여 정치적으로 악용되고 있었음에 대해서는 이미 여러 연구자들이 지적한 바 있다.

김구는 비록 배불의식을 가지지는 않았지만 당시 불교의 부패상에 대해서는 적지 않게 우려했던 것으로 짐작할 수 있다. 불교의 부패상에 대해 우려하는 마음을 가지고 있던 차에, 불교를 무신정권 유지를 위한 도구로 사용해온 최씨 측의 핵심 권신인 최항이 다시 원각경 조판 사업을 벌인다고 하니 김구는 그 점이 심히 못마땅했던 것이다. 최항이 불법을 제대로 지키지도 행하지도 수련하지도 않고, 오히려 불법을 정치 수단으로 악용하면서 마치 부처님의 공덕을 찬양하는 양 원각경 조판이라는 불사를 벌이자, 김구는 그 점에 대해 반기를 들고 신랄하게 비판한 것이다.

그리고 또 한 가지 주목할 점은 당시 무신정권의 핵심 권신인 최항에게 대든다는 것은 결코 쉽게 할 수 있는 일이 아니라는 점이다. 자신의 정치적 생명을 걸고 내항해야 할 만큼 중대한 일이었다. 그럼에도 불구하고 과감하게 나서서 반대의 입장을 펼친 것은 그만큼 김구에게 확고한 신념과 소신이 있었기 때문이다. 부연하자면, 김구는 불교 자체에 대해서는 배불의식을 가지고 있지 않았다고 하더라도 당시 지나치게 난만한 불교의 폐단에 대해서는 문제의식을 가지고 지켜본 입장이라고 할 수 있는 것이다. 이때부터 김구는 불교는 불교대로 종교로서 신앙하면서 자정(自淨)하도록 해야 하고, 정치나 사회 기강은 불교가 아닌 유가사상으로 바로 잡아야 한다는 생각을 했던 것으로 짐작할 수 있다. 젊은 나이에 이러한 생각을 했기 때문에 이후 김구는 유가사상을 확산하여 유학의 부흥을 도모하는 활동을 적극적으로 실행하게 된 것이다. 김구의 유학 부흥 의지는 이 사건으로 인해 최항의 미움을 삼으로써 관직에서 파면된 이후 은거하며 실천한 그의 교학활동이 증명하고 있다.

당시 권력의 중심에 있었던 최항은 김구의 문장력을 인정했기 때문에 특별히 김구를 지목하여 조판하는 원각경 앞에 서문을 쓸 것을 요청했지만 뜻하지 않게 김구로부터 공격과 조롱을 받자 화가 날 수밖에 없었다. 당장 김구의 관직을 박탈했다. 이에, 김구는 어쩔 수 없이 고향인 지금의 전라북도 부안으로 낙향하여 최항이 죽을 때까지 10년 동안을 은거하며 유학을 전파하고 부흥하는 교학활동을 하였다. (김구의 교학활동에 대해서는 본서의 〔부록1:문정공 지포 김구의 생애와 업적〕에서 상세히 기술하기로 한다.) 당시 권세가 앞에서 이러한 시를 지었다는 것은 김구의 강직한 성격을 그대로 반영한다. 『고려사』 열전의 「김구전」에 그를 평가하여 "국사를 논함에 절직(切直)했다"[14]라고 기록한 것은 바로 이러한 사건을 통해 그의 강직한 성격이 드러났기 때문일 것이다.

이 시를 통해서 김구가 가진 불교관의 일단을 볼 수 있다. 김구는 불법을 당시 사람들과 달리 기복(祈福)으로 보지 않고 깨달음 추구에 두었다. 화장세계에 대한 그의 생각을 통해서 이점을 확인할 수 있다. 김구는 이 시에서 벌과 나비와 꽃을 등장시켜 봄날의 생동하는 자연의 모습을 묘사했다. 그리고선 이처럼 생동하는 자연의 천진난만한 아름다움이야말로 화장세계라고 했다. 불경을 외우면서 복을 빎으로써 부처님이 내게 내려주는 세계가 화장세계인 게 아니라, 내가 직접 피부로 느끼고 숨 쉬는 대자연의 세계가 곧 화장세계라는 게 김구의 생각인 것이다. 유가에서 말하는 '천인합일(天人合一)'의 세계, 도가에서 말하는 '도법자연(道法自然)'의 세계와 불가

---

14) 『고려사』 권106 열전19 김구전.

에서 말하는 '화장세계(華藏世界)'가 다를 게 없다는 게 김구의 생각인 것이다. 이러한 깨달음의 세계에 든 김구에게 깨달음이라곤 없이 기복과 정치적 이용을 위해 원각경 조판이라는 방대한 불사를 벌인 최항의 소행은 조롱거리밖에 되지 않았던 것이다.

최항의 집권은 최씨 무신정권의 제3기에 해당한다. 1170년 정중부(鄭仲夫)와 이의방(李義方)의 주도로 일어난 무신정변으로부터 시작된 무신정치는 약 40년 동안 반란과 암살로 점철되다시피 했다. 정중부는 약 9년 동안(1170-1179) 정권을 장악했으나 암살당하였고, 이어서 경대승(慶大升)이 정권을 장악했으나 이의민(李義旼)이라는 상덕한 무신이 능상하여 경대승이 병사한 후에 정권을 장악한다. 이이 최충헌(崔忠獻) 일파가 이의민을 제거하고 권력을 장악함으로써 이후로는 최씨 일가가 권력을 세습하며 정권을 농단한다. 최충헌의 시대가 최씨 무신정권의 제1기(1196-1219)라면 제2기(1219-1249)는 최충헌의 아들 최우(崔瑀)의 시대이고, 제3기(1249-1257)가 바로 최우의 아들 최항의 시대이다. 이때부터 최씨 무신정권도 점차 몰락의 길로 들어서는데 최항이 죽고 그의 아들 최의의 제4기 집권(1257-1270)이 시사되면서야 김구는 한림원 지제고(知制誥)에 임명됨으로써 다시 관직에 나가게 되었다. 이때는 이미 몽고와의 전쟁이 시작되었을 때이고, 김구는 한림원 지제고(知制誥)에 임명된 직후에 서장관의 권직을 맡아 몽고에 사신으로 가게 되었다. 몽고와의 전쟁 중에 고려왕조는 몽고군과 함께 최씨 무신정권을 타도함으로써 왕씨 왕조의 왕권을 회복하게 된다.

4. 落梨花낙리화 떨어지는 배꽃

飛舞翩翩去却廻,
倒吹還欲上枝開.
無端一片黏絲網,
時見蜘蛛捕蝶來.

펄펄 날아 춤추며 가다가는 다시 돌아와,
거꾸로 불려 올라가 나무 끝에 앉아 새로 꽃으로 피고자 하네.
어쩌다 한 조각 꽃잎이 끈적이는 거미줄에 걸리고 보니
거미가 나비인 줄 알고 잡으러 오네.

주해(註解)

1) 편편(翩翩) : 가볍게 나부끼거나 훨훨 나는 모양을 나타낸다. 고구려 제2대 유리왕(琉璃王)의 시 「황조가(黃鳥歌)」에도 이 '편편(翩翩)'이라는 시어가 사용되었다.

翩翩黃鳥,	훨훨 나는 저 노란 꾀꼬리
雌雄相依	암수가 서로 의지하여 정답구나.
念我之獨,	나의 이 외로움을 생각하자니
誰其與歸.	누구와 더불어 돌아갈거나.

『삼국사기』「고구려본기」 제1권 '유리명왕(瑠璃明王)' 3년(기원전 17년) 조에는 다음과 같은 기록이 있다.

가을 7월에 골천(鶻川)에 머처(체류)를 시넜나 겨울 10월에 왕후 송씨가 죽자 대왕은 다시 두 여자에게 장가든 들어 후처로 삼았다. 하나는 화희(禾姬)인데 골천인(鶻川人)의 딸이고, 또 하나는 치희(稚姬)인데 한나라(漢) 사람의 딸이다. 두 여자가 남편에게 사랑을 받으려고 서로 다투며 화목하지 않았으므로 대왕은 양곡(凉谷)에 동·서 2궁을 지어 각각 살게 하였다. 그 후에 대왕이 기산(箕山)으로 사냥을 나가 7일 동안 돌아오지 않는 사이에 두 여인이 서로 다투었다. 화희가 치희를 꾸짖자 치희가 부끄럽고 한스러워 도망쳐 본가로 돌아갔다. 대왕이 이 소식을 듣고 말을 채찍질하여 쫓아갔으나 치희는 화를 내며 친가에서 돌아오지 않았다. 이에 대왕은 나무 밑에서 쉬다가 문득 꾀꼬리(黃鳥)가 짝지어 나는 것을 보고서 감상에 젖어 이 노래를 불렀다.

이 이야기가 정말로 유리명왕의 이야기인지에 대한 의문과 또 이 설화를 어떻게 해석해야 할지에 대해서는 연구자마다 다른 의견을 제시하고 있다. 다만, 한국 한문학사 최초의 시로 거론되는 고조선 시대의 「공후인(箜篌引)」에 이어 두 번째 이른 시기의 시가 바로 이 「황조가」라는 점에서 작품의 진위와 설화의 사실 여부를 떠나서 「황조가」는 의미가 있는 시가이다. 고구려 초기에 한자 사용의 수준을 짐작할 수 있는데 '편편(翩翩)'이라는 고도로 발달된 시어인 첩어(疊語)를 사용했다는 점에 주목할 필요가 있다. 필자(김병기)는 이 시가 고구려 사회가 사냥 중심의 '수렵사회'에서 '농경사회'로 변화하는 과정에서 나온 시로 볼 여지도 있다고 생각한다. '꿩치(雉)'자를 쓴 '치희(雉姬)'는 수렵사회를 주관하던 여인이고, '벼화(禾)'자를 쓴 '화희(禾姬)'는 농경사회를 주관하던 여인으로 볼 수 있는데 화희에 의해 치희가 밀려났기 때문에 그런 추론이 가능하다고 할 수 있는 것이다.

2) 비무편편거각회(飛舞翩翩去却廻) : '廻'자가 『동문선』에는 '回'로, 『동인지문』에는 '廻'로 되어 있다. '却'은 '물리칠 각'으로 훈독하지 않고 '도리어 각, 다시 각'으로 풀이하는 것이 시의 본래 의미에 더 가까운 풀이다.

3) 사망(絲網) : 직역하자면 '실로 짠 그물'이라는 뜻이지만, 다음 구의 지주(蜘蛛:거미)와 연관 지어 해석하자면 거미줄을 의미한다.

🐌 상설(詳說)

이 시는 「낙리화(落梨花)」라는 제목을 통해서만 배꽃을 확인할 수 있을 뿐, 시 자체에서는 '꽃(花)'이라는 글자를 전혀 사용하지 않고 있다. '꽃(花)'을 사용하지 않고서도 꽃의 상황을 매우 핍진하게 묘사한 시이다. 시들어 떨어지는 꽃잎의 움식임을 날카롭게 포착한 다음, 거미줄에 걸린 꽃잎과 그것을 먹이로 착각한 거미의 동석 움직임까지 세밀하게 묘사하였다. 지는 꽃의 모습을 실감나게 묘사하고 또 해학적으로 표현한 시이다. 특히 떨어진 꽃잎이 바람에 거꾸로 불려 올라가 다시 나뭇가지에 붙어 꽃으로 피고자 한다는 표현이 절실하게 가슴에 와 닿는다. 사람이라면 누구나 젊은 시절로 돌아가고자 하는 바람이 있는데 떨어진 꽃잎인들 다시 피고자 하는 소망이 없으랴. 다시 젊어지고자 하는 사람의 욕구를 꽃잎에 이입시켜 절실하다 못해 애절하게 표현하였다. 그런데 그 꽃잎이 안타깝게도 거미줄에 걸려 이제는 꼼짝달싹 못하게 되었다. 꽃잎의 안타까운 심정을 알 리 없는 거미는 나비가 걸려든 줄로 알고 잡아먹으려 다가오고 있다. 떨어진 꽃잎 하나와 거미와 거미줄이 만들어 낸 짧은 이야기지만 그 안에 인간의 이야기가 다 들어있다. 욕망도 들어있고, 아쉬움

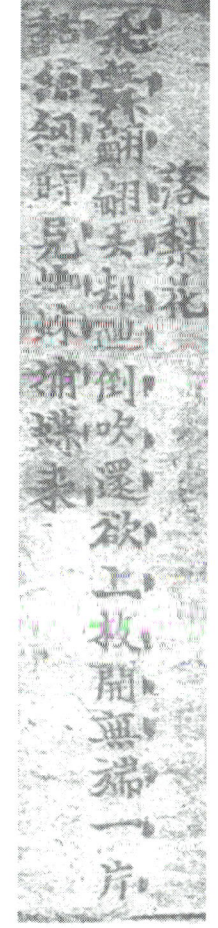

東人之文・五七影印「落梨花」

도 들어있으며, 속임도 들어있고 실망도 들어있다. 그래서 시인의 눈은 무섭다. 무서울 정도로 날카롭다. 탁월한 능력을 갖춘 시인에 의해 탄생된 명시임이 분명하다.

　이 시는 김구의 시 가운데 가장 널리 알려져 있고, 문헌에 가장 많이 실려 있는 시이다. 『지포선생문집』에 수록되기 전에 『동인지문·오칠』, 『역옹패설』, 『삼한시귀감』, 『동인시화』, 『동문선』에 수록되어 있었다. 이 시가 이렇게 많은 문헌에 실리게 된 데에 큰 역할을 한 책은 최해의 『동인지문·오칠』이다. 『동인지문·오칠』에는 26인의 시 총 162수가 수록되어 있는데, 그 가운데 비점을 찍은 시는 90수이고, 그 가운데에서도 시 전체에 비점을 찍은 것은 불과 23수밖에 되지 않는다. 그 23수 안에 이 「낙리화」가 포함되었다는 것은 최해가 이 작품의 문학적 가치를 매우 높이 평가하고 있었음을 증명한다. 최해 또한 사물의 이면(裏面)이자 이면(異面)을 잘 포착하여 시로 표현하기로 이름이 난 시인이기 때문에 지는 배꽃의 이면을 잘 포착한 김구의 이 「낙리화」 시를 특별히 높이 평가한 것으로 보인다. 사물의 이면을 잘 포착한 최해의 시 한 수를 보기로 한다.

貯椒八百斛,	(당나라 사람 원재는) 뇌물로 받은 후추를 800곡이나 쌓아둠으로써
千載笑其愚.	천년 세월 동안 웃음거리가 되었거늘
如何碧玉斗,	너 연잎은 어인 일로 푸른 옥으로 만든 말(斗)을 들고서
竟日量明珠.	하루 종일 빛나는 구슬을 되고 있느냐?

　연잎의 표면은 마치 접시처럼 움푹 들어가 있어서 뭔가를 담을 수 있는 모양이다. 이러한 연잎을 최해는 도량형기인 말(斗)로 보았다. 또한 연잎은 다른 풀잎이나 나뭇잎과 달리 비를 맞더라도 전체가 다 젖지 않고 마치

기름종이처럼 물방울을 동그랗게 모아들이는 성질을 가지고 있다. 연잎 위에 맺히는 그런 물방울을 보면 마치 연잎 위에 아름다운 구슬이 구르는 것과 같다. 빗방울 하나가 떨어지면 그 빗방울은 하나의 구슬이 되어 떼구르르 구르다가 연잎의 가운데로 모여 점점 더 큰 구슬로 변해간다. 그 구슬이 커질 대로 커져서 연줄기가 더 이상 그 무게를 감당할 수 없게 되었을 때 연잎은 살짝 고개를 기울여 그 구슬을 다 쏟아내고 다시 떨어지는 구슬을 받기 시작한다. 시인은 이러한 연잎의 아름다운 모습을 놓치지 않고서 연잎을 향해 "어인 일고 푸른 옥으로 만든 말(斗)로써 하루 종일 빛나는 구슬을 되고 있느냐?"고 물었다. 그것도 그냥 물은 게 아니라, 뇌물을 많이 받기로 유명한 당나라의 탐관오리를 끌어들여 하루 종일 뇌물을 받고 먹고 있는 너 연잎은 탐관오리보다 더 심하지 않느냐는 농담을 섞어 묻고 있다. 사물의 모습을 예리하게 관찰한 결과 연잎 위에 비가 내리는 단순한 현상을 푸른 옥으로 만든 말로써 투명 보석을 되고 있는 현상으로 묘사한 것이다. 그처럼 하루 종일 보석을 되고 있는 벽옥두의 연잎을 보면서 최해는 후추마저도 뇌물로 받아서 800斛(斛 1斛은 10말)이나 쌓아도 되나마의 탐관오리 원재(元載)를 떠올리고서 연잎을 향해 '벽옥두로 하루 종일 투명 보석을 되어 담는 너 연잎은 원재보다도 더 심한 욕심꾸러기이고 탐관오리'라고 꾸짖었다. 비를 맞고 있는 '우하(雨荷)'의 표면을 보고서 그 이면(裏面)이자 이면(異面)의 모습을 상상하여 매우 해학적으로 표현한 꾸짖음이다. 최해 시의 이러한 비유, 이러한 꾸짖음은 마치 김구가 꽃잎을 나비에 비유하고 그 나비를 잡아먹으려 다가오는 거미를 등장시켜 이미 시들어 저버린 배꽃의 아쉬움을 처량하게 표현한 수법과 매우 흡사하다. 이처럼 최해는 자신이 사물을 예리하게 관찰하고 기발하게 상상하며 참신하게 표현하는 시인이었기 때문에 김구 시가 가진 그러한 예리함과 기발함과 참신함을 알아보고 높이 평가하여 시 전체에 비점을 찍은 것이다.

　김구보다 77년 연하인 고려 말의 대문호 이제현(李齊賢 1288-1367)은 그의 저서 『역옹패설』에 김구의 시로는 이 「낙리화」만을 수록하고 있다. 이제현은 이 시를 언급하면서 과거에 급제하여 시를 잘 짓기로 유명했던 스님 탄지(坦之)가 지은 또 한 수의 「낙리화」 시와 비교하였다.

　　탄지(坦之)는 과거에 급제하여 시를 잘 짓기로 유명하였다. 출가해서는 호를 취봉(鷲峯)이라 하였다. 그는 「낙리화(落梨花)」라는 시를 지었는데 다음과 같다.

玉龍百萬爭珠日,	수많은 옥룡(눈 쌓인 나뭇가지)이 서로 보석인 양 다투는 날은
海底陽侯拾敗鱗.	마치 바다 밑에 숨어 있는 양후(물의 신)는 옥룡들이 다투느라 떨어뜨리는 비늘을 줍는 듯.
暗向春風花市賣,	주워 모은 옥룡의 비늘 보석을 봄바람에 실어 시장에 내다 파는 날
東君容易散紅塵.	태양은 그 보석들은 티끌인 양 흩어버리리라.

　　이 시는 이른바 시골 서당의 냄새가 나는 시라고 하겠다.15)

　이렇게 평가한 이제현은 이어 김구의 「낙리화」를 제시한 다음에 "작가들의 수법은 그들 스스로 그렇게 다르다(作家手段, 自有不同)"고 말함으로써 탄지의 시는 시골 서당 냄새가 나는 시로 평가 절하하고 김구의 시는 전혀 그렇지 않음을 말하였다.

---

15) 이제현, 『역옹패설(櫟翁稗說)』 後集2, 을유문고, 1978, 38쪽

이제현은 「역옹패설」에서 이규보나 최자가 말한 '의(意)'를 구체화하여 '언외의(言外意)'라는 시론을 전개했는데16), 이제현은 김구의 「낙리화」 시를 그가 주장한 '작가의 시상을 언어 밖의 또 다른 언어 즉 이면의(裏面意)로 표현한 시'로 여긴 것이다. 아울러 이제현은 김구의 「낙리화」 시에 대해 '아름답기 짝이 없는(瑰麗無雙)'17)시라고 평하였다.

신라시대의 최치원(崔致遠)부터 고려말기 홍간(洪侃)까지의 시를 정선하여 수록한 『삼한시귀감(三韓詩龜鑑)』은 최해의 비점을 그대로 따름으로써 김구의 이 시 「낙리화」를 모든 구절에 비점이 찍힌 것으로 수록하였다. 서거정은 『동인시화』와 『동문선』에 이 시를 선입함으로써 이 시의 우수성을 높이 평가하였다. 다만, 『동인시화』에서 "시어는 공교하지만 시의(詩意)는 얕다.(詩語工而意淺.)"18)고 평가하기도 하였는데 이는 조선시대에 들어서 성리학의 영향으로 시에 성리학적 철학성이 들어있을 때 비로소 깊은 시의를 가진 시로 평가하는 시대적 경향이 반영된 평가로 보인다. 현대의 인물인 이가원도 이 시에 대해 이제현의 평가를 그대로 수용하여 '아름답기 짝이 없는(瑰麗無雙) 작품'이라고 평가하였다.19)

---

16) 이 관점에 관해서는 김성기의 「李齊賢 詩의 '言外意'」(개신어문연구 제16집, 1999.)를 참고할 수 있다
17) 이제현, 『역옹패설(櫟翁稗說)』, 後集2, 을유문고, 1978. 38쪽
18) 徐居正, 『東人詩話』 37칙, "金(坵)詩語工而意淺."
19) 이가원, 『韓國漢文學史』, 普成文化社, 2005. 137쪽.

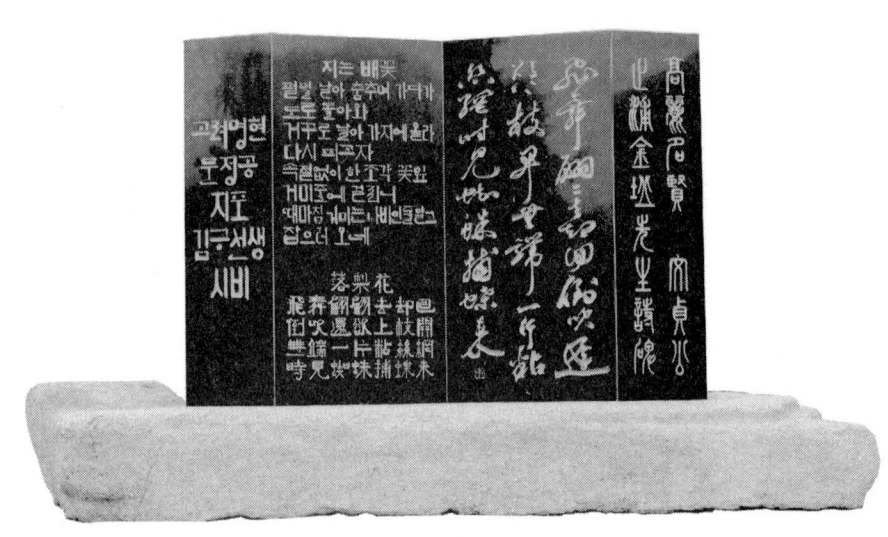

김구 선생 시 「落梨花」
김구선생 시비(詩碑) 소재지 : 부안군 변산면 운산리 경지재 앞/ 김병기 작

5.6. 宣政殿行大藏經道場音讚詩 선정전행대장경도량음찬시
선정전에서 대장경도량을 행할 때 응제(應製)한 부처님 공덕을 찬양한 시 (2수)

一.

一藏全勝百萬師, 故應魔外不容窺.
揀來龍象渾無畏, 掃去豺狼更莫疑.
晝講杵頭舂玉屑, 夜談梭腹吐金絲.
願王已輦千祥至, 社稷昇平自可知.

二.

曾藏歲是慘峇, 石塘盲動端烟濃,
講唇走玉飜三藏, 譚舌飛珠演五宗.
端信覺皇分着力, 定教兵騎不留蹤.
龍天亦感宸誠切, 導灑眞泠磧國容.

一.

하나의 대장경이 백만 군사보다 훨씬 나으니,
대장경에서는 불법 외의 요괴스런 내용은 엿볼 수 없네.
뽑혀 온 훌륭한 고승들은 믿음이 강해서 두려움이 전혀 없으니,
이리, 승냥이처럼 탐욕스런 무리들을 쓸어버릴 태세 의심할 여지없네.

낮에 벌어진 강설(講說)은 절구공이로 옥가루를 방아 찧는 듯하고,
밤에 나누는 담론(談論)은 북 속에서 금실을 토하는 듯하네.
부처님께서 이미 일천 상서로움을 싣고 오셨으니,
나라의 태평성대를 절로 알 수 있겠네.

二.
장엄한 이 모임이 곧 영취산이 아니던가,
일백 향로에 향을 피우니 상서로운 연기가 가득하네.
설법 입술은 옥을 굴리는 듯 유창하게 삼장(三藏)을 펼쳐내고
말씀하시는 혀는 구슬을 날리는 듯 오종(五宗)을 연설하시네.
오로지 부처님이 언제라도 내려주고 계시는 힘을 믿는다면
결단코 군대들로 하여금 발자취를 남기지 못하게 하리라.
불법을 수호하는 여러 신들도 우리 임금님 정성에 감동하여
시원한 진리의 비를 뿌려 온 나라의 얼굴을 말끔히 씻어 주리라.

주해(註解)

1) 선정전(宣政殿)20) : 고려 시대 왕궁에 있던 전각의 하나이다. 열병(閱兵)도 하고, 사형을 비롯한 중죄인의 판결, 고위관료의 인견(引見)과 시정(時政)의 득실(得失)에 대한 논의, 각종 연회, 국왕 즉위식의 거행, 중국 사신을 맞이하고 조(詔)를 받는 일, 대외정벌에 나가는 장수에게 부월(鈇鉞)을 수여하는 일 등이 이루어지는 곳으로서 일상적인 조회가 열리는 건덕전(乾德殿)과 함께 정사(政事)의 중심이 되었다. 21)

2) 장경도량(藏經道場) : 경행(經行), 윤경회(輪經會), 인왕백고좌도량(仁王百高座道場) 등과 더불어 대장경 전체를 대상으로 예경하는 불교의 신앙의례이다. 신라 말 고려 초에 중국에서 장경이 수입되면서 장경도량이 개설되었는데, 고려 정종 때에 법제화되어 국가적 불교의례로 자리 잡았다. 특히 고려시대에는 장경도량이 국가의식으로 성립됨과 동시에 각 사원의 신앙(輸藏)의례로까지 확대되었다. 신부식의 시문 「전내장경도량소(轉大藏經道場疏)」, 정지상의 「전대장경소(轉大藏經疏)」, 이규보의 「대장경도량 음찬시(大藏經道場音讚詩)」와 「대장경도량소(大藏經道場疏)」, 최홍윤의 「대장경도량소(大藏經道場疏)」, 최자의 「선경전 행대장경도량 음찬시(宣慶殿行大藏經道場音讚詩)」, 권근의 「연복사행대장경피람소(演福寺行大藏經披覽疏)」 등은 다 장경도량과 관련된 글들이다. 22)

---

20) 『동문선』에는 「宣慶殿行大藏經道場音讚詩」이라 하여 '宣政殿'이 아닌 '宣慶殿'으로 표기되어 있다.
21) 『한국고전용어사전』, 세종대왕기념사업회, 2001.
22) 한국민족문화대백과사전. https://encykorea.aks.ac.kr/Article/E0048251

3) 음찬시(音讚詩): 음찬시는 고려왕조에서 왕실의 주도 아래 행하는 불사(佛事)에서 문신들이 왕의 명령을 받들어 지은 응제(應製)로서 사운공문시(四韻公文詩)를 말한다. 음찬시의 창작과 활용은 몇 세기에 걸쳐 그 명맥을 이어오다가, 고려 왕조의 멸망과 더불어 역사의 무대에서 사라지게 된다.23) 이러한 음찬시는 불교와 관련된 경우가 많았다. 당시 참여한 여러 사람이 이 시를 음송하였다고 한다.『동문선』에는 최석(崔奭)의「흥왕사경찬도량음찬시(興王寺慶讚道場音讚詩)」(東文選卷12), 김양경(金良鏡)의「선경전도량음찬시응제(宣慶殿道場音讚詩應製)」(東文選卷14), 최자(崔滋)의「선경전행대장경도량음찬시(宣慶殿行大藏經道場音讚詩)」(東文選卷14)와 같은 음찬시가 수록되어 있다.『동국이상국전집(東國李相國全集)』권18에는「왕명(王命)에 응하여 대장경(大藏經)과 소재도량(消災道場)을 음찬(音讚)하는 시(大藏經道場音讚詩)」와「소재도량음찬시(消災道場音讚詩)」가 수록되어 있다. 이러한 음찬시는 형식적인 찬가이거나 어떤 인물을 의도적으로 칭송하는 경우가 많아 형식이 화려한 데에 반해 내용이 빈약한 경우가 많다. 최자(崔滋)도『보한집(補閑集)』에서 음찬시의 한계를 다음과 같이 지적하였다.

    제1련은 불사의 자리가 마련된 데에 대해서 읊고, 함련과 경련에서는 다 불가의 삼보인 불보(佛寶), 법보(法寶), 승보(僧寶)에 대해 찬미하며, 마지막 구절에서는 복과 이익을 구하는 것으로 끝을 맺는다. 그러므로 아무리 큰 학자나 명문장가가 지었다고 하더라도 그 틀의 제한을 벗어날 수 없었기 때문에 형식만 바꿀 뿐 남의 시를 모방하고 답습하는 폐단을 면할 수 없었다.24)

---

23) 李豔軍,「高麗朝音贊詩研究」, 한중인문학연구, 2020, 419쪽.
24) 崔滋,『補閑集』"第一聯言設席, 頷聯頸聯, 皆讚三寶, 落句言福利, 此音讚詩之範也. 雖

이러한 점으로 보아 음찬시는 왕의 명령에 부응하는 형식적인 작시의 산물이라고 할 수 있다.

4) 마외(魔外) : 불교 용어인 천마외도(天魔外道)의 준말로, 불도를 흔들어 방애하는 마귀나 불교 이외의 가르침을 가리킨다.

5) 용상(龍象) : 덕행과 학식을 겸비한 고승을 위력이 막강한 용과 코끼리에 비유하여 이르는 말이다.

6) 무외(無畏) : 불보살이 대중들 속에서 설법을 할 때 아무런 거리낌이나 두려움이나 어려움이 없음을 이르는 말이다. 보살들이 모든 것을 잘 기억하고, 모든 사람의 마음과 자질을 다 헤아리고 있으며, 문답을 잘하고, 모든 사람의 의심을 풀어 해결해 주기 때문에 '무외(無畏)'라고 한다.

7) 시랑(豺狼) : 승냥이와 이리라는 뜻으로, 사납고 탐욕이 많은 무리를 가리킨다. 두보의 시 「숙강변각(宿江邊閣 : 강변의 객사에서 자면서)」라는 시에 "황새와 학이 다 날아가고 없으니, 시랑들이 먹이를 얻느라 시끄럽구나.(鸛鶴追飛盡, 豺狼得食喧.)"라는 구절이 있다.

8) 사직승평자가지(社稷昇平自可知) : '昇'자가 『동문선』에는 '升'으로 되어 있다.

9) 취봉(鷲峯) : 불타(佛陀)가 설법을 하였다는 영취산(靈鷲山)을 이른다.

鴻儒巨筆, 猶局其前範, 未免換骨.

10) 삼장(三藏) : 경을 모은 경장(經藏), 율을 모은 율장(律藏), 논을 모은 논장(論藏)을 합해서 삼장(三藏)이라고 한다. 석가모니불의 설법은 그의 입멸(入滅) 후 제자들의 간절한 필요성에 의해 수집되어 삼장의 성전(聖典)으로 전승되어 왔다.

11) 오종(五宗) : 다섯 종파를 말한다. 대승(大乘)불교의 다섯 종파(宗派)는 천태종(天台宗), 화엄종(華嚴宗), 법상종(法相宗), 삼론종(三論宗), 율종(律宗)이고, 선종(禪宗)의 다섯 종파(宗派)는 법안종(法眼宗), 운문종(雲門宗), 위앙종(潙仰宗), 임제종(臨濟宗), 조동종(曹洞宗)이다. 선가오종(禪家五宗)이라고도 한다.

12) 단신각황분착력(端信覺皇分着力) : 端은 '但과 같은 의미로 쓰였다. '着'자는 『지포선생문집』과 『동문선』에 '着'으로 표기되어 있지만, 한국고전종합DB 『지포선생문집』에는 '著'로 표기되어 있다. 둘 다 고대로부터 구어체 백화문에서 '…한 채로' 라는 의미로 쓰이는 글자이다. '着'을 쓴 경우가 더 많다. '각황(覺皇)'은 깨달음의 황제 즉 부처님을 말한다. '분착력(分着力)'은 '힘을 나누어 주는 채로'라는 뜻이다. 즉 부처님은 언제라도 항상 사람들에게 힘을 나누어 주고 계심을 말한 것이다. '

13) 용천(龍天) : 천룡(天龍)의 앞뒤 글자를 바꿔 쓴 것이다. 천룡은 천룡팔부(天龍八部)를 이름인데, 천룡팔부는 불국 세계를 지키는 8명의 선신(善神)을 통칭하는 말이다. '여러 신'이라는 의미에서 '팔부중(八部衆)'이라 부르기도 하고, 신이면서 장군이라는 의미로 '팔부신장(八部神將)'이라 부르기도 한다. 천룡팔부와 팔부중은 천신과 용신 외에 다른 6명의 신을

합친 신들을 묶어서 부르는 이름이라는 점에서 같다. 천룡팔부 즉 팔부중은 경전에 따라 다시 여래팔부중과 사천왕팔부중으로 분류되는데 중국, 한국, 일본에서는 여래팔부중이 조각이나 회화로 만들어졌고 사천왕팔부중은 드문 편이다. 여래팔부중은 천신, 용신과 함께 야차(夜叉), 건달바(乾闥婆), 아수라(阿修羅), 가루라(迦樓羅), 긴나라(緊那羅), 마후라가(摩睺羅伽) 등 여섯 신을 합칭하는 말이다.

팔부중은 원래 인도 각지에 있었던 다양한 토착신들이 불교가 발전하면서 부처의 법과 불국토를 수호하는 선신(善神)으로 수용되어 이루어졌다. 이들은 원래 고대 인도의 신들이기 때문에 인도식 옷을 입은 모습이었지만 서역을 거쳐 중국과 한국으로 유입되면서 투구와 갑옷을 갖춰 입은 무장(武將)의 형태를 취하게 되어 불법을 수호하는 호법 신장(神將)에 적합한 외형으로 변모하였다. 특히 호국불교를 표방한 우리나라에서는 무장의 모습으로 많이 형상화되었다. 천과 용은 팔부 신중(神衆)을 대표하는 역할을 한다. 천은 하늘을 다스리는 천신을 말하는 것이고, 용은 원래 '나가'라고 불리는 코브라신을 중국에서 용으로 번역한 것이다. 건달바는 음식을 먹지 않고 대신 향을 즐기고 음악을 들려주며 천신들을 공양하는 신으로서 머리에 사자관(獅子冠)을 쓰고 손에 삼지창을 들고 있다. 세상의 모든 악이 다 모여 있는 '아수라도'에 머무는 귀신의 왕 '아수라'는 얼굴이 3개에 팔이 6개인 다면다비상(多面多臂像)이다. 힌두교의 창조신인 브라흐마의 손톱 끝에서 태어나 천계에서 음악을 연주하는 '긴나라'는 사람의 머리에 새의 몸과 날개를 가진 모습이다. '마후라가'는 배와 가슴으로 기어 다니는 존재라 하여 '대흉복행(大胸腹行)'이라고도 번역되지만 줄곧 '마후라가'라는 이름으로 불려왔으며 음악을 담당하는 신이다. 마후라가는 불법을 구하여 중생을 이롭게 하고, 스스로 거만한 성격을 버리고자 겸손하게 기어 다닌다고 한다. 주로 사원 외곽을 수호하는 역할을 하며 손에 뱀을 잡고 있는 모습으로 표현된다. '가루라'는 원래 광명의 신 비슈누의 상징이자 승물(乘物)인 상상의 새를 신격화한 것으로, 새 중의 왕이며 뱀과 용을 잡아먹는 신이다. 뱀으로 상징되는 장애를 없애주는 신으로 숭상된다. 두 날개를 펼치면 길이가 336만 리나 되는 황금빛 새라고 하여 금시조(金翅鳥)로 번역되며, 새의 머리에 사람의 몸을 한 모습으로 나타난다.

상설(詳說)

이 시는 궁궐에서 대장경을 판각하고 진행하던 불교 의식 때에 지은 시다. 당시 김구는 추밀원부사(樞密院副使) 정당문학(政堂文學)으로 참여하여 이 시를 지었다. 정당문학은 고려와 조선시대 국가 행정을 총괄하던 관직으로서 고려시대에는 내사문하성(內史門下省)과 이를 개칭한 중서문하성(中書門下省)의 종2품 문관 벼슬로 정원은 1명을 두었다. 1275년(충렬왕1) 중서문하성이 첨의부(僉議府)로 개편되면서 참문학사(參文學事)로 개칭되었다가 1290년에 다시 정당문학으로 고쳤다. 김구가 정당문학이라는 고위 관직에 있을 때 궁중에서 벌어진 큰 불사에 참여했으므로 왕의 명을 받아 이 응제시를 지은 것이다. 김구가 정당문학의 지위에 있었던 때는 원종11년으로, 지포 나이 60세 무렵이다.

이 시는 재조(再造) 대장경판의 완성과 그 인출(印出)을 축하하는 궁중 법회를 찬미하여 지은 응제시이다. 불교 특히 호국불교를 숭상한 고려는 외침이 있을 때면 부처의 힘으로 적을 막고자 방대한 분량의 대장경

간행사업을 추진했다. 제1차는 거란의 침입으로 곤경에 처했을 때 대구 팔공산 부인사(符仁寺)에 도감(都監)을 설치하고 『대반야경(大般若經)』, 『화엄경(華嚴經)』, 『금광명경(金光明經)』, 『묘법연화경(妙法蓮華經)』 등 6,000여 권을 판각하였다. 현종 때 시작하여 문종 때 완성된 이 초판 고본(古本) 대장경은 고종 19년(1232)의 몽고 침입 때 불타 없어지고 극히 일부만 일본에 전해지고 있다. 그 후 대각국사 의천이 흥왕사(興王寺)에 교장도감(敎藏都監)을 설치하고, 송나라에서 가져온 불경과 요나라와 일본에서 수집한 불경의 총목록을 작성하고 이 목록에 따라 차례로 불경을 간행했다. 이것이 『속대장경(續大藏經)』이나, 1,010부 4,740여 권에 달하였는데 이것 또한 몽고의 침입 때 대부분 소실되고 일부가 전해지고 있다. 그 후 강화도로 천도한 고려왕조는 몽고의 침입을 막아보고자 다시 대대적인 조판 사업을 진행하였다. 고종 23년(1236) 강화도에 장경도감(藏經都監)을 설치하여 사업에 착수한 후, 고종 38년(1251)에 이르러 총 81,137매(枚)의 대장경을 완성하였는데, 이것이 바로 오늘날 해인사에 보관되어 있는 팔만대장경(八萬大藏經)이다. 현재 해인사에 보존되어 있는 팔만대장경판은 조선 시대에 다시 새긴 보유판(補遺板)과 일제 강점기때 다시 새긴 것까지 합하여 총 81,352판이다. 1962년 12월 20일에 '해인사대장경판(海印寺大藏經板)'이라는 이름으로 대한민국 국보 제32호로 지정되었다가, 2010년 8월 25일 현재의 명칭인 「팔만대장경(八萬大藏經)」으로 개칭되었다. 현존하는 세계의 대장경 가운데 가장 오래된 것일 뿐만 아니라 체재와 내용도 가장 완벽한 것으로 평가되고 있는 팔만대장경은 2007년도에 세계기록유산으로 지정되었다. 김구가 지은 이 「선정전행대장경도량음찬시(宣政殿行大藏經道場音讚詩)」 시는 바로 오늘날 전하는 이 팔만대장경판의 판각 완성과 완성된 판각으로부터 처음 인쇄한 팔만대장경의 인출을 축하하는 법회에서 지은 시이다.

이 시는 응제시임에도 단순한 찬양에 머물지 않고 현실적인 문제를 적잖이 다루고 있어서 생동감이 있다. 선정전에서 행하고 있는 팔만대장경 판각 완성 도량 행사를 찬미함과 동시에 부처님의 힘으로 외부의 침략세력을 막아낼 수 있다는 강한 신념을 표현하고 있다. 이러한 생각은 당시 호국불교라는 고려 사회의 불교 인식을 담은 것이기도 하지만 김구가 특별히 호국의 의지가 강했음을 의미하기도 한다.

제1수에서는 부처님의 가르침을 담은 대장경이야말로 어떤 군사도 막아낼 수 있고, 선발된 고승들은 모두 용기 있는 인물들이라 외부로부터 우리를 괴롭히는 마음속의 적은 물론, 국가 내부의 무신들과 외부의 적인 몽고 군대를 다 무찌를 것이라는 희망을 읊었다. 그리고 그러한 역량을 주신 부처님 공덕을 송축하면서 부처님이 내리시는 상서로움으로 인해 온 세상은 태평성대가 될 것이라고 읊었다. 둘째 수에서는 이 장경도량에서 펼쳐지는 훌륭한 고승들의 설법과 말씀이 마치 부처님이 설법을 하였다는 영취산의 법회와 같이 훌륭하다고 읊었다. 이어, 부처님의 힘으로 외적은 이 땅에 머물 수 없게 될 것임을 강조하고 아울러 왕의 정성스런 공덕을 칭송하며 부처님이 우리 왕의 소원을 반드시 들어줄 것이라는 믿음의 말로 마무리하고 있다.

16년에 걸쳐 완성한 대장경 재조와 그 인출 사업은 몽고군의 침입으로 말미암은 국란을 물리치기 위한 고려의 국가적인 사업이었다. 이 시의 앞 수에서 '대장경 한 질이 백만 군대보다 낫다'고 한 것이나, 두 번째 수에서 '불법을 바르게 믿으면 말 탄 군대가 머무르며 함부로 못할 것'이라고 한 시구를 통해 이 시는 당시의 현실을 절실하게 반영하고 있음을 볼 수 있다. 물론, 이 대장경 조판사업이 당시 최씨 무신정권의 실권자인 최이(崔怡)가

표방한 강력한 항몽정책의 일환이기도 하였지만 이러한 사업을 실현하는 데 김구나 그가 속해 있던 결사(結社)그룹도 찬성의 뜻을 갖고 있었던 것 같다. 당시의 김구와 김구 주변 인물의 불교 관련 활동에 대해 허흥식은 다음과 같이 말했다.

> 그(김구)가 교유한 벗 가운데는 거사(居士:在家佛者)로서 고위 문신관료인 유경(柳璥), 이장용(李藏用)과 같은 인물들이 있었는데 이장용과 유경은 당시 강진 백련사의 사주(寺主)로서 백련결사를 이룬 진정국사(眞靜國師) 천책(天頙)이 벗게 되었다. 당연히 그들 또한 결사에 참여하고 있었는데 김구도 이들과 함께 백련결사에 참여하고 있었다.25)

이처럼 김구는 불교와도 인연을 맺고 있었기 때문에 김구의 이 응제시에는 형식적인 칭송만이 아니라, 실지로 부처의 힘을 믿는 마음으로 간절한 소망을 담아 지은 뜻이 담겨 있는 것이다. 이에 대해 김상일은 다음과 같이 말했다.

> 이들은 단순히 그들 자신과 가족의 기복만을 위해 결사에 참여한 것 같지는 않다. 그들은 당대의 지식인이요 정권 안에서도 지위를 가지고 통치집단에 속해 있었던 인물들이기 때문이다. 이들이 국가적 불사에 어떻게 그리고 어느 정도 참여하고 있는지는 이들이 불교를 어떻게 인식하고 당시의 사회 현실에 어떻게 대응하는지를 살펴보는 데서 시작해야 할 것이다. 위의 음찬시가 비록 의식용이어서 그 규범에 의한 표현의 제한이 있겠으나 여기에 반영된 작자의 뜻이 작자의 당대 인식에 기반을 둔 것임을 부정하기는 어려울 것이나.26)

---

25) 허흥식, 『眞靜國師와 湖山錄』, 민족사, 1995, 31-34쪽.

김구는 비록 지나치게 난만해진 불교를 정화하고 정치와 사회에 새로운 분위기를 조성하기 위해 유학의 진흥에 힘쓰면서도 불교가 가진 호국의 정신만은 견지하면서 불력을 이용해서라도 국난을 극복하고자 하는 의지를 이 시를 통하여 드러낸 것이다.

이 시는 시의 기법 면에서도 탁월하여 김구의 작시 기량이 돋보이는 시이다. 제1수의 승련과 전련에 사용된 대구는 명구라는 평을 듣기에 충분할 만큼 정교하고 미려하다. 승련 "간래용상혼무외, 소거시랑갱막의.(揀來龍象渾無畏, 掃去豺狼更莫疑.)"구에서 '간래(揀來)'와 '소거(掃去)'의 보어(補語) '來'와 '去'의 대(對)가 정교하고, '용상(龍象)'과 '시랑(豺狼)'의 명사 대구도 분명하다. '혼무외(渾無畏)'와 '갱막의(更莫疑)'는 정확히 대구가 되도록 각 글자를 적실하게 선택한 역량이 돋보인다.

전련 "주강저두용옥설, 야담사복토금사.(晝講杵頭舂玉屑, 夜談梭腹吐金絲.)"는 일찍이 이제현이 평한 대로 "아름답기 더할 나위 없는(美麗無雙)" 대구이다. 낮에 벌어진 스님의 강설을 "절구공이로 옥가루를 방아 찧는 것 같다."고 표현했고, "밤에 나누는 담론(談論)은 북 속에서 금실을 토하는 듯하다."고 표현한 것이 바로 아름답기 더할 나위 없는 표현인 것이다.

제2수의 전련 "단신각황분착력, 정교병기불류종.(端信覺皇分着力, 定教兵騎不留蹤.)"도 김구의 작시 역량이 빼어남을 보여주는 구절이다. 양 구절의 같은 위치에 있는 각 글자가 정확하게 품사의 성질이 같은 글자로 짜여 있음은 물론이고 '분착력(分着力)'에 구어체 백화문에서 '…인 채로'라는 뜻으로 자주 사용하는 '착(着)'자를 교묘하게 사용하여 부처님은 언제 어디서라도 단 한순간도 쉼이 없이 중생들에게 힘을 주고 있음을 표현하였다.

---

26) 김상일, 「止浦 金坵의 詩文 연구 : 불교시문과 表箋文을 중심으로」, 『동악어문학』, 2020. 228-229쪽.

그러한 부처님의 보살핌을 굳게 믿으면 병기(兵騎:군대)는 흔적도 남길 수 없게 되리라고 하는 '불류종(不留蹤)' 세 글자가 앞의 '분착력(分着力)'과 교묘하게 대를 이룬다. 호국불교의 호국정신을 강조하는 시대정신을 표현하고 시어와 대구의 운용이 기발하고 참신하기 때문에 김구의 이 시는 응제시임에도 전혀 상투적이거나 진부한 느낌이 들지 않는 것이다.

7.8. 上晉陽公상진양공 진양공에게 올리다 (2수)

一.
兩世波瀾定海東,　　泰山功後泰山功.
茆分萬戶猶毫末,　　河潤三韓亦掌中.
胡影不侵楡塞月,　　漢歌閑倚玉樓風.
黑頭承相前應有,　　綠髮封侯始見公.

二.
玉上無端點作痕,　　已將名利負乾坤.
早年爭奈埋塵土,　　餘蘖那堪及子孫.
金榜工夫誰見賞,　　雪窓文字未償冤.
可憐百歲升沈事,　　決在明朝一片言.

一.
(아버지 최충헌과 아들 최이) 두 세대에 걸친 물결이 해동을 평정하니, 태산 같은 공적에 뒤이어 또 태산 같은 공적이라 칭할 만합니다.
초가집 터전을 만호의 백성들에게 나누어주기를 터럭처럼 가볍게 시행했고,
삼한을 하천 가처럼 윤택하게 함도 손바닥 안의 일처럼 쉽게 하셨습니다.

변방엔 오랑캐들 침입 못해, 달 아래서 오랑캐 그림자도 못 보겠고
옥루에 기대어 바람결에 한가하게 한(漢)나라의 노래를 듣습니다.
검은 머리 젊은 승상은 예전에도 물론 있었지만,
윤이 나는 푸른 머리로 진양후 후(候)에 봉해지기는 공이 처음이지요.

二.
옥에 아무런 이유 없이 점으로 흔적이 남겨져,
상자 넝쿨이 다가올 터였는데 그만 하늘 뜻을 서머리세 되었나이다.
어찌 할까요! 젊은 나이에 진토에 묻히게 되었으니,
남은 재앙이 자손에게까지 미치는 것을 어찌 견딜 수 있겠습니까?
과거에 급제하여 금방(金榜)에 붙은 제 이름을 그 누가 알아주리오.
형설지공으로 애쓴 공부, 쓰이지 못하는 원통함을 어디서 보상받을 수 있을까요?
가련합니다! 제 일생의 부침(浮沈)을 결성하는 운명이
내일 아침 신양공님의 한 마디 말씀으로 결정이 날 테니까요!

주해(註解)

 1) 진양공(晉陽公): 고려 무인정권 시기 최충헌의 아들 최이(崔怡 미상-1249)를 말한다. 처음 이름은 우(瑀)였으나 후에 이(怡)로 고쳤다. 아버지 최충헌이 죽은 뒤, 아버지를 이어 집권했다. 교정도감(敎定都監)의 기능을 강화하고, 사저에 정방(政房)을 설치하였으며, 서방(書房)을 두어 정권운영의 고문역할을 담당하게 했다. 1231년 몽고의 침입 후 강화로 천도해 항전을 계속했다. 1234년에는 천도의 공으로 진양후(晉陽侯)에 봉해졌다. 1247년에 서자(庶子) 최만전(崔萬全)을 환속시켜 이름을 최항(崔沆)이라 고쳤다. 최항은 무신정권 안정기의 마지막 집권자이다.

 2) 묘분만호유호말(茆分萬戶猶毫末): '茆'는 '茅'와 통용하는 글자로서 여기에서는 초가집을 의미한다. 최이는 집권 후, 아버지가 탈취한 공사(公私)의 전민(田民)과 재산들을 모두 각각 원래의 주인에게 되돌려 주어 민심을 얻었는데, 이 구절에서는 최이의 이러한 공로를 칭송한 것으로 보인다. 『지포선생문집』의 번역본은 "옛날 천자가 공신에게 봉해주는 국토인 모토(茅土)를 나눠 만호후(萬戶侯)를 봉해준다 해도 그의 공로에 비하면 털끝에 불과하다."27)라는 해석을 했으나, 당시 최이가 행한 행적에 비추어 볼 때 "초가집 터전을 만호의 백성들에게 나누어주기를 터럭처럼 가볍게 시행했고"라는 번역이 더 타당하다.

 3) 유새(楡塞): 변방의 요새를 뜻한다.

---

27) 金坵 著, 성균관대학교 편, 『(國譯)止浦先生文集』, 성균관대학교, 1984. 13쪽.

4) 녹발(綠髮) : 푸른 머리카락이라는 뜻으로, 검고 윤택(潤澤)이 있는 고운 머리를 아름답게 이르는 말이다.

5) 쟁나(爭奈) : 각각 '어찌 쟁', '어찌 나'로 훈독해야 한다.

6) 여얼나감급자손(餘蘖那堪及子孫) : '蘖'자가 『동문선』에는 '孼'로 되어있다. 두 글자 다 의미가 통한다.

7) 설창(雪窓) : 형설지공(螢雪之功)의 고사로, 진(晉)나라 손강(孫康)이 등불이 없어 반딧불과 쌓인 눈 위에 되비치는 달빛에 비춰 글을 읽었다는 고사를 말한다. 어려움을 겪고 공부했음을 표현하는 고사이다.

8) 승침사(升沈事) : 오르고 가라앉는 일. 즉 앞날이 훤히 열려서 승승장구할 것인가 아니면 이대로 가라앉아 버릴 것인가를 결정하는 일이다.

상설(詳說)

이 시는 당시 막강한 권력을 장악했던 최충헌의 아들 진양공(晉陽公) 최이(崔怡)에게 쓴 시이다. 최이는 고려 무인정권기의 실권자로서 처음 이름은 우(瑀)였으나 후에 이(怡)로 고쳤다.

최충헌의 아들로서 1219년(고종6) 추밀원부사였을 때 아버지 충헌이 죽자 그 뒤를 이어 집권했다. 집권 후 아버지가 축적한 보화를 왕께 바치고 점탈한 공사전민(公私田民)은 주인에게 되돌려주며 부패한 관리를 내쫓는

II. 지포 김구 선생 시 전집　97

대신 깨끗한 선비를 많이 등용해 인망을 얻으려는 노력을 했다. 교정도감(敎定都監)의 기능을 강화시켜 인사 및 조세 등 일반사무를 관장하고 교정도감을 통해 모든 정령을 내렸으며, 1225년(고종12)에는 그의 사저에 정식으로 정방(政房)을 설치하고 관료의 인사권을 장악하였다. 1227년에는 서방(書房)을 두어 당대의 명유(名儒)를 3번(番:part)으로 나누어 숙직하게 하며 정권운영의 고문 역할을 담당하게 하였다. 몽고의 침입에 맞서 강화도로 천도를 단행하여 성을 쌓아 대비하며 항전을 계속했다. 강화 천도의 공으로 1234년에 진양후(晉陽侯)로 책봉되었다. 1247년에 승려 생활을 하던 서자(庶子) 최만전(崔萬全)을 환속시켜 이름을 최항(崔沆)이라 고치고 후계자로 양성하였다.

김구의 시 「상진양공(上晉陽公)」은 제목에 붙은 '진양공'이라는 칭호로 보아 최이가 1234년에 진양공으로 봉해진 이후에 지은 시이다. 그런데 김구는 1232년에 문과에 2등으로 합격하였다. 그러므로 이 시는 김구가 문과에 합격한 후, 관직을 임명 받는 과정에서 지은 시라고 할 수 있다. 고려시대 과거제도를 처음 실시한 것은 광종 때에 귀화인 쌍기(雙冀)의 건의를 받아들이면서부터이다. 고려 조정은 첫 과거 시험을 치르면서부터 지공거(知貢擧) 제도를 두었는데 처음으로 지공거를 맡은 인물은 바로 쌍기이다. 지공거는 '예부시(禮部試)'라 불리는 과거 본고시를 관장하는 시관(試官)으로서 처음에는 1인을 두었다가 나중에 정·부(正副) 시관을 두었는데 정(正)시관을 지공거라 부르고 부(副)시관을 동지공거(同知貢擧)라고 불렀다. 지공거는 '좌주(座主)'라고도 불렀는데 과거제도가 계속 시행되면서 지공거인 '좌주'와 지공거에 의해 선발된 '문생' 사이의 관계가 정·관계에 큰 영향을 끼침으로써 고려시대 관료 사회에서 중요한 위상을 갖게 되었다. 좌주와 문생 사이의 유대관계가 더욱 긴밀해진 것은 무신집권기 이후부터인데 몽원 간섭기에는 부자(父子) 관계에 비견될 정도로 그 결속력이 강화되었다고 한다.

김구는 1232년(고종19) 22세의 나이로 지공거 김인경(金仁鏡 초명은 金良鏡 ?-1235)과 동지공거 김태서(金台瑞 ?-1257)에 의하여 예부시(禮部試)에 2등으로 발탁되었다.28) 이때 지공거 김인경이 그를 제1위로 합격시키지 못한 것을 아쉬워하면서, 송나라 사람 화응(和疑)이 진사시에 응시한 범질(范質)외 문장을 중히 여겨 범질에게 자신의 의발을 전하기 위해 일부러 전에 화응 자신이 진사시에 급제할 때 했던 등수인 13등을 준 옛일을29) 말해 주면서 김구를 위로해 주었다.30) 김구는 과거에 급제한 뒤에 이규보의 천거에 의하여 최이(崔怡)에게 발탁되었다. 이와 관련하여 『고려사절요』에는 다음과 같은 기록이 있다.

당시 무신으로서 실권을 장악하고 있던 최이는 선비의 등급을 매길 때 문장을 잘하고 리(吏: 실무)에도 능한 사람을 으뜸으로 삼고, 문장은 볼만 하나 실무에 능하지 못한 사람을 그 다음으로 삼았으며, 문과 실무가 모두 능하지 못한 사람은 최하로 삼았다. 이는 일 최이는 이규모에게 '누가 공

---

28) 『고려사』 권73, 선거지1, 과목1 고종 19년 5월.
29) 송나라 사람 화응과 범질 사이에 있었던 고사이다. 『송사(宋史)』・「범질전(范質傳)」에도 기록이 있고, 『소씨견문록(邵氏聞見錄)』 등에도 기록이 있는데 『소씨견문록』의 기록을 옮겨보면 다음과 같다. "범실이 진사에 천거되었을 때 화응은 한림학사로서 그 진사시험을 주관하는 주문(主文)이었다. 화응은 범질이 시험답안지로 낸 문장을 중하게 여겼다. 화응은 전에 자신도 진사시에 13등으로 급제하였기 때문에 일부러 범질을 13등으로 급제시키고 범질에게 말하기를 '그대의 문장에 여러 문사들 중에서 으뜸이오. 그러나 전에 13등으로 급제한 나의 의발을 그대에게 전하고자 그대를 13등으로 급제시켰소.'라고 하였다.(范魯公質擧進士, 和凝爲主文, 愛其義賦, 擬自以第十三登第, 謂魯公曰:"君之文宜冠多士, 屈居第十三者, 欲君傳老夫衣鉢耳.)".
30) 『지포선생문집』 권3 「지포선생 연보」, 401쪽.

을 이어서 문형(門衡)을 잡을 만하오?" 하고 묻자, 이규보는 "사학(四學) 에서 교육을 받고 있는 학유(學諭) 최안(崔安, 후에 崔滋로 개명)이라는 사람이 있고, 급제한 김구가 그 다음입니다."라고 하였다.31)

이규보가 김구를 최자 다음으로 지목했지만 당시 막 급제하여 아직 관직에 나가지도 않았던 김구를 당대 최고의 문호인 이규보가 천거했다는 점으로 보아 김구의 문장이 일찍부터 크게 인정을 받고 있었음을 알 수 있으며 이처럼 탁월한 문장력으로 인해 이규보의 추천을 받은 것이 진사 급제 후 2년 만에 곧바로 관직에 나갈 수 있는 결정적 계기가 되었던 것으로 보인다.32) 당시에 이규보의 나이는 64세였다.33)

이규보가 당시의 실권자 최이에게 김구를 추천함으로써 김구는 처음에 '정원부사록(定遠府司錄)'이라는 관직에 임명되었다. 그런데 같은 고을 출

---

31) 門下侍郎平章事致仕崔滋, 卒, 滋初名安. 崔怡, 嘗品第朝士, 以能文能吏, 爲第一, 文而不能吏, 次之, 吏而不能文, 又次之, 文吏俱不能, 爲下, … 一日, 怡, 謂李奎報曰: 誰可繼公秉文者, 對曰: 有學諭崔安者, 及第金坵, 其次也. 『고려사절요(高麗史節要)』권 18, 원종 원년 7월 최자 졸기.

32) 예부시에 급제하고서도 관직을 받지 못하면 관직에 나갈 수 없었다. 이규보도 21세 때인 1189년에 사마시에 장원급제하였고 이듬해에 예부시에 급제하였으나 바로 관직을 받지 못하여 25세 때에는 천마산에 들어가 은거하다가 26세에 개경으로 돌아왔으나 여전히 관직을 받지 못하여 곤궁한 생활을 했다. 관직에 나가고자 하는 갈망은 32세 때 최충헌이 초청한 초청시회(招請詩會)에서 최충헌을 국가적인 공로자로 칭송하는 시를 짓고 나서야 비로소 이루어졌다. 『한국민족문화대백과사전』 전자판 http://encykorea.aks.ac.kr/Contents/Index?contents_id=E0043772

33) 이규보는 32세 때에 받은 첫 관직이 부령(부안)에 자리한 변산(邊山)의 소나무를 베어 목재를 확보하는 직책인 작목사(斫木使)였다. 그리고 이규보는 김구가 예부시에 급제하던 1230년에 잠시 유배를 가는데 그때의 유배지도 부안의 위도(蝟島)였다. 이처럼 이규보는 부안과 인연이 깊었고 당시 부안의 호장으로서 부안을 장악하고 있던 세력은 부안김씨였으므로 부안김씨와는 일찍부터 적지 않은 인연이 있었을 것으로 추정된다. 이러한 인연이 최이에게 김구를 추천하는 또 하나의 작은 계기로 작용했을 가능성이 있는 것으로 보인다. 김병기 『부안김씨연구』, 다운샘, 1219, 124쪽.

신인 황각보(黃閣寶)가 김구를 모함하여 관청에 고소하였다. 당시의 법률과 제도에 의하면 승려의 자식이거나 손자는 관직에 나가는 데에 제한이 있었는데 황각보가 김구의 조부가 승려였던 점을 들어 김구를 고발한 것이다.34) 김구에게 절체절명의 위기가 닥친 것이다.

이 시는 이러한 상황에서 쓴 것으로 보인다. 김구로서는 과거 2등 합격과 당시 문형을 잡고 있던 대문호 이규보의 추천 등으로 인하여 전로가 탄탄하게 열릴 결정적인 시점에서 악재를 만난 것이다. 김구에게는 절체절명의 순간이었다. 누구를 붙잡고서라도 자신의 처지를 하소연하고 도움을 청하고 싶었을 것이다. 이에, 당시의 최고 권신인 신양공 최이에게 두 수의 시를 지어 올리며 자신의 처지를 하소연하였다.

제1수에서는 진양후를 칭송한 후, 제2수에서는 과거에 급제하였으나 자신의 조그마한 흠집으로 인하여 임명받은 '정원부사록'이라는 관직이 취소되거나 아예 관직에 나갈 수 없는 상황에 직면하게 되었음을 알리고, 최종 판결을 할 진양공에게 선처를 부탁하는 내용을 기술하였다.

이 시가 주효했는지 김구는 귀재를 비더머하지, 알마 대던 깨주번내로 관직이 바뀌어 제주도로 가게 된다. 최이는 김구의 재능을 아껴 정원부사록 직책을 그대로 유지하게 해주려고 노력했겠지만 상황이 여의치 못하자 제주판관으로 바뀌어 임명한 것이다.35) 최이가 김구를 제주판관으로

---

34) 김구의 조부 김작신(金作新)이 우복사겸이부상서(右僕射兼吏部尙書)에 봉해진 뒤에 승려가 되었는데, 이 일을 두고 황각보가 김구의 집안에 결함이 있다 모함하였다고 한다. 『고려사』에서 승려 자손의 출사와 관련된 기록을 살펴보면 다음과 같은 기사들이 있다. 문종 16년(1062): "승려의 아들은 사로(仕路)를 금고(禁錮)하고, 손자에 이르러서는 바야흐로 허통(許通)하겠노라.'라고 한 기록이 있고, 이후 다시 의종 6년(1152) 3월에 판결하기를 "승려의 자손은 서반(西班)·남반(南班) 7품까지로 제한한다."라고 한 기록이 있다. 김구 당년에도 승려의 자손은 관직을 제한하는 규율이 그대로 적용되었기 때문에 황각보가 김구의 조부가 승려였던 점을 들어 김구를 고발한 것으로 보인다.

임명한 것도 사실은 큰 배려였다. 자칫 관로 자체가 막힐 수 있는 상황에서 관로를 터주는 역할을 했을 뿐 아니라, 당시 판관이란 직책은 목(牧), 도호부(都護府), 유수영(留守營) 등 주요 지방관아의 속관으로 품계가 6품 이상이었기 때문이다.

이 시는 김구가 절박한 상황에서 지은 시이기 때문에 시에 하소연하는 내용도 많고 아부로 볼 수 있는 대목도 있다. 따라서 이 시에 대해서는 진속부터 비판석인 시각이 세기되기도 하였다. 조선시대 문인 조신(曺伸 1454-1529)은 『소문쇄록(謏聞瑣錄)』에서 다음과 같이 평했다.

> 문인들의 글에는 대대로 훌륭하다고 전해지는 불후의 작품도 있지만, 아첨하는 글들도 있다. 잘 보이려 애걸하며 잘못된 것에도 아첨하곤 하는데, 그렇게 아첨하면 자기가 전에 흠모하던 것들도 다 버리게 되니 경계하지 않을 수 있는가? 일찍이 나는 김구의 「문기장자(文機障子)」 시를 좋아했다. 이 시의 '바람은 화노(花奴) 머리 위의 무궁화 장식을 다치지 않을 만큼 부드럽게 불고, 이슬은 서왕모 손안의 복숭아를 더욱 농염하게 하네.(風護花奴頭上槿, 露濃王母手中桃.)'와 같은 구절은 얼마나 아름다운가! 그런데 「상진양공」 시의 "(아버지 최충헌과 아들 최이) 두 세대에 걸친 물결이 해동을 평정하니, 태산 같은 공에 뒤이어 또 태산 같은 공이라 칭할 만합니다. 백성들의 초가집 터전을 만호에 나누어주기를 터럭처럼 가볍게 시행했고, 삼한을 하천 가처럼 윤택하게 함도 손바닥 안의 일처럼 쉽게 하셨습니다.(兩世波瀾定海東, 泰山功後泰山功. 茆分萬戶猶毫末, 河潤三韓亦掌中.)"라는 내용은 입이 마르도록 칭찬하고 있고, 죄를 얻은 후에 진양공에게 구걸하면서 "옥에 아무런 이유 없이 점으로 흔적이 남겨져,

---

35) 『고려사』 권106 열전19 김구전. "初補定遠府司錄, 同縣人黃閣寶挾憾, 摘世累訴有司, 宰臣崔怡, 重其才, 營救不得, 改濟州判官."

장차 명리가 다가올 터였는데 그런 하늘 뜻을 저버리게 되었나이다. … 가련합니다! 제 일생의 부침(浮沈)을 결정하는 운명이 내일 아침 진양공님의 한 마디 말씀으로 결정이 날 테니까요!(玉上無端點作痕, 已將名利負乾坤. … 可憐百歲升沉事, 決在明朝一片言.)"라 하였으니, 이는 모두 아부하고 애걸하는 것이다."36)

일견 일리가 있는 비평으로 보이지만 다른 한편으로 보면 그처럼 긴박한 상황에서 이런 정도의 아부를 표현한 시를 안 쓸 사람이 누가 있겠는가 하는 생각도 하게 한다.

---

36) 曺信,「謏聞琑錄」12『詩話叢林』, "文人詞藻, 流傳不朽, 千載之下, 想望其風彩, 但有諂諛之詞, 取媚哀乞, 阿其所非, 所阿則幷其已前欽慕以盡棄之, 可不戒哉. 嘗愛金坵「障子」詩, '風護花奴頭上槿, 露濃王母手中桃.' 何其艶麗?, 及見「上晉陽公」詩 '兩世波瀾定海東, 泰山功後泰山功. 茹分萬戶猶毫末, 河潤三韓亦掌中.' 極口稱頌. 且得罪, 乞求於晉陽云, '玉上無端點作痕, 已將名利負乾坤. 可憐百歲升沉事, 決在明朝一片言.' 皆未免阿諛哀乞."

9. 中例消災道場音讚詩 중례소재도장음찬시
중례로 치른 소재도량 음찬시

遊空宿耀偶相干,
世眼無端作怪看.
若是祅萌將醞造,
當緣呪力旋消殘.
壽山更疊千年翠,
神杵纔舂一粒丹.
熾盛光中添瑞氣,
臘前春色滿三韓.

하늘에 떠있는 별자리가 우연히도 서로의 자리를 범하니,
부처님께서 까닭 없이 변괴를 일으켜 보여 주시겠는가.
만일 재앙의 싹이 트고 장차 빚어져서 더 커질 조짐이라면,
당연히 주문의 힘으로 그 재앙의 싹을 녹여 사라지게 해야지.
장수의 산에는 천년의 푸름이 더욱 쌓이고,
천신(天神)의 절구공이로는 장생불사의 약인 금단 한 알을 찧기를 비네.
치열하고 성한 광명에다가 다시 상서로운 기운을 더하니,
설도 오기 전, 섣달부터 봄기운이 삼한 땅에 가득하겠네.

주해(註解)

1) 중례(中例): 불교 행사를 치르는 격식과 규모에 따라, 대례(大例), 중례(中例), 소례(小例)로 나누었던 것으로 보인다.

2) 소재도량(消災道場): 불교에서 재앙을 물리치기 위한 목적으로 열렸던 종교의식을 말한다. 비를 기원하는 기우도량(祈雨道場)과 같이 재앙을 당하고서 열린 법회도 있지만 재난도량의 경우는 예방적 차원에서 열기도 했다.

3) 숙요(宿耀): 『지포선생문집』에는 '宿耀'라 표기된 것이 『동문선』에는 '宿曜'라 표기되어 있다. 여기서는 『지포선생문집』을 따라 '宿耀'라 표기하였다. '숙요(宿耀)'란 별자리 이십팔수(二十八宿)와 구요성(九曜星)의 합칭이다. 또는 그런 별자리로 치는 점(占)을 의미한다. 예로부터 해와 달이 운행하는 위치와 여러 별의 관계를 보고 운명을 점(占)치곤 하였는데 『고려사』의 기록에 따르면 이 시를 쓴 당년에 하늘에 이상한 변괴가 있었다는 기록이 있다.37) 이 변괴가 불러올 재앙을 예방하기 위해 기도도량(祈禱道場)을 설치하였다. 당시 김구는 이 도량에 참여하였고 왕은 김구에게 음찬시를 지으라고 했기 때문에 김구는 응제의 음찬시로 이 시를 지었다.

4) 세안(世眼): 부처님의 눈. 부처님은 세상 모든 사람과 사물을 다 꿰뚫어 보기 때문에 '세상을 다 보는 눈', '세상을 꿰뚫어 보는 눈'이라는 뜻에

---

37) 『고려사』 권26, 세가, 원종 10년 9월. "丁丑, 新設消災道場."

서 부처님의 눈을 '세안(世眼)'이라고 한다. 속세 대중의 눈. 일반 속인의 안목이란 뜻도 있다.

5) 발(祓) : 『지포선생문집』에는 '祓(무성할 발)'이라 되어 있으나 『동문선』에는 '祓(푸닥거리할 불)'로 되어있다. 재앙을 물리쳐 없앤다는 '불제(祓除)', 삼월 삼일에 동쪽으로 흐르는 물에서 묵은 때를 씻어 마음과 몸을 정결히 하던 일종의 종교적 의식인 '불계(祓禊)'의 개념에 비추어 볼 때 이 시에서는 '祓'로 해석하는 것이 좋겠다.

6) 금단(金丹) : 신선의 약이라 불린다. 도가에서 행하는 조제법에 따라 만든 단약(丹藥)을 말한다. 영단(靈丹)이라고도 한다. 복용하면 인간의 몸이 신선의 몸으로 변하여 장생불사한다고 한다. 단약을 끌어들여 당시 임금의 장수를 축원하였다.

7) 치성광(熾盛光) : 치열하고 성한 광명이란 뜻이다. 불경 가운데 「대위덕금륜불정치성광여래소제일체재난다라니경(大威德金輪佛頂熾盛光如來消除一切災難陀羅尼經)」이란 불경이 있는데 이것은 인간으로서는 어찌할 수 없는 여러 가지 재액(災厄)을 소멸시키는 주문(呪文)을 기록한 경이다. 『불설치성광대위덕금륜왕소재길상다라니경(佛說熾盛光大威德消災吉祥陀羅尼經)』목판본(1216년, 1축, 대구광역시유형문화재 제63호)이 전해진다. 여기서의 '치성광'은 '치열하고 성한 광명'이란 뜻과 함께 '대위덕금륜불정치성광여래소제일체재난다라니경'을 지칭한다. 중의적으로 사용한 시어이다.

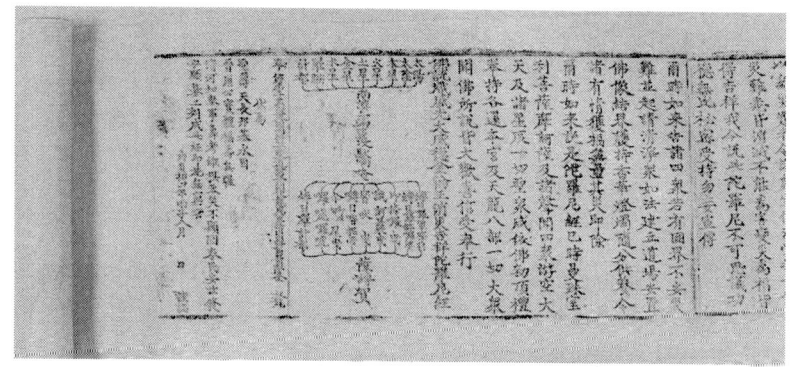

「분셜치셩광대위덕금뉸왕쇼재길상다라니경」

8) 치셩광즁쳠셔긔(熾盛光中添瑞氣): '添'자가 『동문선』에는 '忝'로 되어있다. 같은 의미로 쓰이는 글자이다.

9) 납전춘색만삼한(臘前春色滿三韓): '臘'자가 『동문선』에는 '臈'으로 인쇄되어 있다. 같은 글자이다.

🐚 상설(詳說)

이 시는 앞 「선정전행대장경도량음찬시(宣政殿行大藏經道場音讚詩)」와 마찬가지로, 나라의 번영을 기원하고 재앙을 막기 위한 불교 관련 행사를 관람하면서 부처님의 공덕을 칭송한 음찬시(音讚詩)이다. 아마도 당시 별자리의 불길한 조짐 때문에 조정에서는 재앙을 소멸시키기 위한 소재(消災) 도량을 열었던 것 같다. 이 자리에서 김구는 이 시를 지어 재앙을 막는 데 보탬이 되고자 한 것으로 보인다. 제목에 붙은 '중례(中例)'는 당시에 행한 소재도량(消災道場)의 규모가 중간 규모였음을 말한 것 같다.

 이 시에는 중의법(重義法) 즉 한 단어에 두 가지 의미를 부여하는 수법을 사용한 곳이 두 곳 있는 것으로 보인다. 기련(起聯)의 첫 구절에서는 "유공숙요우상간(遊空宿耀偶相干)"이라고 읊음으로써 하늘의 별자리에 28수와 9요성이 서로 간여하는 현상이 나타났음을 말하였다. 그리고 두 번째 구절에서는 그러한 '상간(相干)' 현상은 불길한 조짐임을 말했다. 그런데 이 두 번째 구절의 해석은 두 가지로 할 수 있을 것 같다. 첫 번째는 본서의 주해 4)번에서 풀이한 것처럼 '세안(世眼)'을 '부처님'으로 보고서 "부처님께서 까닭 없이 변괴를 일으켜 보여 주시겠는가?"라고 해석하는 것이다. 즉 모든 자연현상은 부처님의 뜻에 따라 나타나는데 부처님께서 까닭 없이 이런 별자리의 이상 현상을 조성하여 보여줄 리 없다는 것이다. 이는 분명 뭔가 재앙을 예고하기 위해 변괴현상을 일으켜 보여 준 것이니 빨리 소재도량을 펴서 부처님의 뜻을 묻고 재앙을 막을 방법을 강구해야 한다는 의미로 해석할 수 있는 것이다. 두 번째는 문자 그대로 세안(世眼)을 '세상 사람들의 눈' 즉 일반 중생의 눈으로 보는 관점의 해석이다. 이런 관점에서 기련 전체를 해석하자면 "하늘의 별자리에 28수와 9요성이 서로 간여하는 현상이 나타나자, 세상 사람들은 무단히 그 원인이 무엇인지도 모르는 채 그런 현상을 괴이함으로 삼아 바라보았다."라고 할 수 있다. 즉 별자리에 이상 현상이 나타나자 백성들이 불안한 심정으로 괴이하게 여김으로써 민심이 술렁거렸다는 뜻으로 볼 수 있는 것이다. 완전히 다른 두 가지 의미를 가진 중의법적인 구성의 문장이다. 이어서 승련에서는 별자리의 이상 현상이 부처님의 계시이든 중생들의 불안한 심리의 반영이든 분명히 재앙의 조짐이 있으니 소재도량을 폄으로써 그 재앙을 소멸해야 함을 말하였다. 이어서, 그런 소재도량 불사의 덕으로 우리 임금께서 무사평안하게 장수를 누리고, 불법을 수호하는 천룡팔부(天龍八部) 중의 으뜸인 천룡의 도움으로 우리 임금께서 장생불사의 영약을 얻을 수 있기를 기원하였다. 결련(結聯)의 첫 구절인 "치성광중첨서기(熾盛光中添瑞氣)" 구절도 중의법적 해석이 가능하다. 주해 7)에서 설명한 것처럼 '치성광(熾盛光)'을 인간으로서는 어찌할 수 없는 여러 가지 재액(災厄)을 소멸시키는 주문(呪文)을 기록한 불경인 '대위덕금륜불정치성광여래소제일체재난다라니경(大威德金輪佛頂熾盛光如來消除一切災難陀羅尼經)으로 보는 게 첫 번째 해석이다. 즉 "치성광의 그런 주문에다가 이 소재도량을 통해 부처님께서 내려주신 상서로운 기운을 더하니 설도 맞이하기 전인 섣달에 이미 온 삼한 땅이 봄기운으로 가득하다"라는 뜻으로 해석할 수 있는 것이다. 두 번째는 '치성광(熾盛光)' 세 글자를 문사 그대로 '치열하고 성한 광명'으로 풀이하는 것이다. 즉 이 소재도량의 불사에서 보인 "백성들의 '치열하고 성한 광명'의 불심에다가 부처님께서 내려주신 상서로운 기운을 보탬으로써 설도 맞이하기 전인 섣달에 이미 온 삼한 땅이 봄기운으로 가득하다"라는 뜻으로 해석할 수 있는 것이다. 참으로 교묘한 중의법을 활용한 시이다. 긴구에 깃들인 지시비판을 볼 수 있는 시이다.

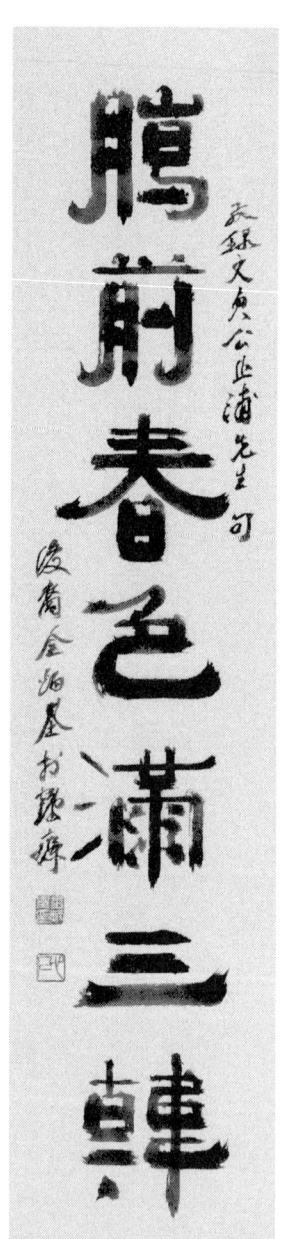

김구 선생 시 「中例消災道場音讚詩」 결련(結聯) 구
26×127cm×2폭 김병기 작

10. 文機障子詩 문기장자시 문기장자에 쓴 시

　　一朶蓬萊湧海高,　　　銀宮貝闕駕靈鼇.
　　蘭燈燦爛頳虯夘,　　　羽葆參差翠鳳毛.
　　風護花奴頭上槿,　　　露濃金母手中桃.
　　請看明月徘徊影,　　　應是姮娥望赭袍.

봉래산 한 봉우리는 바다 위로 용솟음쳐 솟아 우뚝하고,
화려한 용궁이 신령한 자라 위에 올라 있네.
난초 등은 붉은 용의 알인 듯 찬란하고,
깃털 일산은 푸른 봉황의 털인 듯 너울거리네.
바람은 화노(花奴) 머리 위의 무궁화 장식을 다치지 않을 만큼 부드럽게 불고,
이슬은 서왕모 손아의 복숭아를 더욱 농염하게 아네.
자! 밝은 달 주위를 배회하는 그림자를 보시오.
이 그림자는 응당 항아가 우리 임금님 홍포를 바라보려는 그림자일게요.

주해(註解)

1) 문기장자(文機障子): 문기(文機)는 세칭 '앉은뱅이책상'을 말한다. 즉 의자에 앉아 사용하는 높이가 높은 책상이 아니라 바닥에 놓고 다리를 개고 앉아 사용하는 높이가 낮은 책상을 지칭하는 말인 것이다. 장자(障子)는 '障'이라는 명사(혹은 동사)와 물건을 나타내는 '子'라는 접미사가 합쳐져서 이룬 난어로서 '가리개'라는 뜻이다. 그러므로 문기장자는 '앉은뱅이책상 주변에 쳐 놓은 가리개'라는 뜻이다. 이때의 가리개 즉 가림 작용을 하는 물건은 대개 접이식으로 만들어 세웠는데 접히는 면의 수에 따라 2곡(曲:2굽이)부터 8곡 10곡 혹은 그 이상의 대형으로 제작하였다. 이런 가리개가 훗날 '바람막이'라는 의미로 그 뜻이 확장되어 '병풍(屛風)'으로 불리게 되었다. 이런 문기장자 혹은 그냥 장자(障子)에는 대개 그림을 그려서 장식하였다. 김구가 읊은 이 시 속의 문기장자에도 그림이 그려져 있었고, 김구는 그 그림에 대해서 시를 지어 읊은 것이다. 중국에서는 당나라 때부터 '장자'라는 말을 사용하였다. 고려 시대에는 이 문기장자를 펼쳐 세우는 실내 장식이 상당히 성한 것으로 보인다. 이규보, 이인로도 「문기장자(文機障子)」라는 제목의 시를 남겼고, 홍공좌(洪功佐)도 「화산상원문기장자(花山上元文機障子)」라는 제목의 시를 남겼다.

2) 봉래(蓬萊): 신선이 산다고 하는 전설 속의 산을 뜻한다. 금강산의 이칭이기도 하다.

3) 난등찬란정규원(蘭燈燦爛楨虯夗): '夗'는 '卵'과 같은 글자이다. 『동문선』에는 '虯卵'로 되어있다. 난등(蘭燈)은 화려하게 장식한 등이라는

뜻이다. 난주(蘭舟)가 화려하게 장식한 '그림배'라는 뜻인 것과 같은 경우이다.

  4) 화노(花奴): 무궁화의 이칭이다. 그러나 이 시에서는 '화노'가 무궁화의 이칭으로 쓰이지 않고 주연(酒宴)에서 노래 부르고 춤을 추는 여인을 표현한 것으로 보인다. 중국 당나라 현종황제 때 여남왕(汝南王)에 봉해진 이진(李璡 ?-750)의 아명(兒名=小名: 어릴 적 별명)이다. 타고난 자질이 옥처럼 밝고 맑았으며 피부에서 광택이 났으므로 꽃에 비유하여 '화노(花奴)'라는 아명을 지어 불렀고, 자라면서는 술을 좋아했기 때문에 고대 초나라의 왕명인 '양왕(讓土讓:겸양할 양)'에 빗대어 '양왕(釀土釀:술 빚을 양)'이라고 부르기도 했다. 당 현종의 형 이헌(李憲)이 아들이다. 예술적 감각과 기량을 타고나 노래를 잘 부르고 춤도 잘 추었는데 특히 이족(異族)의 악기인 갈고(羯鼓)를 두드리며 추는 격갈고(擊羯鼓) 춤을 잘 춰서 장안에 소문이 자자했다. 시인 두보는 장안의 풍류객 8인을 묘사하여 「음중팔선가(飮中八仙歌)」를 시었는데 이 음중팔선가에 두 번째로 등장하는 인물을 "여양(汝陽)은 세 말의 술을 마셔야 비로소 천자가 여는 조회에 나갔는데 누룩을 싣고 가는 수레만 봐도 침을 흘리면서 주천군(酒泉郡)을 봉토로 받지 못한 것을 한탄하곤 하였다(汝陽三斗始朝天, 道逢麴車口流涎, 恨不移封向酒泉)."라고 읊었다. 이 시에 등장하는 여양(汝陽)이 바로 여남왕 화노(花奴) 이진(李璡)이다. 이진 이후, 노래를 잘 부르고 춤을 잘 추는 사람을 '화노'라고 부르게 되었는데 연회 자리에서 노래를 부르고 춤을 추는 것은 대부분 여성이 맡아 했기 때문에 주연(酒宴)에서 노래 부르고 춤을 추는 여인을 '화노(花奴)'라 칭하기도 했다. 이 시에 나오는 화노 또한 그런 의미로 쓰인 것으로 보인다.

5) 금모(金母) : 서왕모(西王母)를 말한다. 중국의 신화, 전설 등에 등장하는 여신으로 곤륜산에 산다고 한다. 3000년 수명을 보장한다는 천도(天桃)를 가꾸며 늘 그것을 먹음으로써 장생불사한 여신으로도 알려져 있다.

6) 항아(姮娥) : 중국 고대 신화에서, 달 속에 살고 있다는 여인으로, 달의 이칭으로 쓰인다. '姮'을 피휘하여 '상아(嫦娥)'로도 썼다. 남편인 예(羿)가 서왕모(西王母)에게 얻은 불사약(不死藥)을 훔쳐서 월궁(月宮)으로 도망가 월신(月神)이 되었다고 한다.

상설(詳說)

이 시는 그림 병풍에 쓴 시, 또는 '문기(文機)'라는 인물의 병풍에 있는 그림을 보고 읊은 제화시라는 견해가 있으나38), 정월대보름에 왕과 신하들이 모여 행하는 궁중 연회와 관련된 응제시(應製詩)일 가능성도 있다. 궁중에서는 지난해의 묵은 액을 풀고 새해의 안녕을 축원하기 위하여 연회를 열어, 서왕모가 선계에서 내려와 영험한 복숭아를 전하는 형태의 춤을 추곤 하였다. 『고려사』 「악지」 당악(唐樂)조에 실려 있는 「헌선도(獻仙桃)」는 바로 이러한 연회에서 췄던 춤이다. 이인로의 「문기장자」 시 가운데 "복숭아는 익었을 터라 서왕모더러 그 복숭아를 바치라 하였고, 격조 높은 새

---

38) 『(國譯)止浦先生文集』(성균관대학교, 1984. 15쪽.)에 "그림 병풍에 쓰는 시"라 번역되어 있고, 이경우(「金坵論」, 『韓國漢詩作家研究』1, 太學社, 1995. 232쪽.)는 "문기의 병풍에 있는 그림을 보고 읊은 제화시"라고 해석하여 문기를 인명으로 보았다.

로운 악곡은 월궁의 항아가 전해준 것이네.(桃熟已敎金母獻, 曲高新自月娥傳)."39)라는 구절이 있고, 이규보의 「문기장자」 시에는 "밤에 칙령 내려 아홉 짝 금문을 부채 펴듯이 활짝 열고, 옥퉁소 소리 가운데 요대에서 연회 베풀었네.(夜勅金門九扇開, 玉簫聲裏宴瑤臺)"40)라는 구절이 있는 것으로 보아 「문기장자」 시는 연회를 베푸는 상황에서 지은 시임을 알 수 있다. 이제현이 지은 『역옹패설』「후집」에 있는 다음과 같은 내용을 통해서도 문기장자가 연회와 관련이 있음을 확인할 수 있다.

　　송(宋)나라 때 상원일(上元日:정월 대보름)에 궁내에서 어시(御詩:화제의 시)를 발표하니 재상과 양제(兩制:翰林學士와 知制誥), 사관(二館)이 모두 응제하여 성대한 행사가 되었다. 그 중에서 가장 전아하고 아름다운 것은 왕기공(王岐公)이 지은 "봉황새 한 쌍 구름 사이에서 가마를 타고 내려오고, 자라 여섯 마리 바다 위에서 신산(神山)을 타고 다가오네.(雙鳳雲間扶輦下, 六鰲海上駕山來.)" 구절이었다. 우리나라에도 「등석문기장자(燈夕文機障子)」 시가 있는데, 이문순공(이규보)의 "새 번 만에 부르니 신선산이 솟아오르고, 천 년에 한 번 익는다는 선과(仙果)가 나왔네.(三呼萬歲神山湧, 一熟千年海果來.)"라는 구절은 왕기공의 구절과 어깨를 나란히 하여 선두를 다툴 만하다.41)

이러한 내용으로 볼 때 「문기장자」 시는 궁중 행사 때 왕의 명을 받아

---

39) 『東文選』「文機障子」, 이인로, "玉色臨軒命管絃, 春風淡蕩上元天. 紅雲早綴鴉頭髻, 碧縷輕飄獸鼎煙. 桃熟已敎金母獻, 曲高新自月娥傳　壽杯牢動南山影, 奉祝天皇八萬年."
40) 『東國李相國集』, 이규보, 「上元燈夕, 文機障子, 燈籠詩, 翰林奏呈.」 "夜勅金門九扇開, 玉簫聲裡宴瑤臺. 百枝燈影搖宸扆, 萬歲山光入壽杯. 踏席賤輕仙妓舞, 緣幢跟挂侲童才. 太平多暇宜同樂, 恩許千官徹曉音."
41) 이제현, 『益齋集』「역옹패설」 후집2.

지은 응제시라 할 수 있다. 이때의 궁중행사를 위해 특별히 그려서 제작한 병풍 혹은 가리개를 문기장자라 칭하였고, 시인들은 '그날의 그 행사'를 위해 특별 제작한 그 문기장자에 그려진 그림을 보고서 시를 썼기 때문에 시의 제목을 「문기장자」라고 한 것으로 보인다.

앞서 「상진양공(上晉陽公)」 시를 해설하는 과정에서 살펴보았듯이 조선 전기에 사역원정, 통신사군관 등을 역임한 역관이자 문관인 조신(曺伸)은 『소문쇄록(謏聞瑣錄)』에서 「상진양공(上晉陽公)」 시는 아부하는 시라며 비판했지만, 「문기장자」 시는 좋아한다고 하였다. 특히 이 시의 "바람은 화노(花奴) 머리 위의 무궁화 장식을 다치지 않을 만큼 부드럽게 불고, 이슬은 서왕모 손안의 복숭아를 더욱 농염하게 하네.(風護花奴頭上槿, 露濃王母手中桃.)와 같은 글귀는 얼마나 아름다운가."42)라며 극찬하였다.

이 시는 응제시임에도 참신한 시어와 정교한 대구를 사용하는 등 김구의 탁월한 작시 역량이 반영되어 지루하거나 진부함을 느낄 수 없다. 아름다운 시어가 특히 돋보이는 시이다.

---

42) 주 36과 같은 곳.

11. 賀柳平章門生李右丞尊庇領門生獻壽
하유평장문생이우승존비령문생헌수

평장사 유경(柳璥)의 문생(門生)인 우승(右丞) 이존비(李尊庇)가 문생들을 거느리고 헌수하기에 이 수연(壽宴)을 하례하다

令公桃李四番榮,　　鶯谷當年薦壽觥.
座主座主邀座主,　　門生門見領門生.
三韓慶閥喧騶哄,　　一代詞林摠俊英.
更有罕聞奇事在,　　失來輕帶得來呈.

당신께서 천거한 훌륭한 인물들이 네 번이나 영예를 얻어,
낭시에 줄세하여 헌수의 잔을 드리네.
좌주가 자리에 좌주를 맞이하고,
문생이 문하에 문생을 거느렸네.
삼한의 훌륭한 문벌에 하인들도 떠들썩하고,
일대의 문인들도 모두 빼어난 영재들이네.
더욱이 드물고도 기이한 일이 있으니,
잃어버렸던 고관의 띠 홍정(紅鞓)을 되찾게 되었네.

주해(註解)

1) 유경(柳璥): 고려 시대의 문신(1211-1289)으로, 자는 천년(天年), 장지(藏之)이다. 고종 45년(1258)에 김준(金俊) 등과 모의하여 최의(崔竩)를 죽이고 정권을 왕실에 반환, 그 공으로 상장군이 되었다. 또 문장에 뛰어나 신종·희종·강종·고종 4대 실록의 편찬에 참여하였고, 많은 인재를 문하에서 배출하였다. 김구와는 평생을 함께한 벗이었다. 김구가 문장의 대가임을 알고 이장용(李藏用)과 함께 김구를 좌간의대부 등에 천거하는 상소를 올렸다. 김구는 「대사성 유경을 대신하여 추밀원 우부승선 좌우위 상장군을 사양하는 표(代大司成柳璥讓樞密院右副承宣左右衛上將軍表)」를 쓰기도 하였다.

2) 평장사(平章事): 고려시대 중서문하성의 정2품 관직이다.

3) 우승(右丞): 고려시대 상서도성의 종3품 관직이다.

4) 이존비(李尊庇): 고려후기 지밀직사사, 지공거, 판밀직사사 등을 역임한 관리이다.

5) 헌수(獻壽): 회갑(回甲)이나 팔순(八旬) 등의 잔치 때 장수를 기원하는 의미로 술잔을 올리며 축수(祝壽)하는 의식을 말한다.

6) 도리(桃李): 천거된 인물 또는 과거에 급제한 문하생(門下生)을 뜻한다. 당(唐)의 적인걸(狄仁傑)이 어진 선비들을 많이 뽑아 그 선비들을

'도리(桃李)'라 했는데, 당시 사람들이 "천하의 도리가 당신의 문하에 있다"고 하였다.『사기(史記)』「이광전(李廣傳)」에 "복숭아와 오얏은 꽃이나 열매가 좋아 그냥 있어도, 찾아오는 사람이 많아서 그 밑으로는 절로 길이 만들어진다.(桃李不言 下自成蹊.)"는 말이 있다. 여기에서 '도리(桃李)'는 훌륭한 인물을 비유하는 말이다. 후에 '도리'는 훌륭한 스승 밑에서 배출된 많은 제자들이라는 뜻으로도 쓰이게 되었다. 현재 중국에서 일상으로 쓰이고 있는 "도리만천하(桃李滿天下)"라는 말이 그 대표적인 예이다. "온 세상이 제자들로 가득하다."는 뜻이다.

7) 앵곡(鶯谷): 꾀꼬리가 아직 어려서 날 수 있을 때 서식히는 골짜기를 말한다. 따라서 앵곡은 어린 시절 부모님이나 스승, 선배의 보호와 가르침 아래 있을 때를 뜻하는 말로 사용된다. 앵곡을 떠난다는 것은 곧 사람이 출세하여 머물던 골짜기를 벗어나 더 높은 곳으로 옮겨간다는 뜻이다.『시경』「벌목편(伐木篇)」에 "나무를 딱딱 베어내니 새들이 앵앵하고 울다가, 깊은 골짜기에서 날아와 높은 나무로 옮겨가네.(伐木丁丁, 鳥鳴嚶嚶, 出自幽谷, 遷于喬木.)라는 구절이 있다. '鶯'자가『동문선』에는 '鸎'으로 표기되어 있다.

8) 좌주(座主): 고려시대 과거를 주관하는 지공거(知貢擧)와 동지공거(同知貢擧)에 대한 지칭이다. 은문(恩門)이라고도 한다. 급세자는 문생(門生)이라고 하였는데 양자 사이는 예(禮)를 매우 중하게 여겨졌다.

9) 문생(門生): 고려시대 과거의 급제자가 고시관(考試官, 知貢擧)을 은문(恩門)이라 부르고 그 급제자들은 문생이라 부른다. 자기를 선발해 준

고시관을 스승처럼 여겨 양자 사이에는 좌주·문생제(座主·門生制)가 성립하였으며, 이는 예부시(禮部試)뿐만 아니라 국자감시(國子監試)의 경우에서도 마찬가지였다.

10) 정대(鞓帶): 고관의 띠인 홍정대(紅鞓帶)의 준말로, 예복에 딸린 빨간 가죽 띠이다. 이 시에 표현된 "잃어버렸던 고관의 띠 홍정을 되찾게 되었네(失來鞓帶得來呈)"는 임경숙(任景肅)과 유경과 이존비와의 인연을 언급한 것이다. 『고려사』에 따르면, "유경이 처음 과거를 주관하게 되자 그의 좌주(座主)인 평장사(平章事) 임경숙(任景肅)이 허리에 차고 있던 검은 물소 뿔로 만든 붉은 가죽 띠인 홍정(紅鞓)을 풀어 그에게 주며 '공의 문하에 공만 한 사람이 있으면 전하도록 하라.'고 당부했다. 유경의 문생 이존비가 과거를 주관하게 되자, 그것을 다시 자신의 문생에게 전하려고 했지만 임연(林衍)의 난 때 잃어버렸는데, 나중에 시장에서 다시 샀더니 바로 그 띠였다. 이 일은 사림(士林)들 사이에 신기한 일로 전해 온다."43) 라는 기록이 있다.

🌀 상설(詳說)

이 시는 김구가 평장사 유경의 회갑잔치에 초대되어 쓴 시다. 김구는 과거 유경과 이존비의 관계를 떠올리며, 유경의 문생이었던 이존비가 여러

---

43) 『고려사』 권105, 열전18 유경전. "璥初掌試, 座主平章事任景肅, 解所帶烏犀紅鞓, 與之曰, "公之門下, 有如公者, 可傳之." 及尊庇掌試, 欲傳之則, 已失於林衍之亂, 買之市, 卽其帶也, 士林傳爲異事."

문생들과 함께 헌수할 때 함께 그의 잔치를 축하하며 이 실를 쓴 것이다. 유경((1211-1289)의 연대로 볼 때, 1271년 김구 나이 61세 때에 쓴 시로 보인다.

이존비가 유경의 문생이었다는 것은 단지 그로부터 글을 배운 학생이라는 뜻이 아니고, 이존비가 과거 시험을 치를 때 주 시험관인 유경이 좌주였고 이존비가 좌주인 유경의 추천을 받아 과거에 합격했다는 뜻이다. 좌주(座主)는 고려시대 과거를 주관하는 지공거(知貢擧)와 동지공거(同知貢擧) 즉 부지공거에 대한 지칭이다. 은문(恩門)이라고도 한다. 과거제도가 계속 시행되면서 지공거인 '좌주'와 지공거에 의해 선발된 '문생' 사이의 관계가 깊지 바닝과 관료 사회에 큰 영향을 끼침으로써 중요한 인연으로 삭용하였다. 좌주와 문생 사이의 유대관계가 더욱 긴밀해진 것은 무신집권기 이후부터인데 몽원 간섭기에는 부자 관계에 비견될 정도로 그 결속력이 강화되었다고 한다. 좌주로서 과거를 주관했던 유경은 그의 홍정(紅鞓)을 전해줄 정도로 이존비를 높이 평가하였다. 그렇게 그의 문생이었던 이존비가 훌륭한 인물로 성장하여 다시 좌주가 되어 문생을 거느리는 인물이 되었나. 김구는 그러한 일을 "좌주가 자리에 좌주를 맞이하고, 문생이 문하에 문생을 거느렸네."라고 언급하며, 그가 예를 갖추고 헌수하는 모습을 시로 읊었다. 평생을 함께한 벗 유경의 이러한 상황을 김구는 매우 흐뭇한 마음으로 바라보았을 것이다.

12. 迎主敎坊致語詩 영주교방치어시

임금을 맞이하는 교방의 연회에서 올리는 축하의 시

我王曾爲活蒼生, 　　親屈龍沙萬里行.
北極風雲初啓會, 　　東方日月更廻明.
笙歌滿國呈新喜, 　　劍佩趨朝賀太平.
請見功臣歸美處, 　　山舍萬壽湧崢嶸.

우리 임금께서 일찍이 창생을 살리기 위하여,
친히 굽히시어 용사(龍沙) 만 리 길을 다녀오셨네.
북극성(임금)을 둘러싼 풍운(훌륭한 신하)과 함께 바야흐로 조회를 여시니,
동방 이 나라의 해와 달이 다시 밝음을 되찾았네.
생황의 연주 소리 온 나라에 가득 차 새로운 기쁨을 바치고,
신하들은 조정으로 달려가 태평성대를 하례하네.
공신들이 송덕하는 자리를 보시라,
산사도 만수무강하라는 듯 우뚝 솟았네.

주해(註解)

1) 교방(敎坊): 이원(梨園), 선방(仙坊), 법부(法部)라고도 한다. 고려 초기의 궁중 기구로서 음악을 관장하던 곳이다. 창설된 이후, 오랫동안 유지되면서 속악을 가르치고 정리하는 한편 속악의 공연을 주도하여 고려의 음악 형성과 발전에 많은 공헌을 했다.

2) 치어(致語): 궁중에 경사가 있을 때 임금에게 올리는 송축사로서 왕이니 왕후, 왕사, 공주들의 공적을 치하하고 왕실의 무궁한 번영 등을 송축하는 것을 내용으로 하고 있다. '치사(致辭)' 라고도 한다.

2) 용사(龍沙): 중국의 서쪽 변방에 있는 사막을 뜻하나, 일반적으로 변경 밖의 먼 지역을 나타낸다.

3) 북극풍운(北極風雲): 북극은 북극성으로, 임금이나 임금이 사는 궁궐을 상징한다. 『논어』「위정편」의 첫 구절인 "공자께서 말씀하셨다. 덕으로 정치를 하는 것은 비유하자면 마치 북극성이 제자리에 가만히 있는데 뭇별들이 그것을 에워싸고 도는 것과 같다.(子曰 爲政以德, 譬如北辰, 居其所而衆星共之)"는 말로부터 유래하였다. 풍운(風雲)은 훌륭한 임금을 능력 있는 신하가 잘 보필한다는 뜻이다. 『주역』「문언전(文言傳)」「건괘(乾卦) 구오(九五)」의 효사(爻辭)가 "용이 하늘을 나니 대인을 만남이 이롭다(飛龍在天 利見大人)."인데 이 효사(爻辭)를 '유유상종(類類相從:같은 부류끼리 서로 좇는다)', "운종룡, 풍종호(雲從龍, 風從虎:구름은 용을 따르고 바람은 범을 따른다)"는 말로 풀이하면서 '풍운(風雲)'은 대인 즉 훌륭한

임금, 성인 등을 보필하는 능력 있는 신하나 제자를 나타내는 말로 쓰이게 되었다.

　　4) 동방일월갱회명(東方日月更廻明) : '廻'자가 『동문선』에는 '迴'로 표기되어 있다. 동방 우리나라에 새로운 세상, 새로운 시대가 열렸음을 읊은 구절이다.

　　5) 검패(劍佩) : 칼을 찬 신하들이라는 뜻. '劍佩'의 뜻을 구체적으로 이해하기 위해서는 당나라 때의 문호 한유(韓愈)가 지은 「석고가(石鼓歌)」를 살펴볼 필요가 있다. 「석고가(石鼓歌)」는 석고에 대해서 쓴 시이다.
　　정관(貞觀) 원년(元年. 627)은 당태종 이세민의 연호로 수년 간 분쟁과 전란을 끝내고 성당시대가 시작되는 해이다. 이 해에 산서성(陝西省) 보계(寶鷄)의 황야에서 우연히 북처럼 생긴 모양의 화강암 돌덩어리 10개를 발견하였다. 모서리가 둥글고 상단은 비교적 좁고 하단이 비교적 넓으며 중간 부분이 마치 배부른 것처럼 약간 불룩한 모양이었다. 돌 표면에 붙은 진흙을 닦아내니 새겨진 문자가 드러났다. 이 문자를 북 모양의 돌에 새겨진 글이라는 뜻에서 '석고문(石鼓文)'이라고 칭했다.
　　석고문은 4언시 10수로 구성되어 있는데 마모되어 알아볼 수 없는 글자가 많다. 역대의 연구자들은 대체적으로 춘추시대 진(秦)나라 군주들인 진문공(秦文公), 진목공(秦移公), 진헌공(秦獻公)이 사냥한 사실(史實)을 기록한 것으로 여기고 있다. 그래서 '엽갈(獵碣)'이라고도 부른다. 석고문은 중국에서 발견된 현존하는 최고(最古)의 석각문자로 전서(篆書) 중에서 '대전(大篆)'에 속하는 문자로 새겨졌는데 청동기에 주조된 금문(金文)으로부터 진시황제에 의해 통일된 문자인 소전(小篆)으로 변화하는 과정에 해당하는 시기의 대표적인 자체(字體)로 문자학과 서예학적 가치가 매우 높다.

　석고는 중국 산서성의 들판에 방치되어 있던 것을 당나라 태종 때 발견하여 현재는 북경국자감(北京國子監)의 대성문(大成門) 전내(殿內)에 보관되어 있다. 새겨진 글자 수는 송나라 학자 구양수(歐陽修)가 조사한 당시에는 465자였다고 하는데 그 후로도 마모되어 지금은 약 300자 정도를 판독할 수 있다. 일찍이 당나라의 한유와 송나라의 소식(蘇軾)이 「석고가」와 「후석고가」라는 시를 지어 오늘날까지 전해 오고 있다. 한유와 소식의 석고가를 통하여 당시 석고의 발견 과정과 유전(流轉) 내력의 대강을 짐작할 수 있다. 한유는 동시대의 시인 장저(張籍)이 가지고 온 석고문의 탁본을 보고서 「석고가」를 지었는데 한유는 석고에 새겨진 시를 주(周)나라 선왕(宣王)의 신하였던 사주(史籒)가 지었다고 고증했다. 한유가 지은 석고가의 초반부에는 다음과 같은 구절이 있다.

…

周綱淩遲四海沸, 주나라의 기강이 해이해져서 천하가 비등하자
宣王憤起揮天戈 선왕이 분연히 일어나 하늘의 뜻을 받은 창을 휘둘렀네.
大開明堂受朝賀 크게 명당(궁궐)을 열고 신하들의 조하를 받으니
諸侯劍佩鳴相磨 제후들이 찬 칼과 구슬이 부딪쳐 울렸네.
…

　주나라 기강이 해이해져 천하가 들끓을 때 주 선왕이 나라의 기강을 바로잡고 신하들과 더불어 조회하는 장면을 읊었다. 신하들이 주 선왕을 향해 공경과 축하의 뜻을 천명하는 장면이다. 신하들이 찬 칼과 관복에 매달

은 옥으로 만든 장신구들이 부딪쳐 성대한 소리를 내고 있다.

지포 김구는 한유「석고가」의 "제후들이 찬 칼과 구슬이 부딪쳐 울렸네.(諸侯劍佩鳴相磨)"라는 구절을 참고하여 "신하들은 조정으로 달려가 태평성대를 하례하네.(劍佩趨朝賀太平)"라고 읊은 것이다.

상설(詳說)

이 시는『지포선생문집』권1 칠언율시에 시 전문이 소개되어 있고,『지포선생문집』권2「응제록(應製錄)·표전(表箋)」부분에 이「영주교방치어시(迎主教坊致語詩)」에 관련된 내용이 상세하게 수록되어 있다. 이 시를 이해하기 위해서는 우선『지포선생문집』권2「응제록·표전」부분에 수록된「영주교방치어(迎主教坊致語)」라는 문장에 대한 이해가 선행되어야 한다. 김구가「영주교방치어」를 먼저 짓고 이어서「영주교방치어시」를 써서 축하의 의미를 한 번 더 곡진하게 표현한 것으로 보이기 때문이다.『동문선(東文選)』에서는 이 치어(致語)를「갑자년영주교방치어(甲子年迎主教坊致語)」로 기록하고 있는데,『지포선생문집』에서는 갑자년은 연대를 잘못 표기한 것이라는 설명과 함께 그 내용44)을 자세히 소개하고 있다. 우선『지포선생문집』의 설명을 보기로 한다.

　　원종(元宗)20년 신미(辛未 1271)년에 충렬왕이 세자의 신분으로서 원나라에 볼모로 들어갔다. 갑술(1274)년 5월 병술일에 충렬왕이 안평공주 홀도로게리미실(安平公主 忽都魯揭里迷矢)에게 장가들었는데 6월 계

---

44)『지포선생문집』권2 응제록(應製錄) 표전(表箋)

해일에 원종(元宗)이 승하하자, 충렬왕은 8월 무진일에 본국 고려로 먼저 돌아와 즉위하고, 안평공주는 그해 11월 정축일에 고려에 왔다. 이때, 충렬왕의 비빈(妃嬪) 및 궁주(宮主)45)와 재추부인(宰樞夫人) 등이 모두 나와서 공주를 맞이하였다. 충렬왕 3년 정축(丁丑 1277)년 12월 병진일에 위득유(韋得儒)와 노진의(盧進儀)가 김방경(金方慶)을 무고하여 반란을 도모하였다.46) 충렬왕 4년 무인(戊寅 1278)년 3월에 위득유 등이 또 홍

---

45) 고려시대 내명부(內命婦)의 책봉명은 비(妃)와 주(主)계열로 양분되는데, 궁주·원주·전주 등이 '주'계열의 사호이나. '비'계열로는 왕후·왕비 및 귀비(貴妃)·숙비(淑妃)·덕비(德妃)·현비(賢妃) 등의 여러 비(妃)가 있는데, 『고려사』에 따르면 전자는 적처(嫡妻)의 자호인데 반해 후자는 천칭(美稱)이라고 한다. 내명부만의 책봉 대상으로 삼는 '비' 계열과 달리 외명부까지도 포괄하는 직호라는 점에서 궁주는 '비'계열과는 성격을 달리하는 봉작명이라고 할 수 있다. 따라서 고려의 여인들 중에는 두 계열의 작호를 중첩적으로 가진 경우가 많았다. 예를 들어, 고려의 후비들 중에는 '경흥원주·귀비(慶興院主·貴妃 ; 현종 제8비)'나 '왕비·연덕궁주(王妃·延德宮主 ; 예종 제2비)'처럼 아예 두 계열의 작호가 연칭(連稱)되어 기록되는 경우가 있는가 하면, 숙종의 맏딸처럼 대녕공주(大寧公主)로 불리는 동시에 대녕궁주(大寧宮主)로도 호칭되는 사례가 많았다.

46) 위득유(韋得儒)는 1274년(충렬왕 즉위) 대장군을 지냈다. 그해 원나라에서 합포(合浦·馬山)에 정동행중서성(征東行中書省)을 설치하고 제1차로 일본을 정벌할 때, 도원수 김방경(金方慶)의 밑에서 시봉만호로 참전하였다. 나·원연합군은 쓰시마섬(對馬島)을 공략한 후 일본 본토로 향하던 도중 규슈(九州) 앞바다에서 태풍을 만나 많은 사람이 죽었는데, 이때 위득유의 상관인 좌군사(左軍使) 김신(金侁)도 함께 죽었다. 이 일로 위득유는 아랫사람으로서 윗사람을 구하지 않았다는 김방경의 탄핵을 받아 파직되었다. 위득유는 김방경에 대해 원한을 품게 되어, 1277년 역시 김방경에게 반감을 갖고 있던 노진의(盧進義)·김복대(金福大) 등과 모의하여 김방경이 반란을 꾀하기 위해 무기를 감춰두고 있다고 무고하였다. 그 결과, 김방경은 홍다구(洪茶丘)에 의해 모진 고문을 받고 대청도로 유배되었고, 1278년(충렬왕 4) 위득유는 홍다구의 후원으로 상장군에 올랐다. 그해 위득유는 노진의와 함께 홍다구에게 "나라에서 담선법회(談禪法會)를 하는 것은 원나라를 저주하는 것이다."하고 무고함으로써, 왕이 직접 해명하기 위해 원나라로 가도록 만들었다. 그러나 이때 원나라에서 김방경 사건을 재심의하기 위해 위득유와 노진의를 김방경 부자와 함께 원나라로 소환하였다. 이에 위득유는 원나라로 가게 되었는데 가는 도중 노진의가 요가채(姚家寨)에 이르러 죽으면서 자신이 위득유의 꾀임에 빠진 것이라고 실토하였다. 이 말을 들은 위득유는 먹지도 자지도 못하다가 결국 죽었다고 한다.

다구(洪茶丘)47)에게 말하기를 "나라에서 담선법회(談禪法會)를 하는 것은 원나라를 저주하기 위한 것이다."라고 하여 무고하였다. 이 무고로 인해 같은 달 갑오일에 원나라 황제가 충렬왕에게 입조(入朝)할 것을 명령하므로 4월 갑인일에 왕과 공주와 세자가 원나라로 갔다. 6월 기사일에 왕과 공주와 세자가 황제를 배알하자, 황제가 연회를 베풀어 위로하고 7월 무진일에 황제가 김방경을 사면함과 동시에 흔도군(忻都軍)48), 홍다구군(洪茶丘軍), 종전군(種田軍)49) 및 합포진수군(合浦鎭戍軍)을 철수하도

---

47) 고려말기 대표적인 친원파(親元派=附元派) 문신이다. 몽고에서 출생하고 성장했으며, 어려서부터 종군하면서 용맹을 떨쳤다. 원나라 세조의 총애를 받아 세조가 '洪茶丘'라고 불렀다고 한다. 1261년(원종 2) 아버지의 관직을 이어받아 관령귀부고려군민총관(管領歸附高麗軍民摠管)에 임명되었다. 1263년에는 영녕공 왕준(永寧公 王綧)을 참소해 당시 왕준이 원에서 가지고 있던 고려 군민에 대한 관령권(管領權)을 탈취하였다. 1269년 원종이 임연(林衍)을 제거하기 위해 원나라에 군사를 요청하자 다음 해에 두련가(頭輦哥)를 좇아 3,000명의 귀부군(歸附軍)을 이끌고 처음 고려에 왔다. 이때부터 봉주(鳳州)의 둔전총관부(屯田摠管府)에 주둔하면서 당시 고려에 있던 부원세력의 중심이 되었다. 그리고 진도와 제주도의 삼별초 진압을 지휘하였으며, 1274년에는 소용대장군 안무사 고려군민총관(昭勇大將軍安撫使高麗軍民總管)이 되어 일본 정벌을 위한 군량과 배의 조달을 감독하였다. 곧이어 동정우부도원수(東征右副都元帥)로서 일본 정벌에 참여하였다. 그러나 일본 정벌이 실패로 끝나자 1275년(충렬왕 1)에 원나라로 돌아갔다. 1277년 위득유(韋得儒) 등이 김방경(金方慶)을 무고한 사건이 일어나자 고려에 다시 들어왔다. 김방경을 고문하고 고의로 사건을 확대시켜 고려의 입장을 난처하게 하려다 충렬왕이 적극적인 외교 활동을 벌여 원나라로 소환되었다.
48) 홀돈(忽敦)이라고도 한다. 1271년(원종 12) 고려에 주둔하고 있던 몽고군의 지휘관으로, 고려 장군 김방경과 함께 탐라(耽羅:제주)에서 삼별초군을 평정하였다. 1274년 고려와 원나라가 연합하여 일본을 정벌할 때, 연합군의 도원수(都元帥)로서 대군을 거느리고 합포(合浦:지금의 마산)를 출발, 쓰시마섬(對馬島)·이키섬(壹岐島) 등을 점령하고 하카타만(博多灣)에 이르렀으나 심한 풍랑으로 철수하였다. 1281년(충렬왕 7) 정동행성사(征東行省事)가 되어 고려에 들어와 동로군(東路軍)을 이끌고 2차 일본정벌에 나섰다. 그러나 또 태풍을 만나 많은 병력을 잃고 고려를 경유하여 귀국하였다.
49) 원나라는 동정(東征), 즉 일본정벌에 필요한 군량미를 확보하기 위하여 1271년(원종 12) 봉주(鳳州 : 황해도 봉산)에 둔전경략사(屯田經略司)를 설치하고 봉주·황주를 비롯한 여러 곳의 둔전을 관장하게 하였는데, 이 둔전의 경작을 위하여 파견된 군대가 바로 종전군이다.

록 명령하였다. 같은 달(1278년 7월) 계묘일에 왕이 하직하고 돌아올 적에 황제가 사신을 보내 호송하고, 황태자, 황자, 황녀 등 여러 궁인들이 나와 전송하며 노래와 춤을 베풀었으며 술잔을 올렸다. 9월 을사일에 왕이 공주와 함께 원나라로부터 돌아와 고려에 이르자, 백관들이 교외로 나와 열을 지어 서서 왕과 공주를 맞이했으니 이때에 지은 글이 바로 이 「영주교방치어」이다. 무릇 국가의 시끄러웠던 일들을 아뢰어 일체 깨끗이 하였으므로 온 국민이 왕의 덕을 칭송하여 감읍하였다. 『동문선(東文選)』에 이 글을 갑자(甲子)년의 일로 기록한 것은 오류인 것 같다. 이에, 상세히 설명하여 기록하였다.50)

김구의 「영주교방치어시」는 바로 이런 상황에서 지은 「영주교방치어」와 함께 지은 시인 것이다. 위의 설명을 통해 「영주교방치어」를 짓게 된 경위와 상황을 상세히 알 수 있는데 그 경위와 상황을 정리하면 다음과 같다.

· 1271년 원종(元宗)20년 신미(辛未)년: 충렬왕이 세자의 신분으로 원나라에 볼모로 들어감.
· 1274년: 원종 23년 갑술(甲戌 1274)년 5월 병술일에 충렬왕이 안평공주 홀도로게리미실(安平公主 忽都魯揭里迷矢)에게 장가듦.

---

50) 『지포선생문집』 권2 응제록(應製錄) 표전(表箋) "元宗十二年辛未, 忠烈王以世子入質于元. 甲戌五月丙戌, 忠烈得尙安平公主忽都魯揭里迷失, 六月癸亥, 元宗薨, 八月戊辰, 忠烈東還卽位, 十一月丁丑, 公主至自元. 妃嬪及諸宮士宰樞夫人, 皆出迎. ○忠烈三年丁丑十二月丙辰, 韋得儒盧進儀, 誣告金方慶謀反. 四年戊寅三月, 韋得儒等, 又言於茶丘曰, 國家談禪法會, 所以咀上國. 是月甲午, 元帝命王入朝, 四月甲寅, 王及公主世子如元. 六月己巳, 王及公主謁帝, 帝設宴慰之, 七月戊戌, 元帝赦金方慶, 又命罷忻都茶丘軍種田軍合浦鎭戍軍. 癸卯, 王辭歸, 元帝遣使護送, 皇太子皇子皇女諸宮人, 餞送歌舞侑觴. 九月乙巳, 王與公主至自元, 百官班迎于郊, 是行也. 凡國家騷擾事, 一切奏除, 國人頌德感泣. ○按東文選, 繫此文於甲子者, 似是誤. 更群之."

- 1974년 六월 계해일에 원종(元宗)이 승하함.
  같은 해(1274) 8월 무진일에 충렬왕은 고려로 먼저 돌아와 왕위에 즉위함.
- 같은 해 11월 정축(丁丑)일에 안평공주 홀도로게리미실(安平公主忽都魯揭里迷矢)도 고려로 돌아옴.
- 1277년: 충렬왕 3년 정축(丁丑)년 12월 병진일에 위득유(韋得儒)와 노진의(盧進儀)가 김방경(金方慶)을 무고하여 반란을 도모함.
- 1278년: 충렬왕 4년 무인(戊寅)년 3월에 위득유 등이 또 홍다구(洪茶丘)에게 "나라(고려)에서 담선법회(談禪法會)를 하는 것은 원나라를 저주하기 위한 것이다."라고 무고하는 사건이 발생함. 이에, 같은 달(3월) 갑오일에 원나라 황제가 충렬왕에게 입조할 것을 명령함. 4월 갑인일에 왕과 공주와 세자가 원나라로 출발함. 6월 기사일에 왕과 공주와 세자가 황제를 배알함. 황제가 연회를 베풀어 위로하고 7월 무진일에 황제가 김방경을 사면함. 아울러 흔도군(忻都軍), 홍다구군(洪茶丘軍), 종전군(種田軍) 및 합포진수군(合浦鎭戍軍)을 철수하도록 명령함.
- 1278년: 7월 계묘일에 왕이 황제를 하직하고 돌아올 적에 황제가 사신을 보내 호송하고, 원나라의 황태자, 황자, 황녀 등 여러 궁인들이 나와 전송하며 노래와 춤을 베풀었으며 술잔을 올림.
- 1278년: 9월 을사일에 왕이 공주와 함께 원나라로부터 돌아와 고려에 이르자, 백관들이 교외로 나와 열을 지어 서서 왕과 공주를 맞이하며 교방이 담당하여 연회를 벌임. 이때에 김구는 「영주교방치어(迎主教坊致語)」를 지음. 아울러, 「영주교방치어시(迎主教坊致語詩)」도 지음.

1278년 충렬왕 3년 9월에 있었던 충렬왕의 고려 귀환은 당시 고려로서는 엄청나게 중요한 일이었고 또 경사였다. 그해 3월에 원나라 황제의 명을 받고 원나라에 들어갔다가 6개월 만에 충렬왕의 외교가 성공하여 그동안 원나라와 고려 사이에 쌓였던 모든 오해를 풀고, 고려에 주둔하며 위세를 부렸던 원나라의 군대인 흔도군, 홍다구군, 종전군 및 합포진수군을 다 철수하게 하는 성과를 거둔 것이다. 이러한 성과를 거두고 귀국한 충렬왕을 환영하는 자리였으니 신하의 입장에서는 교방을 앞세워 연회를 열고 축하의 치사를 올리는 것이 당연한 일이었다. 이 축사 즉 「영주교방치어」를 고려 조정의 백관을 대표하여 김구가 지어 올린 것이다. 이제 「영주교방치어」 전문을 살펴보기로 한다.

> 왕에게 입조(入朝)하니 왕이 연악(宴樂)을 베풀어 주시고 특히 비와 이슬이 대지에 내리는 은택과 같이 큰 왕의 은혜를 내려 주시었습니다. 우리 임금님을 기다리고 있었는데 임금님께서 오시니 우리가 다시 소생하게 되었습니다. 모두 운예(雲霓: 가뭄에 구름을 기다리는 것)를 바라는 마음이 있는데 (임금님께서 돌아오시니) 기뻐 나머지 내딛리는 자, 벋디디는 자, 할 것 없이 모두 다 손과 발을 움직여 춤을 춥니다.
>
> 삼가 생각하옵건대 주상전하께서는 순임금의 총명에 나아가고 탕임금의 지혜와 용기를 받으시어 시기에 맞춰 법통을 여시니 확실히 세상을 이끄는 규범을 베푸시고 우호를 이어 백성을 편안히 쉬게 하시니 이웃 사귀는 도리를 깊이 깨달으신 분이십니다. 전에 옛날 청궁(靑宮)51)에 계실 적에도 친히 조빙과 조근(朝覲)의 예를 닦으셨는데 지금은 왕위에 오르시어 또 원나라 왕의 조칙으로 부르심을 받으셨습니다. 당시 조정의 의논이 분

---

51) 동궁(東宮)과 같은 의미이다. 동궁은 세자를 지칭하기도 하고, 때로는 세자가 거처하는 궁을 의미하기도 하는데 오행설(五行說)에 따르면 동쪽을 의미하는 색깔이 청색이므로 동궁을 청궁으로도 표현한다.

분하고 백성들의 민정과 여론은 흉흉하였으나 주상께서는 마음의 판단을 내리시어 조종(祖宗) 계통의 장래를 위하여 머나먼 상설(霜雪) 길을 가는 수고로움을 마다하지 않으시고 풍운(風雲:왕을 보필하는 신하)이 마당에 가득 찬 원나라의 조정 모임에 나아가셨습니다. 원나라 왕의 얼굴을 보기도 하고 또 왕에게 주상의 얼굴을 보이시기도 하니 그 화락한 모습이 마치 금슬의 어울림과 같았을 것입니다. 이에, 원나라 왕은 "무엇을 주랴?", "또 무엇을 주랴?"하시며 중후한 뜻으로 예물을 주셨습니다. 주상께서 원나라 궁 안의 정자에 나아가시거나 숙소인 빈관에 머무실 때, 원나라 측에서는 주상께서 도로를 거치실 때마다 엄격하게 경호하고, 식사 때마다 식탁에 희생(犧生)을 올리고 공연과 기예 등 오락의 즐거움도 다 바쳐서 온갖 형태의 화려함을 다하고 한마음으로 극진하게 대하셨을 것입니다. 정중한 예악으로써 대우해 주시고, 특별한 은총을 받으셨는데 더욱이 화친하기로 약속함으로써 주상께서는 수레 가득 태평을 싣고 돌아오셨으니 이 일은 천고의 역사에서 가장 뛰어난 일일 뿐 아니라, 어떤 왕도 이보다 높은 일을 해낸 왕은 없었고 또 없을 것입니다. 주상을 수행하였던 신하들도 다 기린각(麒麟閣)52)에 이름을 올릴 만한 큰 공신이요, 우리나라는 봉지(鳳池)라 불릴 만한 어진 재상들이 있는 현상국(賢相國:어진 재상이 있는 나라)이라서 한결같은 덕이 진즉부터 하늘의 주심에 부합하였으니, 만 가지 기틀이 다 성인의 도모함에 맞으셨습니다. 군국(軍國:나라를 지키는 군대)의 기여(寄與) 또한 가볍지 않았으니 주상께서 내리신 교조(敎條)에 따라 국토를 지켰고, 주상의 승여(乘輿)가 돌아오시자 신기(神器:임금의 자리)를 받들어 맞이하오니 어찌 쌓은 힘을 다 바치기를 전에 없이 하였을 뿐이겠습니까? 주상을 모심에 온갖 정성을 다하고자 했을 것입니다. 이에 저 또

---

52) 공신의 공적을 기록해 두고 관련 문서와 화상 등을 봉안한 전각이다. 중국 한나라 때부터 시행한 제도로서 후에는 '기린각'이라는 말 자체가 명신(名臣), 공신(功臣)을 뜻하게 되었다.

한 공(功)을 함께한 무리들에 끼어 삼가 주상을 맞이하는 의식을 닦아 올리고자 합니다.

붉고 푸른 봉우리들은 햇빛 아래의 비단을 두른 것 같은 산으로 솟아오르고, 푸르러 화려하며 노랗게 장식한 집과 같은 주상이 타신 가마는 구름 사이를 뚫고 돌아옵니다. 좌우를 보필하는 원란(鴛鸞)과 같은 문신들은 앞에서 선도하기도 하고 뒤에서 따르기도 하며, 호위하는 무신들은 왼편을 둘러싸고 또 오른 편을 에워쌌습니다. 잠몌(簪袂:비녀와 옷소매: 모든 백성들)가 거리를 메우고, 기쁜 기운이 하늘에 가득 띠 있습니다. 아아! 지난날의 백 가지 근심이 이제 와서는 만 가지 경사가 되었습니다. 지난날에 군신 사이의 도유(都兪)53) 없었다면 어찌 오늘 아침에 이러한 쾌활함에 이를 수 있겠습니까? 성인(임금)과 현인(신하)이 함께 세상에 나타남을 반드시 믿어야 하는 까닭은 진즉에 하늘과 땅이 그렇게 기약했기 때문입니다.(우리 임금님의 성스러움과 수행한 신하들의 현명함은 이미 하늘이 기약해준 것입니다.) 오늘 노래를 부르고 춤을 출 교방의 기예인들은 피부가 눈과 얼음처럼 하얗고 행동이 조신한 선녀들이 산다는 고야산(姑射山)을 집으로 삼고 봉래산의 선녀들과 짝을 이루는 사람들입니다. 생각해 보건대, 이처럼 성대하고 열렬한 잔치는 전에도 듣지 못했고 앞으로도 없을 것입니다. 간절하게 아름다운 바람을 미시고 미미한 재수를 다 주상 앞에 바시고자 합니다. 손뼉 치며 뛰고 싶은 기쁨을 이기지 못하여 우러러 이 노래를 바치옵나이다.54)

---

53) 임금과 신하가 정사를 논하고 문답하는 것이 조화롭고 화목함을 이르는 말이다. 도(都)와 유(兪)는 가(可)함을 뜻하는 감탄(感歎)의 소리이다.『서경(書經)』「고요모(皐陶謨)」의 우임금(禹)과 신하 고요모(皐陶謨)의 대화에서 유래한 말이다.

54)『지포선생문집』권2 응제록(應製錄) 표전(表箋) "朝于王, 王燕樂, 特頒雨露之恩. 徯我后, 后來蘇, 咸慰雲霓之望. 趨者蹶者, 舞之蹈之. 恭惟主上殿下, 邁舜聰明, 躋湯智勇, 應期啓統, 確施馭世之規, 繼好息民, 深得交隣之道. 昔在青宮, 而親修朝觀, 今臨紫極, 而又被詔徵. 于時, 廟議紛紜, 輿情恂懼, 自宸衷而果斷, 爲祖統之洪延, 不憚霜雪萬里之勞, 而詣風雲一庭之會. 旣見止, 旣覯止, 視和容如瑟琴. 何畀之, 何予之, 將厚意以幣帛.

원나라와의 외교를 성공적으로 마치고 돌아오는 충렬왕의 귀환행렬을 환영하는 고려 백성들의 기쁨이 눈으로 보는 듯이 묘사된 글이다. 김구의 탁월한 문장력을 다시 한번 확인할 수 있는 글이다. 더욱이 충렬왕에 대한 칭송만 한 게 아니라, 왕을 수행했던 신하들의 공로도 함께 칭찬함으로써 군주와 신하의 화합과 협력이 있어야만 국가의 대사를 성공적으로 수행할 수 있음을 강조하는 넓은 배려와 상황을 판단하는 정확한 시각이 돋보이는 문상이다. 형식적인 칭송에 치우친 나머지 내용이 부실한 '단순한 미문(美文)'이 아니라, 형식도 아름다운 미문일 뿐 아니라, 내용도 시의적절하고 원칙에 부합하는 철학적 함의가 있는 문장이다.

이러한 미문으로 「영주교방치어」를 먼저 지은 다음에 이 문장의 내용을 요약하듯이 시로 표현한 것이 바로 「영주교방치어시」이다. 변려문 형식을 빌려 쓴 「영주교방치어」와 7언 율시로 압축한 「영주교방치어시」의 계합(契合)이 오묘하다.

북헌(北軒) 김춘택(金春澤 1670-1717)은 김구의 문장과 덕업이 우리 동방의 으뜸이었다고 평가하면서 특히 이 시를 언급하고 있다. 『지포선생문집』, 「연보」의 부록(附錄) 부분에는 다음과 같은 기록이 있다.

> 북헌(北軒) 김춘택(金春澤)이 김수재(金秀才)의 서책 뒤에 다음과 같

> 至如亭舘道途之戒飭, 餼牢伎戱之供億, 窮萬狀之繁華, 極一心而悅好. 遣以禮樂, 佩殊寵而言旋, 約爲和親, 輦大平而奄至, 事寔絶於千古, 功莫高於百王. 惟麟閣之大功臣, 是鳳池之賢相國, 一德早符於天賚, 萬機皆協於聖謨. 軍國之寄靡輕, 禀敎條而居守, 乘輿之行旣返, 摯神器以奉迎, 豈惟積效於無前. 思欲盡誠於享上. 爰暨同功之輩, 謹修迓主之儀. 丹巘碧巒, 日下綵山之湧出, 翠華黃屋, 雲間玉輦之迴來. 鴛鷺先導以後隨, 貔虎左環而右擁, 笙歌沸地兮, 懽聲滿國. 簮袂塡街兮, 喜氣浮天. 於戱, 往以百憂, 來成萬慶. 若於昨日, 曾未協於都兪, 豈得今朝致如斯之快活. 須信聖賢之並出, 本繇天地之相期. 姜等姑射爲家, 蓬萊結伴. 遙知盛烈, 自從曠代以未聞. 切歙休風, 欲奏微才而偕進. 不勝抃躍, 仰獻歌謠."

이 썼다. "상장돈장(尙章敦牂)55)의 해에, 김수재가 호남에서 적막한 이곳까지 나를 찾아와, 시 몇 수를 꺼내어 예물로 삼았다. 글로써 예물을 삼는 것은 옛날의 예도인지라 수재는 그런 예도를 좋아하는 사람인 듯했다. 그렇지 않으면 어찌 시로서 예물을 삼았겠는가. 내가 곧 그 시를 펴서 읽어보니 그 중의 하나는 바로 고려의 명신(名臣)인 문정공 김구의 시였고, 다른 하나는 성중엄(成重淹)의 시였다. 문정공은 나의 외가 선세(先世)이기도 한데, 그 문장과 덕업이 우리 동방에 으뜸이었다. 그런데도 내가 아직까지 그 시를 보지 못한 것을 한스러워하고 있었는데 이제 자네가 보여주니 참으로 다행스러운 일이다. 시축(詩軸)에는 악장(樂章) 한 수가 있었는데, 내가 그것을 읽고 또 읽어보니 그 성덕(盛德)이 백대 이후에까지도 빛나게 될 것이라 생각되었다. 특히 '북극성을 둘러싼 풍운(신하들)과 저음으로 조회에 나아가시니(北極風雲之會), 동방의 해와 달이 다시 밝음을 되찾았네(東方日月之明), 생황의 연주소리 온 나라에 가득 차 새로운 기쁨을 바치고(滿國笙歌之吟), 조신들은 조정으로 달려가 태평성대를 하례하네.(趨朝劍佩之詠)'와 같은 구절은 그 당시 태평의 기상을 형용하지 않은 것이 없으니, 그 융성하고 도도함이라니! 아, 성대하구나. 만일 오(吳)나라의 계자(季子)56)에게 보여주었다면 이 얼마나 대단한 품평이냐고 믿겠

---

55) 계미(癸未)의 고갑자(古甲子)이다.
56) 춘추시대 오(吳)나라의 공자(公子)인 계찰(季札)을 말하다. 현자로 칭송받는 인물이며 음악에 정통하였다. 오왕 수몽(壽夢 B.C.585-561 재위)의 네 아들 중 막내. 네 형제 중 가장 현명하여 부왕 수몽이 일찌감치 그를 후계자로 지명했으나 세 형들을 위해 양보하였다.. 비록 왕위에는 오르지 않았지만 세 형들인 제번(諸樊 B.C.560-548 재위), 여제(餘祭 B.C.547-544),이말(夷末),이매(夷眛 B.C.543-527 재위)를 차례로 보좌하면서 오나라의 부강을 이끌었다. 특히 둘째 형 여제의 재위 4년에는 중원을 순방하는 사신 길에 올라 각국을 순방하면서 당대의 현인 정치가들과 교류하고 문화·역사·정치에 대해 담론함으로써 그 현명함을 만방에 떨쳤다. 노나라에서는 음악을 듣고서 품평한 일로 유명하다. '계찰관악(季札觀樂)'이라 칭송되는 일이다. 『시경(詩經)』에 실린 다양한 지역의 노래들을 듣고는 경이롭게도 그 노래에 담긴 의미를 다 알아차렸다. 제(齊)나라에서는 안영(晏嬰)을 만나 안영에게 닥칠 미래의 재앙을 일러

을 것이다. 이는 다만 소인(騷人) 묵객(墨客)들은 완상거리가 아니다. 그 야말로 당세의 대아군자(大雅君子)들에게 들려줄 만한 시이니, 어찌 표상 하여 본받을 만하지 않겠는가. 그러므로 나는 이 글을 써서 주었는데, 그 로 인해 느낀 바가 있다. 나는 근래에 병이 들어 산중에 칩거하며 기꺼이 일민(逸民)이 되었다. 돌 의자와 소나무 창문을 두고 지내며 사람들과 멀어졌고, 안개 자욱한 숲에서 덩굴에 비친 달을 바라보며 속세와는 거리를 두게 되었다. 당시 사람들의 말을 듣지 못하니 어찌 당세의 일들을 알겠는 가. 나는 북극의 풍운이 모이는지, 동방의 일월이 밝아오는지, 온 나라의 생황 노래가 새 기쁨을 드리우는지, 조정에 분산한 관인들이 태평성세를 하례하는지, 오늘날의 동방이 소위 예전의 동방과 같은 것인지, 성덕을 찬양하여 당세를 울리는 이로써 문정공과 같은 이가 몇 사람이나 있는지를 알지 못한다. 몸이 산중에 있어 산 바깥의 일을 들을 수 없으니 자네가 나가서 당세 사람들에게 물어보고 혹시 자네가 지금 내가 말한 것과 같은 것을 들은 것이 있거든 그 또한 이 산중의 늙은이에게 들려주겠는가?, 방문해 준 성의에 감사하며 이 글을 써 주고 이 말을 준다.57)

주어 미리 대비하게 하였고, 정(鄭)나라에서는 자산(子産)에게, 위(衛)나라로 가서는 손문자(孫文子)에게 미래에 대처하는 방법을 귀뜸해 준다. 그들 모두 계찰의 말을 믿고 따랐기 때문에 화를 피하기도 하였고 큰 성취를 거두기도 했다. 계찰의 인품에 관한 이야기도 유명하다. 처음 사신 길에 오른 계찰은 서(徐)나라 군주를 만나게 되는데, 서군(徐君)이 계찰이 지닌 보검을 갖고 싶어 했다. 사신으로서 꼭 지녀야 하는 신표라서 당시에 그것을 줄 수 없었지만 마음으로는 이미 주기로 허여한 상태였다. 사신 일을 마치고 귀국하는 길에 다시 서나라에 들렀더니 서군은 이미 세상을 떠났다. 계찰은 무덤을 찾아 나무에다 그 검을 걸어두고 떠났다.

57)『지포선생문집』, 연보, 부록. "北軒金春澤, 題金秀才冊後曰, 尙章敦祥歲, 金秀才自湖南來訪余於寂寞之濱, 袖出數首詩以爲質. 以書爲質, 蓋古之禮也, 秀才, 其好禮者歟. 不然, 何以詩爲也. 余乃展而讀之, 其一, 卽麗朝名臣金文貞公詩也, 其一, 卽成沖菴詩也. 文貞公, 於吾亦外家先世也, 文章德業, 冠吾東方. 而余獨不得見其詩爲恨. 子今視之, 可謂幸矣. 詩軸中有樂章一首, 余乃三歎之餘, 想像其盛德光輝於百代之下. 則其所以北極風雲之會, 東方日月之明, 滿國笙歌之吟, 趨朝劍佩之詠, 蓋莫非形容當世太平之像. 則諷諷乎, 泱泱乎, 盱亦盛矣. 若使季子觀之, 則孰不曰大風也哉. 此不但爲騷壇墨客之

위의 글에서 볼 수 있다시피 김춘택은 「영주교방치어시」의 "북극성을 둘러싼 풍운과 처음으로 조회에 나아가시니(北極風雲之會), 동방의 해와 달이 다시 밝음을 되찾았네(東方日月之明), 생황의 노래 소리 온 나라에 가득 차 새로운 기쁨을 바치고(滿國笙歌之吟), 조신들은 조정으로 달려가 태평성대를 하례하네.(趨朝劍佩之詠)"와 같은 시구는 그 시절 태평의 기상을 형용하지 않은 것이 없다며, 그 줄줄 흐르는 기상을 높이 평가하였다. 김구가 충렬왕을 진심 어린 찬사로 찬미하니 김춘택 또한 김구의 그런 진심과 충심을 헤아리고서 이처럼 극진한 찬사를 보낸 것이다

翫而已. 政可以聞於當世之大雅君子, 則安得不表章之也. 余故書庸識哉以贈, 而因有所感焉. 余近來病蟄山中, 甘作逸民. 石榻松窓, 人間遠矣, 林霏蘿月, 塵寰隔矣. 了不聞當世之言, 則亦安知當世之事也. 我未知北極風雲會歟, 東方日月明歟, 滿國笙歌新喜呈歟, 劍佩趨朝太平賀歟, 今之東方, 亦如古之所謂東方歟, 揄揚聖德, 以鳴當世之盛, 有如文貞公者凡幾人歟. 身在山中, 不聞山外之事, 子出而問於當世者, 如其所聞, 有如吾所云云者, 其亦聞此山翁否乎. 感其來訪之意, 旣以書與之, 又此贈言焉."

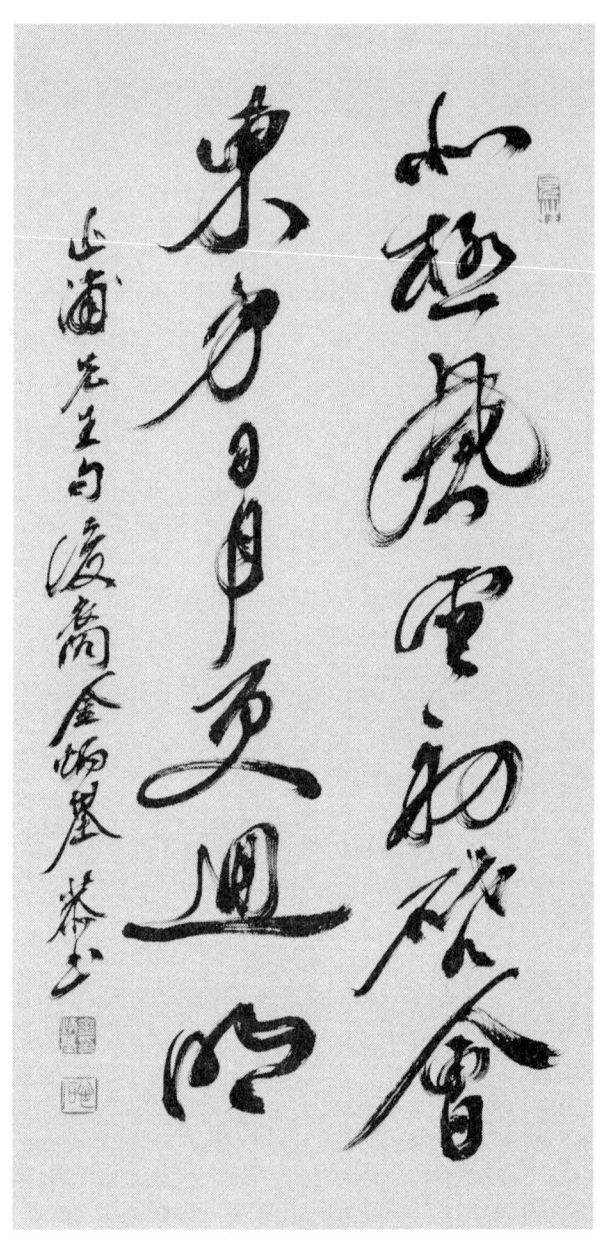

김구 선생 시 「迎主敎坊致語詩」 승련(承聯) 구
34×68cm 김병기 작

13. 過西京(庚子歲朝蒙古過西京) 과서경(경자세조몽고과서경)

서경을 지나며 (경자년에 몽고에 조회하러 서경을 지나며)

扁舟橫截碧江水,　　晚抵荒凉長慶寺.
悲詞聊欲弔江山,　　恐有神靈潛下淚.
憶曾負笈遠追師,　　正見西都全盛時.
月明萬戶不知閉,　　塵靜九衢無拾遺.
如今往事盡如掃,　　可憐城闕空靑草.
鋤犁半入英雄居,　　麻麥遍生朝市道.
採桑何處倩裙兒,　　哀唱一聲愁欲老.

조각배로 푸른 강물을 가로질러,
저물 무렵에야 황량한 장경사에 닿았네.
슬픈 노래 읊어 강산에 대해 조문하려 하니,
신령이 있어서 물속에 잠긴 채 눈물 흘릴까 걱정되네.
생각해 보면 일찍이 책 상자 짊어지고 멀리 스승을 찾아왔을 때는,
바로 서도(西都:서경)가 한창 번성할 때였었지.
달 밝은 밤에도 여러 집들이 문 닫을 줄을 몰랐고,
먼지 없는 조용한 큰 거리에선 떨어져 있는 물건도 줍지를 않았지.
이제는 지난 일 모두 쓸려버린 듯이 살졌으니,

슬프구나, 성궐에는 부질없이 푸른 풀만 자라고 있으니.
그 옛날 영웅이 살던 집터가 이제는 거의 농사짓는 밭이 되었고,
조정이나 저자 길에도 삼과 보리만 무성하구나.
붉은 치마 뽕따는 아이, 어디 사는 뉘 집 아이인지,
구슬피 부르는 노래에 내 수심 겨워 또 늙어가게 하네.

주해(註解)

1) 서경(西京): 고려 도읍지 개경과 함께 번성하던 곳으로 지금의 평양이다.

2) 장경사(長慶寺): 『신증동국여지승람』 제51권 평안도 평양부에 "장경사(長慶寺)는 부성(府城) 가운데 있다(長慶寺, 在府城中.)"고 언급하면서, 관련 시로 김구의 이 「과서경」 시를 소개하고 있다. 『고려사』에 남아있는 장경사와 관련된 기록을 발췌해 보면 다음과 같다.

숙종은 7년(1102) 윤6월 경술일에 서경에 가서 8월 정사일에 대동강에 배를 띄우고 태자와 호종 관료 및 서경의 문무 관리들을 위하여 연회를 베풀었다. 갑자일에는 흥복사(興福寺)와 영명사(永明寺)에 가서 분향한 다음 구제궁(九梯宮)에 가서 영명사, 구제궁, 부벽루(浮碧樓)에 대한 시를 한 수씩 짓고 신하들로 하여금 화운시를 바치게 한 뒤 배에 올라 연회를 베풀었다. 경진일에는 흥복사(弘福寺)에 가서 분향한 다음 절 남쪽 강가에서 활 쏘는 것을 구경하고 수연을 베풀었다. 그리고 친히 「추일유호경남하개연(秋日遊鎬京南河開宴: 가을날, 호경의 남쪽 강에서 놀며 연회를 열다)」라는 시를 짓고 신하들에게 화운시를 바치게 하였다.58)

3) 공유신령잠하루(恐有神靈潛下淚): '神'자가 『동문선』에는 '坤'으로

---

58) 丁巳 至大同江, 御龍船, 宴太子扈從臣僚及西京文武兩班, 觀水戱雜技, 至哺而罷, 入御長樂殿. 甲子 幸興福·永明兩寺, 行香. 遂御九梯宮, 留題永明寺·浮碧樓·九梯宮詩各一首, 命兩京儒臣和進, 遂御龍船, 宴群臣. 庚辰…遂幸弘福寺行香, 出御寺南江岸, 閱射, 因命置酒, 太子及臣僚侍宴. 親製秋日遊鎬京南河開宴 詩四韻宣示, 兩京儒臣和進, 至哺, 還宮. 『고려사』 권11 세가, 숙종 7년 8월.

표기되어 있다.『동인지문』,『동국여지승람』에는 '坤'으로 표기되어 있다. '坤'은 '神'의 오자인 듯하다. '곤령(坤靈)'은 뒤에 오는 '잠하(潛下)'와 잘 어울리지 않는다. '땅의 신령이 물에 잠긴다.'는 뜻이 되기 때문이다. 그러므로, '곤령(坤靈)'을 '신령(神靈)'으로 바로잡고 '대동강에 하신(河神)이 있어서 물속에 잠긴 채 눈물 흘릴까 걱정된다.'는 뜻으로 번역함이 옳을 듯하다.

4) 서도(西都) : 서경, 즉 평양이다.

5) 진정구구무습유(塵靜九衢無拾遺) : '구구(九衢)'는 천자(天子)의 도읍 안에 있는 거리라는 뜻으로 전(轉)하여 도읍이라는 뜻으로 쓰인다. 길에 물건이 떨어져 있어도 줍지를 않았다는 말은 그 정도로 풍요롭고 남의 물건을 탐내지 않았다는 뜻이다.『한비자(韓非子)』「외저설좌 상(外儲說左 上)」에 "자산이 물러나와 정사를 맡으니 5년 만에 나라에는 도둑이 없어지고 길에서는 떨어진 물건을 주워가는 사람이 없었다(子産退而爲政, 五年, 國無盜賊, 道不拾遺.)"라는 말이 있다. 이에 대해서 사마천은『사기(史記)』에서 "길에 떨어진 물건도 줍는 사람이 없었으며(道不拾遺), 산에는 도적이 사라졌다(山無盜賊)."라고 주해를 달았다. 또한『전국책(戰國策)』「진책(秦策)」에는 "상군(商君)이 진(秦)나라를 다스리자 법령이 크게 행해지고 공평무사하여 1년이 지난 뒤에는 길에 떨어진 물건을 주워 가는 사람이 없게 되었으며, 백성이 남의 물건을 함부로 가져가는 일도 없어졌다.(期年之後, 道不拾遺, 民不妄取.)"라는 기록이 있다.『후한기』권22「효환황제기」에는 "주민들이 그의 덕에 감화된 나머지 길에 떨어진

물건도 줍지 않았다.(所居服其德化 道不拾遺)"라는 기록이 있다. 다 그만큼 풍요롭고 인심이 순후했음을 표현한 구절들이다.

6) 서리반입영웅거(鋤犁半入英雄居) : 서리(鋤犁)는 호미와 쟁기를 말한다. '영웅거(英雄居)'는 '영웅이 거처하던 곳'이라는 뜻으로서 문화가 발달하고 사회가 안정되어 국가를 위해 일할 인재들이 많이 살았음을 의미한다. 그러므로 "서리반입영웅거(鋤犁半入英雄居)"는 귀족이나 문화인들은 다 죽거나 떠나버려서 지금은 호미나 쟁기를 대어 밭갈이할 땅으로 변해버렸음을 읊은 구절이다. 당나라 시인 유우석(劉禹錫)은 동신시대 번화했던 서산(建康 오늘날의 남경)의 귀족들이 선너던 주작교(朱雀橋)와 그들이 살던 화려한 마을인 '오의항(烏衣巷)' 거리가 황폐하여 귀족들은 다 떠나버리고 일반 백성들이 사는 민가로 변한 것을 보고서 감회에 젖어 다음과 같이 읊었다.

朱雀橋邊野草花. 주작교 다리 주변은 들풀과 들꽃으로 뒤덮이고
烏衣巷口夕陽斜. 오의항 마을 입구에는 서양노을이 기울이네.
舊時王謝堂前燕. 그 옛날 왕씨와 시씨 귀족들의 집안으로 날아들던 제비들이
飛入尋常百姓家. 지금은 일반 백성들의 집으로 날아들고 있네.

유우석은 당시 왕씨와 사씨 귀족들이 살던 화려한 집들이 지금은 초리한 일반 백성들의 집이 되어 버렸고 제비들은 그런 황폐한 집으로 날아드는 것을 보며 이 시를 지었고, 김구는 서경의 거리가 전란으로 인하여 황폐해져서 그 옛날 제2의 수도로서 누리던 번화함은 사라지고, 귀족이나 문화인들도 다 죽거니 떠나버려서 지금은 호미나 쟁기를 대어 밭갈이할 땅으로 변해버렸다고 읊은 것이다.

7) 군아(裙兒): '裙'자가 『동문선』에는 '裾'로 표기되어 있고, 한국고전종합DB 『지포집』에 '裙'으로 잘못 표기되어 있다.

상설(詳說)

이 시는 『동인지문·오칠』와 『청구풍아』, 『동문선』에 모두 「경자세조몽고과서경(庚子歲朝蒙古過西京)」으로 수록되어 있다. 따라서 이 시는 경자년(가희 4년, 1240)에 몽고에 조회하러 가는 길에 서경을 지나며 쓴 글임을 알 수 있다. 앞에서 언급한 「분수령 가는 길에(分水嶺途中)」와 「출새(出塞)」, 그리고 뒤에서 언급할 「철주를 지나며(過鐵州)」와 같은 시기에 쓴 시이다.

이 시에서 김구는 어릴 적 스승을 찾아 공부하러 왔던 전성시대의 평양을 추억하고 있다. 지금은 전쟁으로 인해 폐허가 된 서경의 산야를 향해 조의를 표하고 싶다는 말을 하면서 현재의 상황에 견주어 옛날을 회고하는 것이다. 옛날에는 밤이 되어도 문을 닫지 않았고, 아홉의 큰 거리에 흘린 물건도 줍지 않던 미풍양속이 넉넉했던 서경 거리였음을 회고하면서 지금은 전혀 그렇지 못한 현실을 슬퍼하고 있다.

김구는 12세에 조사(造士)59)가 되었다. 이에, 12세에 세거지인 향리 부안을 떠나 국학이 있는 다른 지역으로 배움의 장소를 옮겼는데 옮긴 곳이 바로 서경이었다. "생각해보면 일찍이 책 상자 짊어지고 멀리 스승을 찾

---

59) 향학(鄕學)에서 남달리 우수한 인재를 특별히 천거하여 국학에서 공부시켰는데 이러한 인재를 '조사(造士)'라고 하였다. 사마시에 급제하면 얻게 되는 예부시(禮部試) 참가 자격인 '진사(進士)'에 대비하여 공부하는 학생이라는 의미에서 '조사(造士)'라고 하였다.

아왔을 때는 바로 서도(西都:서경)가 한창 번성할 때였지(憶曾負笈遠追師, 正見西都全盛時)."라는 구절이 김구가 소년 시절에 서경에서 공부했음을 말하고 있다. 서경은 김구 소년 시절의 추억이 어린 곳이었기 때문에 더욱 감회가 깊었을 것이다. 몽고와의 전란으로 인하여 황폐해진 조국의 산하와 피폐해진 큰 도시의 저잣거리를 둘러보며 비탄에 젖은 김구의 모습이 선명하게 그려진 시이다.

은(殷)나라가 멸망한 후 옛 폐허를 지나던 기자(箕子)는 맥수지탄(麥秀之嘆)60)을 읊었다. 당나라 때 두목(杜牧)은 당시의 어지러운 시대상을 반영하여 "망국의 한도 모르고「후정화(後庭花)」를 부르는"61) 여인을 탓했다. 그러한 심정과 비슷했을까. 김구는 몽고로 인해 황폐화된 서경의 모습을 보며 그처럼 우리 산하를 유린한 몽고에 사신으로 가는 자신의 심정을 이 시로 표현했다.

東人之文・五七影印
「庚子歲朝 蒙古過西京」

『동인지문・오칠』을 쓴 최해는 이「과서경(過西京)」시의 제목을「庚子歲朝蒙古過西京」로 기록하면서 몽고라는 글자 앞에 한 칸을 떼어 "庚子歲朝 蒙古過西京"이라고 썼다. '蒙'자 앞에 한 칸을 떼어 씀으로써 상대를 높인 것이다. 이런 격식은 조선시대에 본격화

---

60) 司馬遷,『史記』「宋微子世家」"麥秀漸漸兮, 禾黍油油兮. 彼狡童兮, 不與我好兮."
61) 杜牧,「泊秦淮」, "煙籠寒水月籠沙, 夜泊秦淮近酒家. 商女不知亡國恨, 隔江猶唱後庭花"

되었는데, 최해가 고려 말기의 인물인 점을 감안한다면 이런 격식이 이미 고려 말기 원 간섭기에 사대의식이 싹틀 때에도 존재했음을 알 수 있다. 김상일은 이 시에 대해 다음과 같은 평가를 하였다.

> 몽고의 침략이 가져온 상처투성이의 산하와 사람들이 살던 피폐한 공간에 대한 조상(弔喪)이면서도, 문인 사대부의 눈앞에 벌어진 폐허의 현실을 분명하게 각인하고자 하는 태도에서 나오는 저음(低吟)의 심상(心想)이 아닌가 한다. 이런 점에서 또한 김구의 이 시편은 14세기 발흥한 안축(安軸)과 같은 신흥사대부들의 순행 시에서 볼 수 있는 관풍(觀風)에 따른 공감과 성찰 의식이 함축된 작풍의 선구라 할만하다. 곧 지방을 순시하며 민생을 살피고 묘사하는 한편 식자 또는 치자로서의 자신들의 면모를 성찰하는 시편을 보이기 때문이다.62)

이러한 관점에서 본다면 김구의 「과서경」 시는 당나라 시인 두보의 「춘망(春望)」 시에 비견할 만하다고 할 수 있을 것이다.

國破山河在,	나라는 부서졌는데 나라의 땅만은 그대로여서,
城春草木深.	도성에 봄이 오니 초목만 무성하네.
感時花濺淚,	전란으로 처참한 이 시대의 상황을 느끼다 보니 붉은 꽃을 보아도 흘린 피로 여겨져 눈물을 흩뿌리게 되고
恨別鳥驚心,	전란 통에 이별을 겪다 보니 새 울음소리를 들으면서도 울며 이별하던 한이 되살아나 마음이 깜짝 놀라곤 하네.
烽火連三月,	봉화불은 여러 달째 이어 타오르고 있으니
家書抵萬金.	집으로부터 오는 편지는 만금 값보다 더 소중하네.

---

62) 김상일, 「止浦 金坵의 詩文 연구 : 불교시문과 表箋文을 중심으로」, 『동악어문학』, 2020. 220쪽.

| 白頭搔更短, | 고뇌로 인해 긁는 백발의 머리는 더욱 짧아져서 |
| 渾欲不勝簪. | 이제는 비녀를 맬 머리카락조차 남아있지 않네. |

김구가 읊은 "슬픈 노래 읊어 강산에 대해 조문하려 하니, 신령이 있어서 물속에 잠긴 채 눈물 흘릴까 걱정되네(悲詞輒欲弔江山, 恐有神靈潛下淚)." 라는 구절은 두보의 시 기련과 승련을 압축해 놓은 느낌이다. "슬픈 노래 읊어 강산에 대해 조문하려 한다."는 구절은 두보의 "나라는 적에게 깨부숴 졌지만 조국의 산하는 그대로 남아있다."는 구절에 다름이 아니고, "신령이 있어서 물속에 잠긴 채 눈물 흘릴까 걱정되네."라는 구절은 두보의 "붉은 꽃을 보아도 눈물을 흩뿌리게 되고, 새 울음소리를 들으면서도 깜짝 놀라곤 한다."는 구절과 같은 심상의 표현인 것이다. 그런가 하면, 김구의 "그 옛날 영웅이 살던 곳이 이제는 거의 다 농사를 짓는 밭이 되었고, 조정이나 저자 길에 삼과 보리만 무성하고나. 붉은 치마 입고 뽕따는 아이는 어디 사는 뉘 집 아이인지, 구슬피 부르는 노래에 수심 겨워 늙어가게 하네(鋤犁半入英雄居, 麻麥遍生朝市道. 採桑何處蒨裙兒, 哀唱一聲秋欲老)." 구절은 앞서 주해 6)에서 살펴본 바 있는 유우석의 「오의항」 시와 의상(意象)이 많이 겹친다. 따라서, 김구의 「과서경」 시는 두보 「춘망」 시의 슬픔과 분노, 유우석 「오의항」 시의 회고와 비판을 함께 담고 있는 시라고 할 수 있다. 중국인은 물론 세계의 중국문학 연구자들의 인구에 회자하는 두보의 「춘망(春望)」과 유우석의 「오의항(烏衣巷)」만 명시인 게 아니고, 김구의 「과서경」 시 또한 두보나 유우석의 시 못지않은 명시인 것이다.

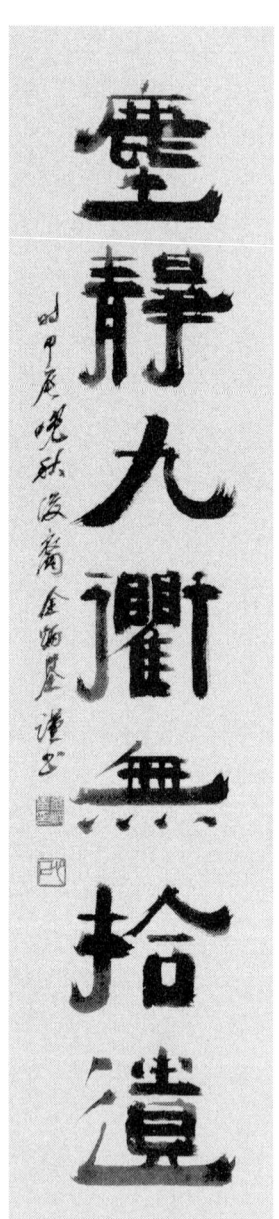

김구 선생 시 「過西京」 제7, 8구 26×127cm×2폭 김병기 작

14. 過鐵州과철주 철주를 지나며

當年怒寇闌塞門,　　四十餘城如燎原.
依山孤堞當虜蹊,　　萬軍鼓吻期一呑.
白面書生守此城,　　許國身比鴻毛輕.
早推仁信結人心,　　壯士嚾呼天地傾.

相持半月折骸炊,　　晝戰夜守龍虎疲.
勢窮力屈猶示閒,　　樓上管絃聲更悲.
官倉一夕紅熘發,　　甘與妻孥就火滅.
忠魂壯魄向何之,　　千古州名空記鐵.

그해에 성난 도눅 국경을 침입하니
사십여 개의 성이 불타는 들판 같았네.
산에 의지한 외로운 성이 오랑캐가 쳐들어오는 길목에 있었으니
만 군사가 아가리를 벌리고 달려들어 한꺼번에 삼키려 하였네.
백면서생이 이 성을 지킬 때
그 한 몸을 기러기 털처럼 가벼이 여기며 나라에 바쳤네.
일찍부터 어짊과 믿음으로 민심을 얻었으니
장사(壯士)들의 고함소리 천지를 진동했으리.

서로 버티기를 한 달 반 동안, 해골을 쪼개어 밥을 지으니
낮에는 싸우고 밤에는 지키기에 용과 호랑이가 다 지쳤네.
세력과 힘을 다 소진하고 잠시 한가할 때면
누대 위의 악기 소리는 더욱 구슬펐으리.
나라 창고가 하루 저녁에 붉은 불꽃을 뿜으니
즐거이 처자와 함께 찬 재로 변하였구나!
충성스런 혼과 장한 넋은 어디로 갔나?
천고(千古)에 고을 이름만 속절없이 철주(鐵州)라고 기억하겠지.

주해(註解)

1) 철주(鐵州): 평안북도 철산(鐵山)의 고려시대 이름이다. 의주 바로 남쪽에 있다. 이곳에 있는 철주성은 북방 지역의 요충지였다.

2) 살례탑(撒禮塔): 몽고 장수 살리타를 말한다. 고려 후기 처인성(處仁城)을 공격해온 원나라 장수로, 고려군의 기습으로 승려 김윤후(金允侯)에게 피살되었다.

3) 함신진(咸新鎭): 오늘날의 평안북도 의주(義州)이다.

4) 의산고첩당로혜(依山孤堞當虜蹊): '依'자가 『동문선』, 『동인지문』에는 '倚'로 표기되어 있다.

5) 고문(鼓吻): '으르렁거리다'라는 뜻이다. '吻'은 '입, 입술'이라는 뜻이다. '鼓'는 '북', 혹은 '북을 치다'라는 뜻인데 여기서는 북소리를 내듯이 큰 소리를 낸다는 뜻으로 쓰였다. 그러므로 '고문(鼓吻)'은 사나운 동물이 입을 크게 벌려 으르렁거린다는 뜻이다. 중국 명나라 때 마중석(馬中錫 1466-1512?)이 쓴 우언소설인 『중산랑전(中山狼傳)』은 동곽선생(東郭先生)이 북쪽 중산(中山)으로 가는 도중 이리를 한 마리 구해주었는데 도리어 구해준 이리에게 잡혀 먹힐 뻔했다는 이야기를 담고 있다. 그런데 이 소설에서 이리가 동곽선생을 잡아먹으려 하는 상황을 "낭우고문분조이향선생(狼又鼓吻奮爪以向先生)"이라고 표현했다. 즉 "여우는 또 주둥이를

벌려 으르렁거리며 발톱을 세워 동곽선생에게 달려들었다"라고 표현한 것이다.

6) 백면서생(白面書生): 글만 읽고 세상에 대한 실제 경험은 없는 사람을 일컫는다. 이 시에서는 무관이 아니라 문관이었던 당시 철주(鐵州) 방어사(防禦使) 이원정(李元禎)을 지칭한 말이다.

7) 화멸(火滅): '火'자가 『동문선』에는 '灰'로 표기되어 있다.

상설(詳說)

『지포선생문집』에는 이 시에 대해 다음과 같은 설명이 붙어 있다.

> 고종 18년(1231년) 신묘년 8월에 몽고 장수 살리타가 함신진(咸新鎭)을 포위하고 철주를 침략하였다. 고을 원이었던 이원정(李元禎)이 굳건히 지켰으나 힘이 다하여 결국 창고를 모두 불태우고 처자를 거느리고 불로 뛰어들어 죽었다.63)

이 시는 김구의 시 가운데 「낙리화(落梨花)」 다음으로 많은 문헌에 실려 있는 시이다. 『동인지문・오칠』와 『삼한시귀감』, 『청구풍아』와 『동문선』 등에 실려 있다. 앞에서 언급한 「분수령 가는 길에(分水嶺途中)」와 「출새(出

---

63) 『지포선생문집』 권1. "高宗十八年辛卯八月, 蒙古元帥撒禮塔, 圍咸新鎭, 屠鐵州. 州倅李元禎, 固守力盡, 遂焚倉舍, 領妻子投火而死."

塞)」, 「서경을 지나며(過西京)」와 마찬가지로 몽고에 사신으로 가는 길에 쓴 시이다. 슬픈 역사의 현장을 시사적(詩史的)으로 형상화하면서, 몽고에 대한 의식을 가장 잘 드러낸 시이다. 김구의 강한 항몽의식이 드러난 시이기도 하다.

이 시의 내용은 크게 세 부분으로 나눌 수 있다. 초반부는 외적의 침략과 그들의 강력한 위세를 서술하였고 중반부는 당시 철주성을 지키던 이원정(李元禎)의 인물됨과 몽고군에 대한 저항을 이야기했으며, 후반부에서는 그런 저항에도 힘이 다하여 안타까운 결말을 맞이하는 충혼과 넋을 읊고 있다. 훗날 항상 '철주'라는 고을 이름만 기억될 것이라는 마무리는 그 안타까움을 배가시키고 있다. 철산 즉 철주 전투에 대한 후일의 기록들을 보아 보면 대략 다음과 같은 것들이 있다.

(1) 『고려사』의 기록

① 세가(世家) 고종 18년(1231) 신묘년

가을 8월 병자일: 왕이 왕륜사(王輪寺)에 행차했다. 임오일. 몽고 원수 실리타이(撤禮塔)가 함신진(咸新鎭:지금의 평안북도 신의주)을 포위하고 철주(鐵州:지금의 평안북도 철산군)를 철저히 짓밟았다.

9월 을유일: 재상들이 최우(崔瑀)의 집에 모여 3군을 출동시켜 몽고군을 방어할 전략을 세운 다음 대장군 채송년(蔡松年)을 북계병마사로 임명하고 각 도의 군사를 징집했다. 병술일. 몽고군이 귀주성(龜州城)(지금의 평안북도 구성시)을 포위했으나 함락시키지 못하고 퇴각했다.64)

---

64) 『고려사』 권23 세가, 고종 18년 8월. "秋八月 丙子 幸王輪寺. 壬午 蒙古元帥撒禮塔圍 咸新鎭, 屠鐵州." 『고려사』 권23 세가, 고종 18년 9월. "九月 乙酉 宰相會崔瑀第, 議出 三軍, 以禦蒙兵, 以大將軍蔡松年爲北界兵馬使, 又徵諸道兵. 丙戌 蒙兵圍龜州城, 不克

② 열전(列傳), 제신(諸臣) 박서(朴犀)

　박서(朴犀)는 죽주(竹州:지금의 경기도 안성시 죽산면) 사람으로 고종 18년(1231)에 서북면병마사(西北面兵馬使)가 되었다. 몽고 원수 살리타이(撒禮塔)가 철주(鐵州)를 짓밟은 후 귀주(龜州)까지 진군하자, 박서는 삭주분도장군(朔州分道將軍) 김중온(金仲溫), 정주분도장군(靜州分道將軍) 김경손(金慶孫) 및 정주(靜州:지금의 평안북도 의주군 고성), 삭주(朔州:지금의 평안북도 삭주군), 위주(渭州:지금의 평안북도 영변군지역), 태주(泰州:지금의 평안북도 태천군)의 수령(守令) 등과 함께 각기 군사를 거느리고 귀주에 집결했다.65)

③ 열전(列傳), 제신(諸臣) 김경손(金慶孫)

　고종 18년(1231) 정주(靜州) 분도장군(分道將軍)으로 있을 때 몽고군이 압록강을 건너 철주(鐵州)를 짓밟고 정주까지 침범해왔다. 김경손이 관아의 결사대 열두 명을 거느리고 성문을 열고 나가 힘껏 싸우니 몽고군이 퇴각했다. 그러나 뒤이어 대군이 당도하자 주(州)의 사람들은 수비가 불가능하다는 판단을 내리고 모두 달아나 숨어버렸다. 김경손이 성에 들어갔다가 아무도 없는 것을 보고 열두 명과 함께 밤중에 산길을 통해 7일 동안 익힌 음식을 먹지 못한 채 귀주(龜州)까지 갔다. 삭주(朔州)의 수장(戍將) 김중온(金仲溫)도 성을 버리고 도망쳐 오자, 병마사 박서(朴犀)가 김중온에게 성의 동서쪽을 지키게 하고 김경손에게는 성의 남쪽을 지키게 하였다. 몽고의 대군이 남문에 이르자 김경손은 12용사 및 여러 성의 별초(別抄)를 거느리고 성 밖으로 나가려 하면서 군사들에게 명령하기를, "너희들

而退."

65) 『고려사』 권103 열전16, 박서전. "朴犀, 竹州人, 高宗十八年, 爲西北面兵馬使. 蒙古元帥撒禮塔, 屠鐵州, 至龜州, 犀與朔州分道將軍金仲溫・靜州分道將軍金慶孫, 靜・朔・渭・泰州守令等, 各率兵, 會龜州."

은 신명(身命)을 돌아보지 말고 죽더라도 물러나서는 안 된다."라고 하였다. 우별초(右別抄)가 모두 땅에 엎드리고 응하지 않자 김경손은 그들을 성으로 다시 들어가게 하고는 홀로 12용사와 함께 나아가 싸웠다. 직접 선봉에 서니 흑기(黑旗)를 든 기병 하나가 곧바로 쓰러졌고 12용사도 인하여 분전하였다. 날아오는 화살이 김경손을 맞혀 팔에서 피가 흘렀지만 오히려 직접 북을 치길 그치지 않았다. 4~5합을 싸우고 몽고군이 퇴각하자 김경손이 진을 정비하고 쌍소금(雙小笒)을 불며 돌아오니 박서가 맞이하여 절하며 울었고 김경손도 또한 절하며 울었다. 박서는 이에 수성하는 일은 일체 김경손에게 위임하였다.

몽고는 성을 여러 겹으로 포위하고 밤낮으로 공격하였다. 수레에 초목을 싣고 굴리며 공격하자 김경손은 포차(砲車)로 끓는 쇳물을 쏟아 쌓여 있는 풀을 태우니 몽고 군사가 퇴각하였다. 몽고군이 다시 공격해 오자 김경손은 호상(胡床)에 앉아 독전하였는데 포탄이 김경손의 머리 위를 지나 뒤에 있던 아졸(衙卒)에 적중하여 그의 몸과 머리가 산산조각이 났다. 좌우에서 호상을 옮길 것을 청하나 김경손은 말하기를, "불가하다! 내가 움직이면 군사들의 마음이 모두 흔들린다."라고 하며 신색(神色)을 태연자약하게 하자, 끝내 옮기지 못하였다. 큰 싸움이 20여 일 계속되는 동안, 김경손이 상황에 따라 설비를 갖춰 임기응변하길 귀신처럼 하니 몽고군이 말하기를, "이 성은 작은 데도 대군을 대적하니 하늘이 돕는 바요, 사람의 힘이 아니다."라고 하며 결국 포위를 풀고 돌아갔다. 「김경손은」 얼마 뒤 대장군 지어사대사(大將軍 知御史臺事)에 제배되었다.66)

---

66) 『고려사』 권103 열전16, 김경손전. "高宗十八年, 爲靜州分道將軍, 蒙古兵渡鴨綠江, 屠鐵州, 侵及靜州. 慶孫率衙內敢死士十二人, 開門出力戰, 蒙古却走. 俄而, 大軍繼至, 州人度不能守, 皆奔竄. 慶孫入城, 無一人在者, 獨與十二士, 登山夜行, 不火食七日, 到龜州. 朔州戍將金仲溫, 亦棄城來奔, 兵馬使朴犀, 令仲溫守成東西, 慶孫守成南, 蒙古大

(2) 『신증동국여지승람』 제53권 평안도(平安道) 철산군(鐵山郡)
   〔명환(名宦)〕조

고려 이원정(李元禎): 북쪽 군사가 침입했을 때에 이원정이 고을의 원이 되어 굳게 지키고 힘을 다하였으나 화를 면하지 못할 것을 알고서, 드디어 관창(官倉)을 불태우고 처자를 거느리고 불에 몸을 던져 죽었다. 김구(金坵)의 시에, "그해에 성난 도둑 국경을 침입하니, 사십여 개의 성이 불타는 들판 같았네. 산에 의지한 외로운 성이 오랑캐가 쳐들어오는 길목에 있었으니, 만 군사가 아가리를 벌리고 달려들어 한꺼번에 삼키려 하였네 …… 충성스런 혼과 장한 넋은 어디로 갔나? 천고에 고을 이름만 속절없이 철주(鐵州)라고 기억하겠지."라는 시가 있다.67)

(3) 『역주 동국신속삼강행실도(東國新續三綱行實圖)』 3집 「충신도」
   제1권 '원정투화(元禎投火)'

이원정(李元禎)은 의주부(義州府) 사람이다. 북방 지역의 군대(몽고군)

至南門, 慶孫率十二士及諸城別抄, 將出城, 令士卒曰, "爾等不顧身命, 死而不退者." 右別抄皆伏地不應, 慶孫悉令還入城, 獨與十二士進戰. 手射先鋒, 黑旗一騎卽倒, 十二士因奮戰. 流矢中慶孫, 臂血淋漓, 猶手鼓不止. 四五合, 蒙古退却, 慶孫整陣, 吹雙小笒還, 屢迎拜而泣. 慶孫亦拜泣. 犀於是, 守城事, 一委慶孫. 蒙古圍城數重, 日夜攻之. 車積草木, 輾而進攻, 慶孫以砲車, 鎔鐵液以寫之, 燒其積草, 蒙古兵却. 復來攻, 慶孫據胡床督戰, 有砲過慶孫頂, 中在後衙卒, 身首糜碎. 左右請移床, 慶孫曰, "不可 我動則, 士心皆動." 神色自若, 竟不移. 大戰二十餘日, 慶孫隨機設備, 應變如神, 蒙古曰, "此城以小敵大, 天所佑, 非人力也." 遂解圍而去. 尋拜大將軍·知御史臺事."

67) 『신증동국여지승람』 제53권 평안도(平安道) 철산군(鐵山郡)〔명환(名宦)〕조. "高麗 李元禎: 北兵來寇時, 元禎爲州倅, 固守力盡, 知不免, 遂焚官倉, 領妻子投火而死. ○金坵詩: "當年怒寇闌塞門, 四十餘城如燎原. 倚山孤堞當虜蹊, 萬軍鼓吻期一呑. 白面書生守此城, 許國身比鴻毛輕. 早推仁信結人心, 壯士懂呼天地傾. 相持半月折骸炊, 晝戰夜守龍虎疲. 勢窮力屈猶示閑, 樓上管絃聲更悲. 官倉一夕紅焰發, 甘與妻孥就灰滅. 忠魂壯魄向何之? 千古州名空記鐵.""

가 침공하여 노략질할 때 이원정이 고을 원이 되어서 성을 굳게 지키더니 힘이 다하여 더 이상 버티지 못함으로써 몽고군의 약탈과 살육에서 피할 수 없음을 알고 고을의 창고에 불을 지른 후 처자(妻子)를 거느리고 불에 뛰어들어 죽었다.68)

위의 기록에서 보는 바와 같이 정사(正史)라고 할 수 있는 『고려사』에는 정작 김구가 그토록 안타깝게 여긴 이원정에 대한 기록은 없다. 아울러 관청의 창고에 불을 질러 군량미가 적군의 손에 넘어가는 것을 막았다는 기록도 없다. 그런데 『신증동국여지승람』제53권 평안도(平安道) 철산군(鐵山郡) 〔명환(名宦)〕조와 『역주 동국신속삼강행실도(東國新續三綱行實圖)』3집 「충신도」 제1권 '원정투화(元禎投火)'소에는 이원성에 대한 이야기가 상세하게 나온다. 더욱이 『신증동국여지승람』은 김구의 「과철주」 시 전문을 인용하여 이원정에 대한 이야기를 상술하고 있다. 조선전기의 문신인 김종서, 정인지, 이선제 등이 세종의 명을 받아 기술하기 시작하여 문종 원년에 줄긴한 『고려사』에는 누락된 역사적 사실이 『신증동국여지승람(新增東國輿地勝覽)』에는 기록되어 있는데 『신증동국여지승람』은 김구의 시 「과철주」 전문을 인용하고 있는 점으로 보아 『신증동국여지승람』은 김구의 「과철주」 시를 근거로 그런 역사적 사실을 기록하게 된 것이라고 할 수 있다. 이와 같은 정황으로 볼 때 김구의 「과철주」 시는 시로 쓴 역사로 평하기에 충분하다고 생각한다. 왜냐하면 철주 전투에 대한 현전하는 기록 중 가장 이른 것이 바로 김구의 「과철주」 시이고, 이 「과철주」시가 근거가 되어 『신증동국여지승람』은 『고려사』에도 누락된 이원정의 충절에 관한

---

68) 『역주 동국신속삼강행실도(東國新續三綱行實圖)』3집 「충신도」 제1권 "李元禎, 義州府人, 北兵來寇時, 元禎爲州倅, 固守力盡, 知不免, 遂焚官倉, 領妻子投火而死."

내용을 기록하였기 때문이다.
「과철주」시가 가진 이러한 역사적 자료로서의 중요성 때문이었는지 「과철주」시는 「2023학년도 대학수학능력시험-한국사 영역」에 지문으로 출제되기도 했다.

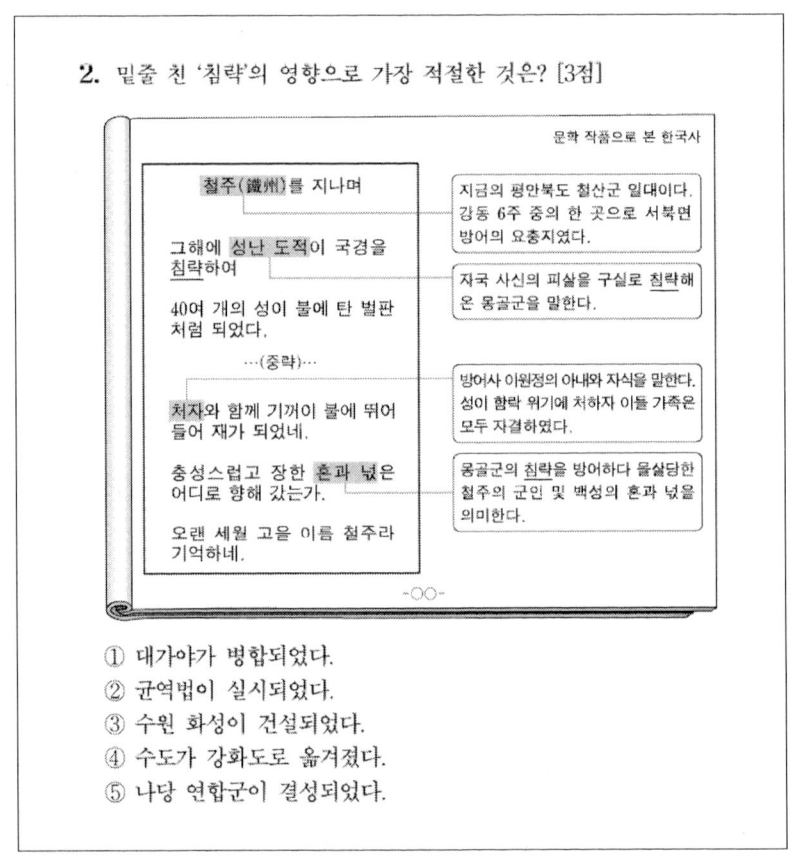

「2023학년도 대학수학능력시험 문제지-한국사 영역」

이처럼 역사적 가치가 있는 시이고 또 시적 표현도 크게 돋보이는 시이지만 최해가 엮은 『동인지문·오칠』 8권에서는 이 시에 비점을 찍은 부분이 없다. 다만 "북쪽 군사가 도적이 되어 쳐들어왔을 때 고을 원이었던 이원정(李元禎)이 굳건히 지켰으나 힘이 다하여, 화를 면하지 못할 것을 알고는 관창(官倉)을 모두 불태우고 처자를 거느리고 불로 뛰어들어 죽었다. (昔年, 北兵來寇州, 倅李元禎固守力盡, 知不免遂焚官倉, 領妻子投火而死.)"라는 주해만 달아놓았다. 이 주해로 인하여 김구가 시를 통해 읊은 역사적 사실이 바로 이원정에 관한 내용이라는 점을 알게 된 것이다. 이 시에 대해 최해가 단 한 점의 비점도 표하지 않은 것에 대해 박한남은 "처참한 서사시 위에 비점을 찍을 수가 없었을 것이다"[69]는 해석을 했다. 다시 말하자면, 『동인시문·오칠』에 수록된 시 가운데 훌륭한 문장에 비점을 가했던 최해가 이 「과철주」에 대해서 비점을 남기지 않은 것은 작품이 훌륭하지 않아서가 아니라 역사적 비극을 참담하게 서술한 이 시에 차마 비점을 남길 수 없었다는 것이다.

---

69) 박한남, 「최해의 『동인지문·오칠』편찬과 사료적 가치」, 史學研究, 2002. 74쪽.

15. 上白蓮社天頙禪師詩[70] 상백련사천책선사시
백련사 천책선사에게 올리는 시

白藕花開道價殊,　　東林蓮社又西湖.
三韓海上誰移種,　　萬德山中始盛敷.
結社幾人期到彼,　　投機一句願容吾.
平生不是攢眉客,　　莫作劉雷契外呼.

흰 연꽃이 활짝 피니 (우리 結社에 대한) 소문이 더욱 특별해졌네.
동림사(東林寺)의 결사가 그러했고 서호 결사도 그러했지요.
바다 건너 삼한으로 누가 백련을 옮겨왔는지,
만덕산에도 비로소 풍성하게 피어났네.
결사에는 몇 분이 도피안(到彼岸)을 기약하시는지,
그 틈에 저도 시 한 구를 드리니 받아주소서.
평생에 눈살 찌푸릴 나그네가 아니오니,
유씨와 뇌씨가 당했던 것처럼 결사에서 제외시키지 마소서.

---

70) 이 시는 『호산록(湖山錄)』(眞靜國師天頙, 『湖山錄』卷3 1307. 9쪽.)에 수록되어 있는데, 시제는 남아있지 않다. 허흥식은 『진정국사와 호산록』(민족사, 1995, 163-164쪽)에서 「上白蓮社天頙禪師詩」라 제목을 붙여 표기하고 있는데, 본서에서는 편의상 이 제목을 사용하기로 한다.

주해(註解)

1) 천책(天頙): 성은 신씨(申氏), 자는 몽저(蒙且), 시호는 진정국사(眞靜國師)이다. 강진 만덕산(萬德山) 백련사(白蓮社)로 출가하여 천태종장(天台宗匠) 원묘국사(圓妙國師)의 제자가 되었다. 원묘국사는 천태종 수행법의 하나인 보현도량(普賢道場)을 창설하고 보현보살의 참회법을 수행하였는데, 그 법을 이어받은 뒤 백련사의 제4세가 되어 천태종풍을 널리 떨쳤다. 만년에는 용혈사(龍穴寺)에 거주하였으므로 사람들이 '용혈존숙(龍穴尊宿)'이라 불렀다. 시호는 진정국사(眞靜國師)이며, 저서로는 『선문보장록(禪門寶藏錄)』 1권과 『법화해동전홍록(法華海東傳弘錄)』 1권, 『호산록(湖山錄)』 2권 등이 있다.

2) 동림연사(東林蓮社): 중국 동진시대의 승려 혜원(慧遠)이 402년에 조직한 염불 수행의 결사(結社)를 연사(蓮社)라 하였다. 정토(淨土) 신앙을 강조한 결사로, 본산 동림사(東林寺)에 백련이 많았으며 여기에 모이는 사람들 또한 명리에 물들지 않은 사람들이었기 때문에 이들을 연꽃에 비유한 데에서 '동림연사'라는 이름이 생겼다. 송나라 종효(宗曉 1151-1214)가 편찬한 『악방문류(樂邦文類)』 권3 「연사시조려산원법사전(蓮社始祖廬山遠法師傳)」에는 다음과 같은 기록이 있다.

　　……이 때 유유민, 뇌차종, 종병 및 제 고승 18인이 모두 세상과 영예를 버리고 혜원에게 의지하여 함께 어울렸다. 혜원이 123인을 모아서 연사(蓮社)를 만들고 유유민으로 하여금 맹세의 글을 짓게 하니 그들은 아미타불상 앞에서 진실한 서약을 하고 혜원을 봉양할 것을 약속했다. 사영운은 재주를 믿고 오만했으나 한번 혜원을 만나보고 숙연히 심복하게 되었

다. 사영운은 2개의 연못을 파서 물을 끌어와 백련을 심은 다음 연사에 받아들여줄 것을 요청했으나 혜원선사는 그가 마음이 어지럽다고 하면서 받아들이지 않았다. 도연명, 범녕도 또한 누차 연사에 들어가고자 했으나 끝내 이루지 못했다. 그래서 제기(齊己 863-937)가 시를 지어 다음과 같이 일렀다. "도연명은 자주 취해 있었기 때문에 연사에 가입하지 못했다고 하지만, 사령운이 마음 어지러운 것은 연사에 들어가는 데 어찌 문제가 되겠는가."71)

3) 서호(西湖): 중국에서도 자연풍광이 아름답기로 유명한 항주(杭州) 최고의 명소이다. 푸르고 잔잔하며 맑은 호수로서 유명하다. 희미한 안개에 둘러싸인 모습이 중국의 4대 미녀 중 하나인 서시(西施)처럼 아름답다고 해서 서자호(西子湖)라고도 한다.

4) 만덕산(萬德山): 전남 강진군 강진읍과 도암면 경계에 있는 산이다. 『신증동국여지승람』 제37권, 전라도, 강진현 조에 다음과 같이 소개되어 있다. "현의 남쪽 15리에 있다. 고려의 승려 혜일(慧日)의 시에, '앞 봉우리는 돌로 만든 창고 같고, 뒷 봉우리는 부용(연꽃) 같도다.(前峯如石廩, 後峯如芙蓉.)'라는 구절이 있다." 만덕산 백련사에도 하얀 연꽃이 아름다웠기 때문에 이곳에서 이루어진 스님들의 결사를 '백련사'라고 했다.

5) 유뇌(劉雷): 유유민(劉遺民)과 뇌차종(雷次宗)을 말한다. 중국 진

---

71) 『大正新修大藏經』, 제47책, 제1호 경, 제192쪽. "時有劉遺民、雷次宗、宗炳洎諸高僧一十八人, 並棄世遺榮, 依遠遊止. 遠拉一百二十三人爲蓮社, 令遺民著誓辭, 於彌陀像前, 建誠立誓, 期生瞻養. 謝靈運負才傲物, 一與遠接, 肅然心服, 爲鑿二池, 引水栽白蓮, 求入社, 師以心雜止之. 陶淵明、範寧, 累招入社, 終不能致, 故齊己詩云:'元亮醉多難入社, 謝公心亂入何妨.'"

(晉)나라 때에 여산(盧山)의 혜원이 조직한 결사인 백련사의 인물들로, 당시 유유민, 뇌차종, 주속지(周續之), 종병(宗炳) 등이 있었다. 나중에 유유민과 뇌차종은 어떤 이유에서인지 결사에서 제외되었다.

상설(詳說)

이 시는 『지포선생문집』에 수록되어 있지 않다. 이 시는 김구가 고려 말기의 승려 천책(天頙)선사에게 보냈던 시로, 천책선사의 시문집 『호산록』에 시제 없이 실려 있다. 이 시는 천책이 김구에게 답상으로 보낸 시 「판비서각 김구」에게 차운하여 답하다(次韻答判祕書閣金坵)」라는 시의 앞에 수록되어 있다. 즉 천책의 「판비서각 김구에게 차운하여 답하다(次韻答判祕書閣金坵)」 시가 김구의 시에 대한 답시라는 점을 밝히기 위해 천책의 이 시 앞에 김구가 먼저 천책에게 보낸 시를 수록한 것이다. 그런데 김구의 시 앞에는 마치 시문처럼 보이는 몇 줄의 글이 수록되어 있다. 그 글은 다음과 같다.

좌습유 임계일(林桂一)군이 평상시 이꽁과 이야기를 나누던 중에 송나라 때의 시인 왕우칭(王禹偁)의 시에 대한 이야기를 하게 되었답니다. 왕우칭의 시는 다음과 같습니다.

夢幻吾身是偶然,　　꿈속을 헤매는 듯이 살아온 나의 삶 또한 우연이고 인연인데,
勞生四十又三年.　　애써 40년을 살고 또 3년을 더 살았구나.
謾誇西掖[72]吟紅藥,　한림원 한림이라고 우쭐대며 뜰의 붉은 작약이나 읊으며 제멋대로 살았으니

何似73)東林種白蓮. 어떻게 흰 연꽃 심었던 동림사의 결사와 같을 수 있으랴?74)

　　(임계일은) 왕우칭의 이 시를 보고서 나이나 관직이나 자신과 왕우칭이 서로 맞는 부분이 있다는 생각이 들었습니다. 이에, 그 또한 초연히 연라(煙蘿)75)의 뜻을 갖게 되었습니다. 이에, 왕우칭의 시에 화답하여 시 한 수를 지어 멀리 만덕산의 덕이 높고 연로하신 스님께 보내드립니다.76) 저도 이 법문에 뜻을 둔 지 오래 되었기에 서둘러 왕우칭의 첫째 구 가운데 있는 '吾'자를 운자로 하여 시 한편을 지어 보냅니다. 바라건대 먼 훗날 (저를 잘 기억 못하시어) '동림에서 만나지 않았다면 어찌 만난 적이 있으랴'라고 말하시지 않으시기를 바랍니다.77)

---

72) 서액(西掖): 중서성 한림원의 별칭이다.
73) 왕우칭의 시를 확인해 본 결과 '似'임을 확인했다. 『호산록』에는 '以'로 되어있다. '似'가 더 합당해 보인다.
74) 이 시는 왕우칭의 「寄杭州西湖昭慶寺華嚴社主省常上人」 7언 율시의 기련과 승련이다. 시의 전문은 다음과 같다. "夢幻吾身是偶然, 勞生四十又三年. 任誇西掖吟紅藥, 何似東林種白蓮. 入定雪龕燈焰直, 講經霜殿磬聲圓. 謫官不得餘杭郡, 空寄高僧結社篇."
75) 연라(煙蘿): 무성한 숲속에 안개가 끼고 송라 넝쿨이 얽힌 모양이다. 은거하거나 깊숙한 곳을 찾아 수도하는 생활을 일컫는 말이다.
76) 임계일이 보낸 이 시는 "拔垣秋思坐蕭然, 正是前賢結社年. 貞節初期難省竹, 妙香終愛鷲峯蓮. 九街車馬黃塵暗, 千里溪山皓月圓. 他日相從林下樂, 先聲海角一荒篇."이다. 제목이 매우 긴데 이 시에 대한 설명은 다음과 같다. "병인년 중추 1일에 평장 경원공을 뵈러 갔을 때, 송나라 학사 문공 왕우칭의 서호 연사시 이야기가 나오자, 그 첫째 연이 '夢幻吾身是偶然, 勞生四十又三年'이였습니다. 그 때 내 나이 마침 불혹에서 몇 살을 더하였으므로 측은한 느낌이 들어 한편을 화운하여 멀리 대존숙 장하에 붙여 나의 회포를 달랬습니다. 또 후일에 내가 가서 도를 묻거든 푸른 칡덩굴 밑 달 아래 나를 낯선 손님으로 여기지 마시기를 바랍니다.(丙寅秋仲,一日,謁平章慶源公,因語及宋學士王文公禹偁西湖蓮社詩, 其起聯云: 夢幻吾身是偶然, 勞生四十又三年. 時予適已過先師不惑之年, 而加數歲, 惻然有感, 因和成一篇, 遙寄呈大尊宿丈下, 以達鄙懷, 且約他時問道, 冀綠蘿煙月, 無以予爲生客耳)」
77) 感其年官, 正與王公詩相契, 悄然有煙蘿之志, 遂和成一首, 遙寄萬悳山大尊宿丈下. 予亦

이 글은 『호산록』에 수록된 위치(김구의 시 앞 부분)로 보나, 그의 내용으로 보나 자칫 김구가 자신이 천책에게 시를 보내는 이유를 밝힌 글로 이해하기 쉬운데 이 글의 내용을 보면 김구가 쓴 이야기가 아니고 임계일이 쓴 이야기이다. 그것이 임계일의 이야기라는 점은 『호산록』의 이 부분보다 앞부분에 천책의 「정언 임계일에게 서문을 곁들여 답하다(答林正言桂一並序)」 시의 앞에 임계일이 천책에게 보낸 시가 수록되어 있는데 임계일의 그 시에 붙인 서문(Ⓐ)이 김구 시 앞에 붙은 서문과 후미의 몇 줄만 다를 뿐 완전히 같은 내용이라는 점을 통해서 확인할 수 있다. 뿐만 아니라, 『동인시화』에 수록된 임계일 시의 앞에 붙는 서목(서문 형식의 제목)도 서문 Ⓐ와 같은 내용이다.

병인년 중추 1일에 평장사 경원공(慶源公)을 뵈러 갔는데 이야기가 송나라 학사 문공(文公) 왕우칭(王禹稱)의 서호연사시(西湖蓮社詩)에 미치게 되었습니다. 그 시의 첫째 연(聯)이 '夢幻吾身是偶然, 勞生四十又三年' 이었습니다. 그 때 내 나이 마침 선사(先師: 공자)가 말한 불혹(不惑: 40세)의 헤를 지나고도 몇 살은 더 먹었을 때이므로, 측연(惻然)히 느낌이 있어 한편을 화운(和韻)하여 멀리 대존숙(大尊宿) 장하(丈下)에 부쳐 드림으로써 저의 회포를 달래봅니다. 또 후일에 제가 가서 도(道)를 여쭙거든 저를 푸른 칡덩굴 밑 달 아래에서 만난 낯선 손님으로 여기지 마시기를 바랍니다.78)

於此法門中, 嚮注久矣, 輒取王公詩首句中, 吾字爲韻, 課成一篇連附以寄. 且冀他年不以林下, 何曾見謂耳. 俗弟子判秘書省事學士知制誥金坵上. 리영자, 『천책스님의 호산록』, 해조음, 2009. 44-45쪽.

78) 『동문선』 권14 "丙寅秋仲, 一日, 謁平章慶源公, 因語及宋學士王公禹稱西湖蓮社詩, 其起聯云:"夢幻吾身是偶然, 勞生四十又三年." 時予適已過先師不惑之年, 而加數歲, 惻然有感, 因和成一篇, 遙寄呈大尊宿丈下, 以達鄙懷. 且約他時間道, 冀綠蘿煙月無以予爲生客耳."

이러한 긴 제목이 『호산록』에서는 김구의 시 앞에 붙어 있는 것이다. 그리고 이 제목의 마지막 부분인 "저를 낯선 손님으로 여기지 마시기를 바랍니다(無以予爲生客耳)."라는 구절 아래에 "俗弟子判秘書省事學士知制誥金坵上(속제자 판비서성사 학사 지제고 김구가 올립니다)."라는 발신자의 직책과 이름이 적혀있는 것이다. 이로 인해 이 서문을 김구가 천책에게 시를 보내면서 붙인 서문으로 여기게 된 것이다. 그런데 위에서 상세히 언급했듯이 이 글은 김구의 글이 아니라 임계일의 글이다. 임계일의 글이 마치 김구의 글인 것처럼 김구의 시 앞에 찬입(竄入)된 것으로 보인다. 거듭 말하지만 『호산록』에도 임계일의 이야기라는 점이 밝혀져 있고, 『동인시화』에도 분명히 임계일의 시 제목으로 기록되어 있기 때문에 찬입이 확실하다고 할 수 있다. 따라서 호산록에 수록된 김구의 시는 시 앞에 붙은 서문 형식의 글과는 무관하고 시만 김구의 시로 보아야 한다.

이 시는 불교계에 대한 김구의 태도를 볼 수 있는 시이다. 앞서 「조원각경(嘲圓覺經)」 시에 대한 해설을 하는 과정에서 살펴보았듯이 김구는 당시 지나치게 난만해진 불교를 대신할 사상으로서 유학을 진흥시켜야 한다는 의지는 가지고 있었지만 불교에 대해서 배타적이지는 않았다. 이 시는 김구가 불교에 깊은 관심을 가지고 당시 불교계의 고승인 진정국사(眞靜國師) 천책(天頙)이 주도하는 백련결사에도 참여했음을 보여주는 시이다.

7언 율시인 이 시의 기련(起聯)에서는 흰 연꽃이 활짝 핀 만덕산의 백련사는 중국에서도 백련이 많은 동림사와 같은 분위기의 절이고, 아름답기로 유명한 서호의 풍경에도 견줄만한 곳인데, 중국의 동림사가 같은 종파의 승려들이 혜원스님을 중심으로 결사했듯이 고려의 백련사 또한 진정국사 천책을 중심으로 결사가 이루어지고 있음을 말하였다. 이어서 승련에서는 백련사의 백련 결사가 이 땅에서는 처음 있는 일임을 들어 칭송하였다. 이어 전련과 결련에서는 김구 자신 또한 백련결사에 참여하고 싶다는 의지를 밝히고 있다. 김구는 유학의 부흥을 꿈꾸었지만 불교를 배척하지는 않았음을 알 수 있는 시이다.

김구의 이 시를 받고서 진정국사 천책은 바로 4수의 시를 지어 답신하였다. 시에 특별한 내용은 없다. 다만 천책 자신과 백련사 동호의 수도 생활을 소개하며 김구에게 불도를 향해 진지하게 수도할 것을 당부하고 있다. 4수의 시중 2수를 보기로 한다.

龜蒙當日散江湖,	육구몽이 강호에 자유롭게 살 때
只是行藏與世殊.	다만 드러내고 드러내지 않음이 일반 세상 사람들과 달랐다오.
祿隱何妨鸞鷺序,	봉록을 받는 사람이나 은거하는 사람이나 무슨 서열의 차이가 있겠으며
道心寧爽馬牛呼.	도를 추구하는 마음에 무슨 말(馬)이니 소(牛)이니 하며 단정하듯 말하는 시원함이 있겠소? (도를 닦는 마음에 어찌 말이라고 부르면 말이라고 대답하고 소라고 부르면 소라고 대답하는 것과 같은 시원시원한 답이 있을 수 있겠소?)
多君輦下雲無迹,	그대가 탄 수레 아래 구름은 흔적도 없을 때가 많을 테지만, (그대는 아직 창창한 젊은이지만)
記我山中雪入鬚.	내가 사는 산속 생활은 수염에 눈이 내림을 기억해 주시오. (나는 백발의 노인이 되어 감을 기억해 주시오)
蓮社芸臺無彼此,	이곳 백련사나 당신이 있는 관청 비서각이나 피차간에 다를 게 없으니
大千何處不參吾.	이 넓은 세상 어느 곳에서인들 자신을 살피지 못할 곳이 있겠소.

幽居背巘面平湖, 산을 등지고 호수 면을 마주한 채 깊숙이 숨어 사노니
地位淸高景物殊. 내가 처한 자리는 맑고 주변 경물은 빼어나다오.
拾橡生涯隨日足, 도토리 주우며 사는 삶, 나날이 만족하고
種蓮賓客有時呼. 연을 심어 손님을 맞으니 언제라도 손님을 부를 수 있네.
仙遊却勝登鼇頂, 신선처럼 노니니 자라 등에 올라앉았다는 신선보다 낫고
世險都忘捋虎鬚. 세상이 험하니 호랑이 수염 건드릴 일은 모두 다 잊어버리리.
莫把古吾來辨我, 그 옛날의 나를 가지고 나를 분별하려 하지 마시오!
古吾寧得敵今吾. 옛날의 내가 어찌 오늘날의 나를 대적하겠소?

만덕사에 은거하면서 수도하여 유유자적 깨달음을 얻는 자신의 모습을 시로 표현해 보임으로써 김구에게도 보다 더 불도에 심취해 볼 것을 은근히 권유하고 있다.

16. 洪原縣題詠[79] 홍원현제영 홍원현에서 읊다

地僻雲煙古,
原低樹木平.
長安知幾至,
回首不勝情.

땅이 도성으로부터 멀리 치우친 곳이다 보니 아지랑이도 예스럽고,
언덕이 나지막하니 나무들과 키 재기를 하려는 듯.
장안에는 언제나 이르려나,
돌아보니 그리운 정 이길 수가 없구나.

---

79) 양진조는 「止浦 金坵 漢詩 硏究」(어문론집, 1997. 114쪽.)에서 이 시의 제목을 「洪原邑館」으로 제시하고 있다. 『한시의 이해』(조두현, 一志社, 1976. 66쪽)에 「洪原邑館」이 실려 있는데, 이를 참고한 것으로 보인다.

주해(註解)

1) 홍원현(洪原縣): 함경남도 중부에 있다.『신증동국여지승람』권49 「함경도/홍원현」에 따르면, 옛날에는 홍긍(洪肯), 혹은 홍헌(洪獻)이라고 일컬었는데, 고려 말기에 비로소 현을 두었다고 한다.

2) 제영(題詠): 제(題)를 내어서 시를 짓는 것, 또는 그 시를 말한다.

상설(詳說)

이 시는 『지포선생문집』에 수록되어 있지 않다. 이 시는 『동국여지승람』의 「함경도/홍원현」 제영(題詠)80)에 보인다. 이 시는 『동국여지승람』외에는 어떤 문헌에도 보이지 않아서 어느 시기에 어떤 상황에서 지은 시인지 확인할 수 없다. 그러나 "장안에는 언제나 이르려나, 돌아보니 그리운 정 이길 수가 없구나(長安知幾至, 回首不勝情.)"라는 구절로 보아 임금이 있는 장안(서울)을 몹시 그리워할 때에 지은 것으로 추측할 수 있다. 그렇다면 언제일까? 원나라에 사신으로 가는 여행길로 추론할 수 있다. 그러나, 원나라로 가는 사행 길은 함경도의 홍원현을 거치지 않았다. 그러므로 사행길에 임금을 그리워하며 지은 시는 아니라고 할 수 있다. 아마도 최항에게 대들며 「원각경을 조롱하다(嘲圓覺經)」이라는 시를 지은 후에 최항에게 축출되어 고향 부안으로 낙향했을 때 지은 시인 것 같다. 초임지 제주

---

80)『신증동국여지승람(新增東國輿地勝覽)』卷四十九 / 咸鏡道 / 洪原縣【제영(題詠)】
"地僻雲煙古, 金坵詩:"云云, 原低樹木平, 長安知幾至? 回首不勝情."

도와 부안으로 낙향했을 때와 몽고에 간 사행 길 외에 김구가 임금을 그리워할 만큼 임금의 곁을 떠나 멀리 있어 본 적이 없기 때문이다. 아마도 부안에 낙향해 있을 때 어느 해인가 함경도 지역을 여행하게 되었을 때 지은 시로 보인다.

17. 贈高休翁증고휴옹 고휴옹(고계림)에게 보내다

卜居林壑感漁樵,
靜裏乾坤遠市朝.
不讓溫公園獨樂,
暮年自得永消遙.

깊은 숲 골짜기에 살면서 물고기 잡고 나무 캐어,
고요에 묻힌 천지에서 세속의 일, 조정의 일일랑 멀리 하려네.
사마광이 누렸다던 독락원 못지않은 생활을 하면
만년에는 절로 영원한 소요유를 얻을 수 있으리라.

🐌 주해(註解)

1) 고휴옹(高休翁): 『제주고씨대동보』에 따르면 휴옹(休翁)은 문충공(文忠公) 고경(高慶 1276-1342)의 호이다. 이 시는 고경과 관련된 시를 나열하는 부분에 수록되어 있다. 그러나 고경의 생몰 연대와 김구의 생몰 연대인 1211-1278을 비교해 보면 이 시는 고경에게 준 시가 아님이 자명해진다. 고경의 나이 2살 때 이런 시를 지어 줄 수는 없는 일이니 말이다. 연대로 볼 때 휴옹이 아니라 계림(豂林)의 오기인 듯하다. 계림(豂林)은 고적의 호로 보인다. 이 시는 휴옹 고경(高慶)에게 지어 준 시가 아니라 계림 고적(高適)에게 지어준 시인 것이다. 고적은 고려 후기에 유총관(留摠管)을 역임한 문신이다. 본관은 제주(濟州)이며 의종 때 중서시랑평장사(中書侍郞平章事)를 지낸 고조기(高兆基)의 손자이다. 1261년(원종 2년) 5월에 과서에 급세하고 삼별초가 제주에서 패배한 뒤 유총관에 임명되어 제주지방을 안무(按撫)하였다.

2) 소요(消遙): '消'자는 '逍'의 뜻으로 보인다. 즉 장자가 말한 '소요유(逍遙遊)'를 뜻한다.

3) 온공원독락(溫公園獨樂): 온공은 중국 송나라 때 온국공(溫國公)에 봉해진 사마광(司馬光)을 일컫는다. 그는 왕안석(王安石)의 신법을 반대하다가 관직에서 물러나 낙양에 독락원(獨樂園)을 짓고 살았다. 사마광은 대표 저서『자치통감(資治通鑑)』외에도『독락원집(獨樂園集)』을 남겼다. 소식(蘇軾)은「사마군실독락원(司馬君實獨樂園)」을 남겨 사마광의 인덕을 칭송하기도 하였다.

상설(詳說)

　이 시는 『지포선생문집』에 수록되어 있지 않다. 이 시는 『제주고씨대동보』에 「증고휴옹(贈高休翁)」[81]이라는 제목으로 실려 있다. 문충공(文忠公) 고경(高慶 1276-1342)과 관련된 내용을 나열하는 부분에 이 시가 있고, 그 옆에 "오른쪽 시는 부령 사람 지포 김구가 썼다.(右 扶寧人 止浦 金坵)"라고 표기되어 있다. 그러나 김구(金坵 1211-1278)와 고경(高慶 1276-1342)의 생몰년대로 볼 때, 고계림(高谿林), 즉 고적(高適 생몰년 미상)에게 보낸 시가 고경에게 보낸 시로 잘못 수록된 것으로 보인다.

　김구와 고적(高適)과의 밀접한 관계는 여러 기록을 통해 확인할 수 있다. 1266년에 고적이 몽고에 가게 되었을 때, 김구는 「제주 성주를 보내는 고주표(遣濟州星主告奏表)」[82]를 올리기도 하였고, 김구가 제주판관으로 부임했을 때, 김구와 고적은 함께 돌담을 쌓는 일에 협력하기도 했다.[83]

　이 시에서 김구는 세속의 골치 아픈 일은 모두 잊고 자연 속에서 유유자적하며 즐기는 삶을 동경하고 있다. 사마광이 관직에서 물러나 독락원(獨

---

81) 인제대학교 족보도서관 『濟州高氏大同譜上世篇』 全 (제주고씨대동보상세편 전 1/1) 231쪽. https://genealogy.inje.ac.kr/list/?u=2&u2=4&u3=9&u4=1258

82) 『지포선생문집』, 권2 응제록 「표전」, "一天無外, 四海在中, 雖尺地安敢自私. 故今日但期相率, 恭惟陛下, 馨德懷遠, 大明燭幽, 鉅細不, 道叶乾坤之涵毓, 遐邇胥悅, 恩踰父母之庇憐. 夫濟州也, 元附小邦, 最爲深島, 難名譎狀, 縱多愁蠻獠之風, 不隱忠誠, 庶偕沐聖神之化, 俾爾渠首, 朝于闕庭, 顧予專效以恪勤, 於此可垂其照亮."

83) 『濟州高氏大同譜上世篇』 全 (제주고씨대동보상세편 전 1/1) 195-196쪽. 『제주고씨족보』에는 다음과 같은 기록이 있다. "고적(高適)은 1266년 몽고에 갔다가 1270년 원종과 세자를 모시고 돌아왔는데, 1273년 탐라로 돌아와 전화(戰火)의 폐허를 복구하고 백성들을 구제하였다. 몽고군이 탐라를 점령하여 밭농사에 어려움이 많았는데, 여러 가지 대책을 구상하다가 김구가 판관으로 부임해 왔을 때 우마(牛馬)의 출입을 막는 한편 경작지의 소유권을 확실히 하는 밭 경계로서 돌담을 쌓았던 일을 상기하여 고적도 돌담을 쌓아 그 폐단을 시정하였다."

樂園)을 짓고 살았던 것처럼, 장자가 무심한 마음으로 소요유(逍遙遊)를 즐겼던 것처럼, 우리도 그러한 삶을 희망한다는 내용이다. 당시 김구가 몽고의 간섭 아래 어려웠던 상황을 심리적으로나마 극복하고자 고적에게 시를 보냈던 것으로 추정된다.

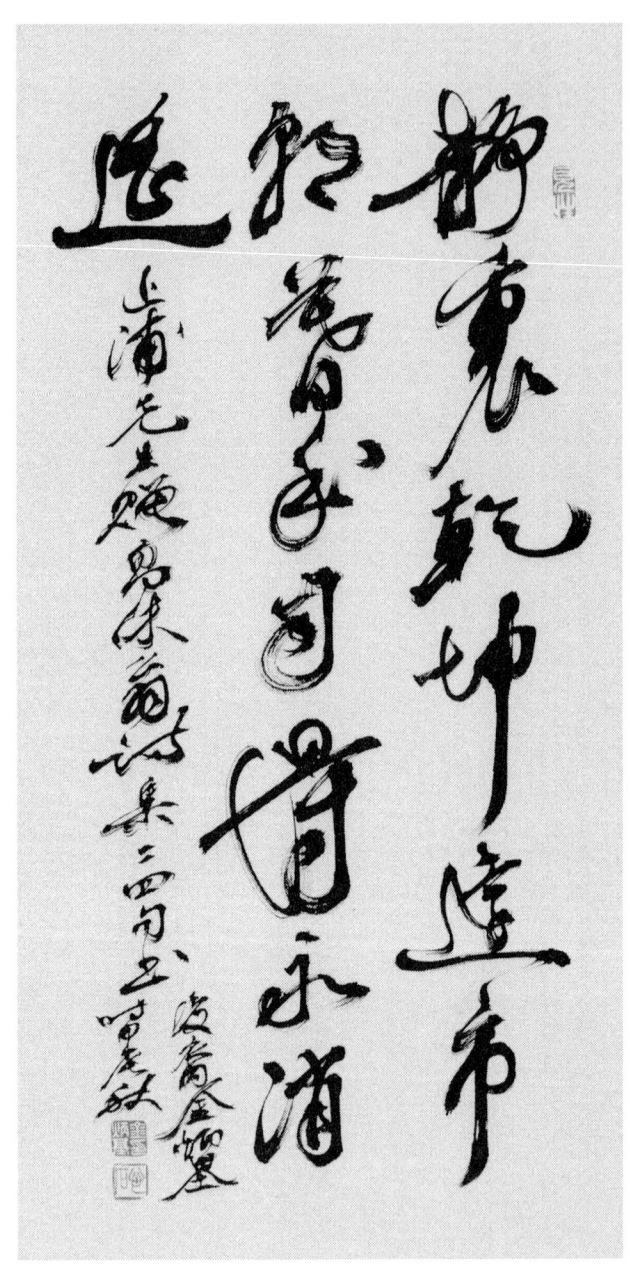

김구 선생 시 「贈高休翁」 集제2, 제4구 김병기 작

[부록1]
문정공 지포 김구의 생애와 업적

Ⅰ. 생애
1. 이름은 구(坵), 자는 차산(次山), 신동 소문과 과거 합격
2. 12살에 조사(造士)에 선발, 22세에 과거 급제
3. 중앙 내직으로 귀환, 권신 최항(崔沆)과의 갈등
4. 탁월한 문장력으로 외교역량 발휘와 연이은 승진

Ⅱ. 업적
1. 원나라와 소통하는 외교문서를 전담-실리외교, 자주외교 실천
2. 인재 양성을 위한 참외문신(參外文臣) 재교육 제도 제안
3. 성리학의 도입에 선도적 역할
4. 안향 주벽 소수서원에 대한 김구 주벽 제향 도동서원의 의의
   1) 조선 성리학의 도통론(道統論)
   2) 주세붕의 새로운 도통관에 따른 서원 창건과 『죽계지(竹溪志)』편찬의 문제점
   3) 이황(李滉)의 '소수서원' 사액(賜額) 요청
   4) 안향의 유학진흥과 성리학 도입 관련 기사(紀事) 검토
   5) 『회헌실기(晦軒實記)』의 성격
   6) 안향의 유학진흥 활동
   7) 부안 도동서원의 의미
5. 국립통역관양성기관 통문관(通文館)의 설치
6. 고려시대를 대표하는 뛰어난 시인이자 문장가

Ⅲ. 결론

Ⅰ. 생애

1. 이름은 구(坵), 자는 차산(次山), 신동 소문과 과거 합격

김구의 신도비에는 다음과 같은 기록이 있다.

> 공의 휘(諱: 이름)는 구(坵)이고 자는 차산(次山)이며 신라 왕족의 성 씨로부터 줄기가 갈라져 나왔다. … 중략 … 아버지의 휘는 의(宜)인데 합문지후우복야(閤門祇侯右僕射)였다. 어머니는 나주김씨이다. 고려 희종 (熙宗) 7년 신미년에 태어났다. 공은 어려서부터 용모가 단정하면서도 중 후하였고 기량과 도량이 넓고 깊었다. 네다섯 살에 경서와 역사서에 두루 능하였으며 또한 시문을 잘 지어서 당시 사람들이 신동이라고 칭하였다.[1]

신도비에서는 이름이 구(坵)라고 하였으나 원래 이름은 백일(白鎰)이었 다.[2] 부안김씨들이 관시조(貫始祖)로 받들고 있는 신라의 마지막 태자인 마의태자 김부(金富)대왕의 본래 성명이 김일(金鎰)이었다는 점을 상기한 다면 김구의 처음 성명이 김백일(金白鎰)이었다는 점은 간과할 수 없는 면 이 있다. 김구의 초명인 '백일(百鎰)'에는 마의태자 '김일(金鎰)' 선조의 뒤 를 이어 집안의 중흥을 꾀하고 국가와 민족을 위해 '일(鎰)'선조보다 100

---

1) 「고려평장사문정김공신도비명」, 『지포선생문집』, 권3 부록. 성균관대학교 대동문화연구 원 역, 1984, 422쪽.(이하 「신도비명」으로 표시) "公諱坵, 字次山, 系出新羅國姓, … 중략 … 考諱宜, 閤門祇侯右僕射, 妣羅州金氏. 以高麗熙宗七年辛未生. 公自幼容貌端重, 氣度廣深, 四五歲多通經史, 又善屬詩文, 時人稱神童."
2) 『扶寧金氏族譜』(1836) 권1, 김의 조 및 한국역대인물종합정부시스템 http://encykorea.aks.ac.kr/Contents/Index?contents_id=E0008749

배 더 많은 업적을 남기는 인물이 되기를 바라는 축원의 마음이 담겼다는 추론이 가능하기 때문이다. 경순왕 이후, 김구의 아버지인 김의(金宜) 대에 이르러 부안김씨 집안이 처음으로 중앙관직에 나가게 되면서 명문가로 부흥할 희망을 갖게 되었다. 그러한 희망과 기대를 담아 아들 김구의 이름을 처음에는 백일로 지었다가 다시 아들 김구가 당시 시대 상황과 맞게 할 수 있는 대업은 유학의 진흥이라는 점을 직시하고 유학의 지성선사(至聖先師)인 공자의 이름 '구(丘)'와 같은 글자인 '구(坵)'로 개명하게 된 것이라는 추론을 해볼 수 있는 것이다.(이에 대해서는 아래 II-3에서 자세히 설명하기로 한다.)

2. 12살에 조사(造士)에 선발, 22세에 과거 급제

김구는 12살에 조사에 발탁되었다.3) 시골의 학교인 향학(鄕學)에서 공부하는 학생 중 남달리 우수한 인재를 특별히 천거하여 국학에서 공부시켰는데 이러한 인재를 '조사(造士)'라고 하였다. 사마시에 급제하면 얻게 되는 예부시(禮部試)의 참가 자격인 '진사(進士)'에 대비하여 공부하는 학생

---

3) 「신도비명」, "年十二登造士選, 二十二擢文科第二, 知貢擧金仁鏡, 恨不置于魁, 以乙科名亦居第二, 引和范傳衣故事, 慰藉之, 公作啓以謝之." 같은 기록이 고려사에도 있다. "당시에 최자(崔滋)가 제주부사(副使)로 있었는데 어떤 사람이 서울(개성)로부터 와서 과거 시험장에 시제로 나붙은 부(賦)의 제목을 말하기를 '진(秦)나라 효공(孝公)이 효함(肴函)의 험한 지세에 의거하면서 천하를 통일하였다.'라는 것이라고 하였다. 최자가 김구에게 말하기를 '이 제목을 가지고 부(賦)를 짓기란 어려운 일인데 나를 위하여 부를 한 편 지어 주시오!'라고 하였다. 김구가 이야기하며 웃기를 계속하더니 조금 있다가 붓을 가져오라 하여 그 자리에서 글을 지었는데 점 하나 덧붙일 것이 없으므로 최자가 탄복하면서 그 아들더러 '이것은 시부(詩賦)의 교범이니 너는 공손히 이것을 받들어 간직하여 두어라!'고 하였다. (時崔滋爲副使人有自京來. 報科場賦題云: 秦孝公據肴函之固囊括四海, 滋謂坵曰: 此題難賦試爲我著之. 坵談笑自如亡何, 索筆立書, 文無加點. 滋莫服語其子曰: 此詩賦之準繩汝謹藏之.)" 『고려사』 권106 열전19 '김구'조

이라는 의미에서 '조사(造士)'라고 한 것이다. 김구가 12세에 조사가 되었다는 것은 곧 12세에 그의 고향이자 부안김씨 집안의 세거지인 향리 부안을 떠나 국학이 있는 다른 지역으로 배움의 장소를 옮겼다는 의미로 해석할 수 있다. 훗날 1240년 몽고로 가는 사신 길에 지은 「과서경(過西京: 서경을 지나면서)」이라는 시를 통해 김구가 조사에 선발된 후, 서경 즉 오늘날의 평양에서 선생님을 좇아 수학을 했다는 사실은 확인할 수 있다.4)

이렇게 평양에서 수학한 김구는 1232년(고종19) 22세의 나이로 지공거 김인경(金仁鏡 ?-1235)과 동지공거 김태서(金台瑞 ?-1257)5)에 의하여 예부시(禮部試)6)에 2등으로 발탁되었다.7) 김구는 과거에 급제한

---

4) 「過西京」 시에는 "생각해보면 일찍이 책 상자 짊어지고 멀리 스승을 찾아왔을 때는, 바로 서도(西都:서경)가 한창 번성할 때였었지.(憶曾負笈遠追師,正見西都全盛時.)"라는 구절이 있다. 이 구절로 보아 김구는 소년 시절에 서경에 가서 공부한 적이 있음을 알 수 있다. 『지포선생문집』, 권1, '과서경(過西京)', 성균관내획교 대동문화연구원 역, 1984, 246쪽.

5) 고려 후기의 문신으로, 본관은 선주(宣州)이나. 김봉모(金鳳毛)의 아들이며, 김경손(金慶孫)의 아버지이다. 시호는 문장(文壯)이다. 과거에 급제한 후 명종·신종·희종·상종·고종 등 다섯 왕을 섬겼으며, 1220년(고종 10) 한림학사(翰林學士)로서 지공거의 동지공거(同知貢擧)를 맡아 문진(文振) 등 31명을 급제시켰다. 관직이 수태보문하시랑평장사(守太保 門下侍郞平章事)에 이르렀다가 나이를 이유로 벼슬을 그만두었다. 그 뒤에 오승적(吳承績)의 사건에 연좌되어 집안이 적몰(籍沒)되었다. 1257년(고종44) 졸하였다. 그는 비록 유학(儒學)을 업으로 삼았지만 글을 좋아하지는 않았다. 성품이 탐욕스럽고 비루하여 남의 토전(土田)을 무리하게 빼앗으니, 매번 출입할 때마다 사람들이 길을 막고 호소하며 "공께서는 어찌하여 우리들의 생계를 빼앗습니까?"라고 했다고 한다. 위키백과 https://ko.wikipedia.org/wiki/%EA%B9%80%ED%83%9C%EC%84%9C 전주김씨의 중시조로 받들어지고 있는 그의 묘가 전주시 남쪽에 위치한 모악산에 자리하고 있는데 북한 김정은의 가문도 바로 전주김씨라는 점에서 한때 남북관계가 화해 분위기를 타고 있을 때 '만약 김정은의 방남이 이루어진다면 김태서의 묘소를 안내해 주자.'는 의견이 전주의 일부 사회단체와 학술모임에서 제기되기도 하였다.

6) 예부시(禮部試): 고려시대 과거의 최종시험이다. 958년(광종 9)부터 실시되었고 예부에서 주관했다. 예위(禮闈), 춘당시(春塘試), 춘위(春闈), 동당시(東堂試) 등으로도 불렸으며 합격자는 급제(及第), 등제(登第), 중제(中第), 중과(中科) 등으로 표현하였다.

뒤에 이규보의 천거로 최이(崔怡)에게 발탁되었다. 이와 관련하여 『고려사절요』에는 다음과 같은 기록이 있다.

  당시 무신으로서 실권을 장악하고 있던 최이는 선비의 등급을 매길 때 문장을 잘하고 리(吏: 실무)에도 능한 사람을 으뜸으로 삼고, 문장은 볼만하나 리에 능하지 못한 사람을 그 다음으로 삼고, 문과 실무가 모두 능하지 못한 사람을 최하로 삼았다. 어느 날 최이는 이규보에게 "누가 공을 이어서 문형(門衡)을 잡을 만하오?" 하고 묻자, 이규보는 "사학(四學)에서 교육을 받고 있는 학유(學儒) 최안(崔安, 후에 崔滋로 개명)이라는 사람이 있고, 급제한 김구가 그 다음입니다"라고 하였다.8)

 이규보가 김구를 최자(崔滋 1188-1260) 다음으로 지목했지만 당시 막 급제하여 아직 관직에 나가지도 않았던 김구를 당대 최고의 문호인 이규보가 천거했다는 점으로 보아 김구의 문장이 일찍부터 크게 인정을 받고 있었음을 알 수 있다. 이처럼 탁월한 문장력으로 인해 김구는 이규보의 추천을 받아 진사급제 후 2년 만에 곧바로 관직에 나갈 수 있게 되었다. 처음에는 정원부(定遠府) 사록(司錄)에 임명되었으나 바로 관직을 제주판관으로 변경하여 임명하였다.9) 이리하여 김구는 제주도와 '돌 밭담'을 사이에 두고 깊은 인연을 맺게 되었다.

---

7) 『고려사』 권73, 선거지1, 과목1 고종 19년 5월.
8) 『고려사절요(高麗史節要)』 권18, 원종 원년 7월 崔滋 졸기. "門下侍郞平章事致仕崔滋, 卒, 滋初名安. 崔怡, 嘗品第朝士, 以能文能吏, 爲第一, 文而不能吏, 次之, 吏而不能文, 又次之, 文吏俱不能, 爲下, … 一日, 怡, 謂李奎報曰: 誰可繼公秉文者, 對曰: 有學諭崔安者, 及第金坵, 其次也."
9) 『고려사』 권106 열전19 김구전. / 『김구선생문집』 권3 연보, 성균관대학교 대동문화연구원 401쪽. 이 점에 대해서는 본서 『지포 김구 선생 시 전집』의 「상진양공(上晉陽公)」 시 부분에서 상세하게 설명하였다.

3. 중앙 내직으로 귀환, 권신 최항(崔沆)과의 갈등

김구의 신도비에는 다음과 같은 구절이 있다.

제주통판의 임기를 마치고 다시 한림원으로 돌아와 임금을 배알하였다. 경자년에 임금의 편지를 안고 몽고에 갔으니 그때의 행적을 담은 『북정록』이 세상에 전하고 있다.10) 한림원으로 돌아온 지 약 8년 만에 국학직강으로 자리를 옮겼는데 이때는 유가의 도가 아직 드러나지 않고 막힌 상태에서 불교가 횡행하는 가운데 권신 최항(崔沆)이 나라의 전권을 독점하고 있을 때니 조금이라도 그의 뜻에 거슬리면 비로 출척을 당하곤 하였는데 최항이 불경을 새기면서 공을 협박하여 불경에 대한 발문을 쓰라고 하였다. 이에, 공이 시를 지어 비웃기를, "벌은 노래 부르고 나비는 춤추니 온갖 꽃이 새로이 피어나니, 이 모든 것이 다 화장세계(華藏世界: 불국정토)여서 그 안에 온갖 아름다움이 다 깃들어 있구나. 송일토녹 원삭성 실법안팁시고 중얼거리느니 입을 봉한 채 남은 봄이나 잘 보내는 것이 훨씬 나으리라."라고 하였다. 이에, 최항이 "날더러 입을 다물고 있으라고?" 하며 크게 노하였다. 공은 결국 좌천되고 말았다.11)

김구는 1239년 29세 때에 제주판관의 임기가 만료되어 다시 개경으로

---

10) 『고려사』 권106 열전19 김구전. "김구는 권직한림(權直翰林: 한림원의 지원(直院, 관직외 임시 대리)으로서 서장관으로 임명되어 원나라에 갔는데 그때 기행문으로 쓴 북정록이 세상에 유포되고 있다.(以權直翰林充書狀官如元有北征錄行於世.)"

11) 「신도비명」 "政滿, 入拜翰林. 庚子, 充書狀, 赴蒙古, 有北征錄行于世. 在翰院, 凡八歲遷國學直講, 時儒道晦塞, 佛法縱橫, 權臣崔沆, 世專國柄, 小拂其意, 立擯之, 沆雕佛經, 脅公跋之, 公詩以譏之, 曰: "蜂歌蝶舞百花新, 摠是華藏藏裏珍, 終日啾啾說圓覺, 不如緘口過殘春." 沆大怒曰: "謂我緘口耶?" 遂左遷."
『고려사』 권106 열전19 김구전 "崔沆雕圓覺經令坵跋之坵作詩曰, 蜂歌蝶舞百花新, 摠是華藏藏裏珍, 終日啾啾說圓覺, 不如緘口過殘春. 沆怒曰, 謂我緘口耶, 遂左遷."

[부록1] 문정공 지포 김구의 생애와 업적 183

돌아와 한림원에 들어가 문사(文士)로서 활동을 시작하였다. 1240년에 서장관으로 임명되어 몽고에 갔는데12) 이때에 훗날 원나라와의 외교에서 김구와 고려 조정을 도와 원나라의 황제를 설득하는 등 중요한 역할을 해 주는 금나라의 유신(遺臣) 왕악(王鶚 1190-1273)을 만나 금나라의 망국과, 망국의 위기에 처한 고려의 입장에서 동병상련의 심정으로 깊은 교유관계를 형성한 것으로 보인다.13) 그러나 위의 신도비명에서 확인한 바와 같이 김구는 당시의 권신인 최항에게 대들었다가 최항의 미움을 사서 관직에서 쫓겨나야만 했다. 김구는 고향인 전북 부안으로 낙향하여 은거하며 유학에 몰두하며 후학들을 양성하여 훗날 유학을 진흥시키는 바탕을 마련하였다.

4. 탁월한 문장력으로 외교역량 발휘와 연이은 승진

무신 정권의 마지막 집권자인 최의(崔竩)는 약 11개월밖에 집권하지 못했다. 1258년(고종45) 3월에 대사성 유경(柳璥), 별장 김인준(金仁俊: 혹칭 金俊) 등이 정변을 일으켜 최의를 죽임으로써 최씨 무신정권은 끝이 났다.

최씨정권이 몰락하면서 고려의 대몽관계는 새로운 양상을 맞이하게 되었다. 몽고가 다시 침입하여 당시 강화도에 들어가 있던 왕을 육지로 나오라고 강요하고 태자로 하여금 원나라에 들어와 황제를 알현하라고 재촉한다. 더 이상 항전이 어렵게 된 고려는 몽고의 요구를 받아들이기로 하고 1258년(고종 45) 12월에 박희실(朴希實 생졸년 미상) 등을 몽고에 보내

---

12) 당시에는 아직 '몽고'일 뿐 '원(元)'이라는 국호를 사용하지 않을 때이다.
13) 이점에 대해서는 아래 제Ⅱ부 제4장 「김구의 외교활동」 부분에서 상세하게 논의하기로 한다.

어 강화도로부터 나와 개경으로 환도할 것과 태자를 입조시킬 뜻을 전하였다.14) 1259년(고종46) 4월, 마침내 태자 왕전(王倎: 훗날의 충렬왕)이 원나라에 들어가게 되는데 이때 가지고 간 표전문을 김구가 작성하였다. 김구가 쓴 표전문을 본 원나라 세조 쿠빌라이는 이에 만족함으로써 오랜 전쟁이 끝나고 고려와 몽고 사이에는 사실상 강화가 성립되었다. 이후, 원나라로 보낸 외교문서는 거의 다 김구가 작성하였다. 아울러 그의 탁월한 문재를 활용하여 왕세사(훗날의 충렬왕)와 시를 주고받았는데 이러한 시가『용루집(龍樓集)』에 수록되어 있다.15) 이러한 가운데 김구의 관직은 너욱 현달하여 좌복야(左僕射), 추밀원부사(樞密院副使), 정당문학(政堂文學), 이부상서(吏部尙書)를 거쳐 보문각태학사(寶文閣太學士)를 겸하게 되었다.

1277년 67세에는 세자이사(世子貳師)가 되었으며 유경(柳璥) 등과 함께『고종실록』을 편찬하였다. 1278년 68세에는 참문학사(參文學事)로 자리를 옮겼다가 이해 9월에 생을 마감하였다. 향년 68세. 왕이 명하여 '평장사(平章事)'라는 직함에 맞는 조사(弔詞)와 만뢰(輓誄)를 쓰게 하고 시호를 '문정(文貞)'이라 하였다. 관청이 나서서 장례를 도왔으니 묘는 전북 부안군 변산면 지지포 근처 운산리 마을 뒷산 간좌(艮坐)의 언덕에 있다. 현재 지포 김구 선생의 묘소 일원은 전라북도 문화재로 지정되어 보호를 받고 있다.

---

14) 이익주,「고려 대몽항쟁기 강화론의 연구」,『역사학보』151, 1996, 16쪽.
15) 이제현,『역옹패설』전집1에 이런 기록이 있다. "충렬왕은 세자가 되었을 때 학사 김구·이송진(李松縉), 중(僧) 조영(祖英)과 함께 시를 짓고 화답하는데 그때의 시를 수집하여 만든『용루집(龍樓集)』이 남아있다.(忠烈王爲世子, 與學士金坵, 李松縉, 僧祖英, 唱和有龍樓集)

Ⅱ. 업적

1. 원나라와 소통하는 외교문서를 전담-실리외교, 자주외교 실천

앞서 김구의 생애 부분에서 잠시 살펴본 바와 같이 1259년(고종46) 4월, 고려 원종의 태자 왕전(王倎: 훗날의 충렬왕)이 원나라 황제의 소환에 응하여 원나라에 들어가게 되는데 이때 가지고 간 표전문(表箋文:황제에게 보내는 외교문서)을 김구가 작성하였다. 원나라 황제가 이 표전문에 만족함으로써 고려와 원나라는 강화를 맺고 평화를 맞게 된다. 이에, 원종은 "동방에서 벽성(壁星:문운을 담당하는 별자리) 정기로 태어나 서쪽 중국의 문장 고수들을 제멋대로 주무르는구나."라고 말하며16), "지난번 몽주(蒙主: 몽고 원나라 황제)가 조서에서 말하기를 '올린 글의 뜻이 간절하고 간곡하다'는 말까지 했으니 경이 지어 올린 표전문이 몽주를 감동시키지 않았다면 그가 그런 칭찬을 했겠느냐"고 하면서 김구를 중용하였다.17) 이후에도 김구는 원나라에 보내는 외교문서인 표전문을 전담하게 되었는데 표전문을 보낼 때마다 고려의 자존심을 지키는 가운데 실리를 취하는 내용의 문장을 작성하여 원나라 황제를 설득함으로써 성공적인 외교를 주도하였다.

김구가 이처럼 성공적인 외교를 할 수 있었던 것은 일찍이 김구가 30세의 젊은 나이에 몽고에 갔을 때 금나라의 유민으로써 당시 원나라 세조 쿠빌라이의 큰 관심을 샀던 왕악(王鶚)과 교유관계를 가짐으로써 이후, 쿠빌라이의 최측근이 된 왕악과 교유를 지속하면서 표전문을 올릴 때마다 왕악

---

16) "稟東壁之精, 擅西京之手." 위 김구신도비문 및 『지포선생문집』 「연보」 부분 참조.
17) 「원종불윤비답부(元宗不允批答附)」, 『지포선생문집』 권2, 315쪽.

에게 사신(私信)을 함께 보내어 왕악으로 하여금 쿠빌라이를 설득하도록 부탁하였기 때문인 것으로 보인다. 즉 원나라의 실세 신하를 통한 로비(lobby)를 함으로써 고려에 이로운 성공적인 외교성과를 거양한 것이다. 왕악과의 이러한 교류는 현존하는 『지포선생문집』에 실린 두 통의 「여왕학사서(與王學士書)」, 즉 김구가 왕악에게 보낸 편지가 충분히 증명해 보이고 있다.18) 김구 신도비에는 다음과 같은 기록도 있다.

> 계유년(1273, 63세) 가을에 왕이 여러 신하들을 거느리고 원나라 황제의 생일을 축하하는 자리를 가졌을 때 내시 강윤소(康允紹)가 원나라의 다루가치(達魯花赤)에 아부하여 그로 하여금 호복(胡服)을 입은 채 곧바로 들이오게 하였다. 그러자 다루가치는 자신을 원나라 사신과 같은 신분에 견주어 왕을 보고서도 절을 하지 않았다. 이에, 공이 꿋꿋이 꺼림을 캐물었다. 다루가치가 크게 노하였으나 공은 조금도 동요함이 없었다, 당시 사람들이 다 공의 말이 옳다고 여겼다.19)

같은 기록이 『고려사』에도 명백하게 기록되어 있다.20) 김구는 표전문을 올릴 때는 비굴하지 않으면서 황제의 비위를 상하게 하지 않은 문장으로 실리를 추구하면서도 원나라의 사신이나 원나라가 고려의 내정을 간섭하기 위하여 설치한 민정 담당자인 다루가치에 대해서는 자주적인 입장에

---

18) 김병기, 『무안김씨 연구』, 도서출판 다운샘, 2019, 222-243쪽 참고.
19) 여기까지는 『고려사절요』 제19권, 원종 순효대왕 2년의 기사에도 수록되어 있다. 이하의 내용은 『고려사』 김구의 열전에 수록된 내용이다.
20) 『고려사』 권106 열전19 김구전, "王膂賀聖節, 達魯花赤率其屬立於右, 內豎卜將軍康允紹阿附達魯花赤, 亦率其薰, 胡服直入, 自比客使, 見王不拜, 及王拜, 一時作胡拜, 王怒, 不能制 有司亦莫敢詰. 坵劾之甚力, 達魯花赤怒曰: "允紹先開剃, 違上國之禮, 而反劾耶? 將危之或以告.", 坵曰: "吾寧獲譴, 豈可不劾此奴耶!"

서 단호하게 대함으로써 고려의 자존심을 세우려는 의지를 보인 것이다.

김구의 이러한 외교 태도와 역량은 그의 장자인 김여우(金汝盂 생졸년 미상)에게 그대로 영향을 끼쳐 김여우는 우리나라 역사상 매우 큰 외교적 업적을 남겼다. 바로 고려와 원나라 사이에 결혼동맹을 성사시킴으로써 고려가 '고려'라는 국호를 그대로 사용하고 '왕씨(王氏)' 왕통을 그대로 이어갈 수 있게 한 것이다. 고려는 막강한 제국인 몽고의 침입 앞에 어찌할 수 없는 상황에 처하자 최선의 방책으로 '결혼동맹'이라는 방법을 택하여 고려의 국호와 왕권과 왕통을 잇고 지키면서 비록 몽고의 영향을 받기는 했지만 사실상 독립국의 위상을 유지할 수 있었다. 이처럼 중요한 '결혼동맹'을 성사시킨 사람이 바로 김구의 장자 김여우인 것이다. 실지로 원 황제 무종은 "지금 천하에서 자기의 백성과 사직을 가지고 왕위를 누리는 나라는 오직 삼한(三韓: 당시 고려를 지칭한 말) 뿐이다. 선왕 때부터 생각하면 거의 100년에 가까운 기간 동안 부자(父子)가 계속 우리와 친선 관계를 맺고 또 서로 장인과 사위 관계가 되었다. 고려는 이미 공훈을 세웠고 또한 친척이 되었으니 응당 부귀를 누려야 할 것이다"21)라고 했다. 사실 이때에 몽고의 정복 아래 있었던 유라시아 대륙에 다른 나라는 다 결혼동맹을 맺지 못하여 국호를 상실하고 왕통이 끊긴 데에 반해 고려는 결혼동맹에 성공함으로써 몽고제국의 직할령에 복속되지 않고 원나라와 더불어 독립국의 지위를 가지게 되었던 것이다. 이후, 충선왕 때에 이르러서는 고려가 원나라 황제의 황위 쟁탈전에도 관여할 정도로 영향력을 갖게 된다. 충선왕은 심양왕(瀋陽王: 만주 일대를 관할하는 왕)과 고려왕을 겸직하기도 하는데 이로써 사실상 한반도와 요동을 관여했다고도 할 수 있다. 이러한 사실로 볼

---

21) 『고려사』 권337 세가, 충선왕 2년 7월. "朕觀, 今天下, 有民社而王者, 惟是三韓. 及祖宗而臣之, 殆將百載, 厥父舊而子復肯播, 曰我舅則吾謂之甥, 旣勳以親, 宜貴與富."

때 몽고와의 결혼동맹이 이루어진 이후, 고려의 왕은 결코 식민지의 왕이 아니었음을 알 수 있다. 고려는 몽고와의 결혼동맹을 통하여 몽고 점령지 내에서 유일하게 국호를 유지하고 왕통을 이어가며 사직을 보존하는 나라로 존재하며 독립국의 지위를 누린 것이다.

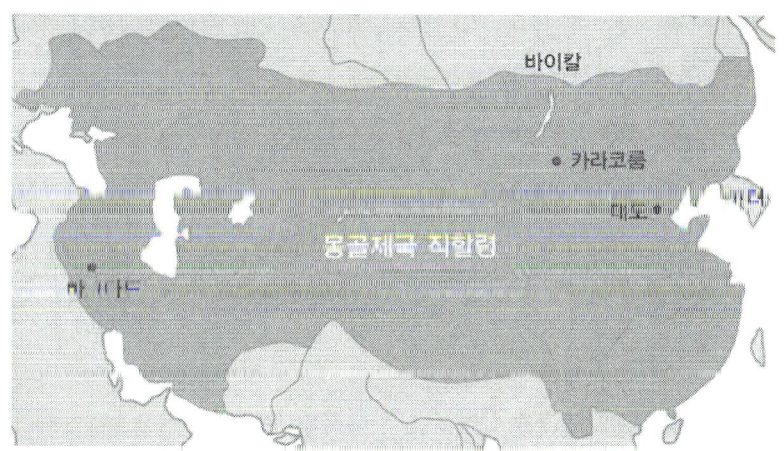

사료 57 몽고제국 직할령과 고려 - 김운회, 『몽고는 왜 고려를 넘방시키시 않았나』, 역사의 아침, 2015, 90쪽에서 따옴

김구의 아들 김여우가 원나라에 4년 동안 머물며 황제를 설득하여 결혼동맹을 성사시킨 사실에 대해 좀 더 구체적으로 살펴보기로 한다. 「김구 연보」에는 다음과 같은 기록이 있다.

> 8월 무진(戊辰), 아들인 한림학사 여우(汝盂)가 세자를 수행하여 원나라에 사신으로 갔다가 돌아왔다.22)

---

22) 『지포선생문집』 부록, 연보 "八月戊辰, 子翰林學士汝盂, 隨世子還自元."

그리고 이 연보의 주에는 다음과 같은 설명이 있다.

    6월 기해(己亥)에 충렬왕이 세자로서 인질이 되어 원나라에 들어가게 되었다. 공의 아들인 여우가 한림학사로서 세자를 수행하여 원나라 조정에 들어가 세자의 혼인을 청하였다. 이후 4년 동안 혼사를 성사시키는 데에 큰 공헌이 있었다.23)

그런데 이 부분과 관련하여 『고려사』에는 다음과 같은 기록이 있다.

    6월 기해(己亥)일. 세자 왕심(王諶)을 몽고에 질자(質子)24)로 보내면서 상서우승 송분(宋玢), 군기감 설공검(薛公儉), 호부랑중 김서(金愭) 등 20명으로 하여금 호종하게 하고 또 추밀원부사 이창경(李昌慶)을 시켜 여행길을 호위하게 했다. 그 편에 보낸 표문은 이러했다. "저로부터 재상들에 이르기까지 각자의 자제들을 번갈아 입시(入侍)시키기로 결정하고, 먼저 세자 및 조정신하의 맏아들 20명과 각 관청의 직원 1백 명을 보냅니다."25)

---

23) 『지포선생문집』 부록, 연보 "六月己亥, 忠烈王以世子入質于元, 公之子汝孟以翰林學士隨行, 爲世子講婚於元朝, 周旋四載, 多有勳勞矣."
24) 이때의 질자(質子) 즉 인질에 대해서 이승한은 다음과 같은 풀이를 하였다. "이때의 인질은 신체를 구속하는 포로의 신분을 말하는 것이 아니고, 정치 견습을 위한 유학과 비슷하다." 이승한, 『쿠빌라이칸의 일본 원정과 충렬왕』, 푸른역사, 2009, 213쪽.
25) 『고려사』 권27 세가, 원종 12년 6월. "己亥 遣世子諶, 入質于蒙古, 尙書右丞宋玢, 軍器監薛公儉, 戶部郞中金愭等二十人從之, 又命樞密院副使李昌慶, 調護其行. 表奏云, "自臣至于輔相, 欲令子弟相遞入侍, 而先遣世子與衣冠胤冑二十人, 衙內職員百人進詣." 丁未 王受菩薩戒于內殿."

이때 김여우는 당시 이부상서로서 조정의 신하였던 아버지 김구의 맏아들 자격으로 세자를 수행하여 원나라에 들어간 것이다. 원나라에 들어간 김여우는 한림학사로서 원나라 황제에게 문한을 올려 세자와 원나라 공주와의 결혼을 주선하는 데에 특별한 공을 세웠다. 이로 인해 김여우는 충렬왕으로부터 공신녹권인 단권(丹券)을 하사받았다.

> 병술년에 충렬왕이 원세조의 딸 아평공주에게 장가들었다. 6월 계해 원종이 승하하였다. 8월 무진 충렬왕이 우리나라로 돌아와 즉위하였다. 그리고 여우(汝孟)에게 단서(丹書)를 하사하였는데 그 단서에 의하면 "신미년에 내가 사직을 안정시키기 위하여 원나라 조정에 들었을 때 아주 험하고 어려움을 당했는데 그대는 오로지 나라만 생각할 뿐 집안을 돌보지 않고 애써 노력하여 나를 수행함으로서 4년 내내 한 마음으로 나를 모살펴 주었다 뿐만 아니라 천자의 나라에 혼인을 청하여 혼인이 이루어짐으로써 다시 이 땅에 영광이 비추게 되었다. 이에 나는 그 공로를 치하하고 너의 수고로움을 기록으로 남기고자 한다."고 하였다. 이 단서 목판은 현재 노동서원에 보관되어 있다.26)

이때, 김여우와 함께 원나라에 들어간 송분(宋玢), 설공검(薛公儉), 김서(金愃), 이창경(李昌慶) 등에 대해서는 『고려사』, 『고려사절요』 등에 별다른 기록이 없으며, 세자와 원나라 공주의 결혼을 성사시키는 데에 공을 세웠다는 이유로 단권을 받은 사람은 아무도 없다. 단서를 받은 사람은 오로지 김여우 한 사람 뿐이다.27) 이러한 점으로 보아 김여우가 원나라와

---

26) 『지포선생문집』 부록, 연보 "丙戌, 忠烈王得尙元世祖女安平公主. 六月癸亥, 元宗薨. 入月戊辰, 忠烈王東還卽祚. 賜汝孟以丹書, 其略曰, 奧辛未歲, 寡人爲安社稷, 入侍天庭, 備嘗險阻之時, 爾國耳忘家, 勤勞隨從, 至于四年, 終始一心, 輔尊寡人, 請婚天戚, 復整三韓, 流榮萬國, 朕嘉其功. 而記其勞. 丹書錄倦板, 留在道東書院."

고려 사이에 결혼 동맹을 체결하는 데에 특별히 큰 공을 세웠음을 짐작할 수 있다.

이에, 충렬왕은 김여우에게 특별히 공신녹권인 단권(丹券)을 하사하는데 2012년, 전북 부안군 연곡리에 소재한 부안김씨 군사공파(郡事公派) 재실인 취성재(聚星齋)에서 이 단권의 목판과 인쇄본이 발견됨으로써 김여우가 결혼동맹을 성사시키는 과정이 소상하게 밝혀지게 되었다. 발견된 단권의 내용은 다음과 같다.

---

27) 철권(鐵券)을 받은 사람도 다음 두 경우뿐이다. ○ 도첨의찬성사로 벼슬을 마친 김부윤(金富允)이 졸하였다. 부윤은 군졸 출신으로 소박하고 겉치레가 없으며 성품이 공정하였다. 일찍이 왕을 따라 원 나라에 들어갔었는데, 비록 험난한 국면을 당하여도 절조를 지켜 굽히지 않았다. 원나라 세조가 그의 명망을 알고서 정동성 관원에 제수하였고, 우리 왕은 그에게 철권을 주었다.(都僉議贊成事致仕金富允, 卒, 富允, 起自卒伍, 質樸無華, 稟性公正, 嘗從王入元, 雖値險難, 執節不移, 世祖知其名, 授征東省官, 王賜鐵券.)『고려사절요』제22권 충렬왕 4(계묘 29년).
○ 최영(崔瑩)에게 해도도통사(海道都統使)를 겸하게 하였다. 영(瑩)이 우(禑)에게 아뢰기를, "신이 일을 맡은 것이 이미 많은데, 또 해도를 도통(都統)하면 신이 감당하지 못할 듯합니다. 또, 지금 전함이 겨우 1백 척밖에 안 되며, 수졸은 겨우 3천 명입니다. 만일 군사를 출동시킨다면 1만 명은 써야 하는데, 창고가 모두 비었으니 어떻게 공급한단 말입니까." 하였다. 우가 이르기를, "방비하고 막는 일이 급하므로 부득이 경으로 겸하게 하는 것이니, 굳이 사양하지 말라. 또 우리나라의 군수(軍需)로써 1만여 명의 군사를 먹이기가 참으로 어려우니, 경은 3천 명의 군사를 써서 한명이 백 명을 감당하게 하라." 하였다. 영이 아뢰기를, "신이 이미 늙어서 제때에 배알하지 못하는데, 이제 다행히 나와 뵈었으니 한 말씀 드리겠습니다. 전하께서는 조심하고 공경하고 두려워하소서. 백성의 편안하고 위태한 것이 모두 주상의 마음에 달려 있습니다." 하였다. 우가 영의 공을 녹(錄)하여 철권(鐵券)을 내려주었다.(以崔瑩, 兼海道都統使, 瑩, 白禑曰, 臣任事旣多, 又都統海道, 臣恐不堪, 且今戰艦纔百艘, 戍卒僅三千, 臣若行師, 當用兵萬餘, 倉廩眞竭, 何以供億, 禑曰備禦事劇, 不獲已, 以卿兼之, 其無固辭, 且以吾國軍需, 餉萬餘兵誠難矣, 請卿用三千, 使一當百, 瑩曰臣已老, 不得以時上謁, 今幸進見, 請陳一言, 願殿下操心惕厲, 百姓安危, 皆繫上心, 禑尋錄瑩功, 賜鐵券.)

고려 형조판서이자 종2품 동지사의 한 직책인 밀직사사 겸 문한학사인 김선생이 받은 단권서는 다음과 같다.

황제의 음덕 속에서 상주국 개부의동삼사이자 정동행중서성 좌승상이며 원나라의 부마로 나아간 고려 국왕은 일등공신이며 조봉대부이고 시위위윤이며 세자우찬회인 김여우를 위로하고 치하하며 말하노라.

한나라 당나라 이래로 본조(이 나라)에 이르기까지 신하에게 특별한 공이 있거나 크게 열사다운 행실이 있으면 특별히 '단권(丹券)'을 하사함으로써 두터이 상을 내렸다. 이는 나라가 존재하는 곳에서는 어디에서라도 행해시던 공동의 제도로서 잘한 일을 칭송함으로써 후손들에게도 그러한 선행을 하게 하기 위해서이니라. 그런데 옛적에 공저을 인정받은 신하들을 일펴보았더니 대부분 변경에서 적과 대치하다가 승리를 한 경우나 조정에서 제도를 변경하였거나 정책을 정착시킬 경우들이었다. 신미년 이래로 과인이 사직을 안정시키기 위해 원나라에 갔을 때 늘 험난한 일들이 있었는데 그대는 오직 나라만을 생각할 뿐 사사로이 자신의 집안일은 생각지 않은 채 부지런히 노고를 아끼지 않고 나를 따라 보필하였다. 4년 내내 처음이나 끝이나 한결같은 마음이었는데 또 과인이 바라는 천자의 나라에 내한 청혼을 잘 도와 성사시킴으로써 김훤(고려)을 제대로 세우고 그 광영이 만국에 흘러 미치게 하였다. 이에, 지금에 이르도록 짐은 그 공음 시매에 생각하며 그날의 영광을 기억하면서 단권을 내리고 아울러 밭갈이 일꾼과 노비를 하사함으로써 조략하게나마 그대의 충성에 보답하고자 한다. 그러나 이 정도로서는 공이 큰 데 비해 상이 너무 미약하여 늘 이점을 겸연쩍게 생각하고 있었다. 그런데 듣자하니 상국(승국＝원)에서는 공신에게 상을 주는 제도에 범법행위를 해도 법의 제재를 받지 않도록 용납하는 제도가 있다고 한다. 비록 아홉 번 법을 어겨도 끝내 벌을 내리지 않고 열 번째 범법에 이르러서야 부득이 그 죄를 논한다고 한다. 그의 자손에 대해서도 이와 같이 대한다고 한다. 이에, 나는 오늘 이와 같은 상국의 제도에 따라 이 제도를 확실하게 시행하여 변하지 않게 하고자 한다. 그러므로 그대는 비록 큰 죄를 저지르더라도 10회를 넘지 않으면 사면하여 죄를 묻지 않겠다고 서약하노라. 장차 그대의 자손들도 그러한 혜택을 영원히 받을 것이다. 하물며 내가 직접 정치를 하고 있는 지금에 있어서는 이 서약을 의심할 여지가 없을 것이다. 내 뒤를 잇는 군왕들도 마땅히 내 뜻을 이어 따름으로써 이 제도를 굳건히 지키도록 하여 후사 군왕과 김여우의 후손이 함께 경사를 누리면서 나라를 영원히 보존하도록 하여라. 이에, 조서를 내리는 바이니 모두가 다 알았으리라고 믿는다. 지원(至元) 29년 (1292) 임진 12월 일

麗朝 刑部尙書 同知密直司事兼文翰學士金先生受 賜丹券書曰:
皇帝福蔭裏, 特進上柱國 開府儀同三司 征東行中書省 左丞相 駙馬 高麗國王 諭一等功臣 朝奉大夫 試衛尉尹 世子右贊懷金汝盂. 自漢唐已來至于本朝, 臣下有殊功茂烈, 則特賜丹券, 用示厚賞. 此乃有國有家者之通制, 所以旋善勸後也. 然觀古代臣子之功, 徒以邊境上對敵決勝, 或朝廷間制變定策之功耳. 越辛未歲, 寡人爲安社稷八侍 天庭, 備嘗險阻之時, 爾國耳忘家, 勤勞隨從, 至于四年, 終始一心, 又輔尊寡人, 請婚天戚, 復整三韓, 流榮萬國. 式至今日之休, 朕嘉其功, 記其榮, 賜以丹券, 仍給田丁奴婢, 粗答忠誠. 然而功大賞微, 常有歉然之意. 謹聞 上國賞賚功臣之制, 容有犯禁不加於法, 雖至九犯, 終不之罪. 及至十犯, 不得已論之. 至於子孫亦如之. 今欲循 上國之制, 碻(確)行而不變. 爾雖有大犯, 若不踰十犯, 誓於赦宥, 將使後世子孫永受其賜, 當予苞政之時, 無復置疑. 至於後嗣君王, 宜遹遵朕意, 堅行此制. 但欲都兪相慶, 永保國家耳. 故茲詔示, 想宜知悉. 至元二十九年 壬辰十二月日.28)

---

28) 본 단권을 해석함에 있어서 일부 난해한 단어를 주해로 제시한다. *동지(同知): 고려때, 중추원(中樞院)·추밀원(樞密院)·밀직사(密直司)의 종2품 관직, 자정원(資政院)의 정2품 관직, 춘추관(春秋館)의 종2품 이상의 관직을 일컫는다. *상주국(上柱國): 삼국시대와 고려 때의 훈위의 첫째 등급이다. 상주국, 주국(柱國)의 두 등급이 있

김여우의 노력으로 맺은 원나라와의 결혼동맹이 고려의 국호를 지키고 왕통을 계승하며 사직을 보존할 수 있게 하는 데에 결정적인 역할을 하였고 또 당시 몽고가 장악하고 있던 아시아 지역의 국가 판도에서 몽고의 침략이 미치지 못한 베트남과 일본을 제외하고는 오직 몽고와 고려만 있었다는 점을 상기한다면 이 「문한공단권」에 나타난 김여우의 외교활동은 우리 역사에서 특기되어야 할 것이다.

2. 인재 양성을 위한 참외문신(參外文臣) 재교육 제도 제안

김구의 신도비명에는 다음과 같은 기록이 있다.

> 없는데, 신라 진평왕(眞平王) 46년(624)에 당고조(唐高祖)가 사신을 보내어 왕에게 주북을, 민닉왕(憲德王) 즉위년(809)에 당헌종(唐憲宗)이 왕에게 성주국을 각각 봉하고, 백제 의자왕(義慈王) 즉위년(641)에 당태종(唐太宗)이 왕에게 주국을 봉하였으며, 신라 진성왕(眞聖王) 때에 견훤(甄萱)이 스스로 상주국이라 칭하였고, 고려시대에는 문종(文宗) 때에 상주국을 정2품으로, 주국을 종2품으로 정하였다가 충렬왕(忠烈王) 이후에 폐하였다. *개부의동삼사(開府儀同三司): 고려 때 가장 높은 정1품의 문관 품계이다. *정동행중서성(征東行中書省): 정동행성(征東行省)이라고 고치기 전의 이름이다. 원나라가 고려 개경에 두었던 관청의 이름이다. 원세조가 일본을 정벌할 때에 처음에는 정동행중서성이란 관부를 개경에 설치하여 일본 정벌에 관한 사무를 행하다가 일본 정벌을 그만둔 뒤로는 그것을 정동행성으로 고쳐 원나라의 괴뢰를 내주(來駐)시키고 고려의 내정을 감시 내지 간섭하게 했다. *좌승상(左丞相): 충렬왕은 원 세조 쿠빌라이로부터 중서좌승상행중서성 성사(省司)를 제수받았다. *조봉대부(朝奉大夫): 고려말기 정1품의 품계이다. *유(諭). 밀하다. *시위위윤(試衛尉尹); 시위(試衛)는 왕의 측근에서 호위하는 직책으로서 숙위(宿衛)를 일컫는 말이다. 숙위의 대상은 장군이나 무관 군사만이 아니었고 재신(宰臣), 추밀(樞密)들도 일정 기간마다 번갈아 궁궐에서 숙직했다. 숙위방식과 담당군사의 종류는 정치 상황과 시기에 따라 자주 바뀌었고 고려 충렬왕 때는 사대부의 자제를 뽑아 숙위를 담당하게 했는데, 이를 홀치(忽赤)라고 했다. 윤(尹)은 우두머리라는 뜻이다. 충렬왕 자신도 원의 황실에서 숙위를 한 적이 있다. *세자우찬회(世子右贊懷): 관직명이다. 찬회(贊懷)는 찬선(贊善), 친익(贊翼) 등과 통하는 벼슬 이름으로 보인다. *지원이십구년(至元二十九年): 서기 1292년이다. 충렬왕은 1274년으로부터 1308년까지 재위했다.

그 해(계유년1273, 63세) 겨울에 참지정사(參知政事)로서 지공거(知貢擧: 과거를 관장하는 주 시험관)를 제수받아 정현좌(鄭賢佐) 등을 발탁하자 사람들이 모두 그가 사람을 제대로 뽑은 점에 수긍하고 탄복하였다. 이때 공이 왕에게 건의하여 "후학들이 과거에 실패하고 나면 공부하는 것을 완전히 포기해버리기 때문에 요즈음 저술이 매우 거칠고 초라합니다. 청컨대 '참외문신(參外文臣)'에 대한 재교육제도를 두어 공부시킴으로써 저술에 능한 사람에게는 상을 내리도록 하시옵소서."라고 히였다.29)

김구가 지공거를 맡아 훌륭한 인재를 발탁한 것은 원종 14년 10월의 일이다.『고려사절요』에도 이 기록이 있다.30) 이처럼 인재를 직접 선발하는 임무를 수행하면서 김구는 국가적인 차원에서 장기적인 안목을 가지고 인재를 양성해야 할 필요성을 절감하고 참외문신(參外文臣)에 대한 재교육제도를 제안한 것이다. 김구가 이러한 건의를 했다는 사실을 통해 국가공무원의 자질향상이야말로 국가를 다스리는 핵심과제라고 생각하고 공무원들의 자질을 향상시키기 위해 김구가 했던 고심을 짐작할 수 있다.

3. 성리학의 도입에 선도적 역할

우리 학계에서 진행되어온 성리학의 도입 시기와 주도 인물에 대한 연구는 거의 대부분 주희(朱熹) 성리학을 중심으로 안향(安珦)이 주희 성리학

---

29) 「신도비명」 "癸酉秋, 王率羣臣賀節, 內豎康允紹, 阿付達魯花赤, 胡服直入, 自比客使, 見王不拜, 公劾之, 達魯花赤大怒, 公終不動, 時論韙之. 冬, 以參知政事除知貢擧, 取鄭賢佐等, 士林咸服其得人. 公建言: "後生決科, 全抛文字, 著述甚魯莽, 請試製參外文臣, 賞其能者." 王允之. 甲戌, 陞拜平章事, 乙亥改僉議府贊成事判版圖同事."

30) 『고려사』 권73 지(志) 권27. "十四年十月 叅知政事金坵知貢擧, 右承宣李顓同知貢擧, 取進士, 賜鄭賢佐等二十九人 · 明經一人及第."

을 도입했다는 데에 초점을 맞추고 진행되어 왔다. 그러나 안향 한 사람에 의해 주자 성리학이 도입되었음을 강조하는 주장에는 적지 않은 문제가 있다. 고려의 성리학은 이미 북송 성리학의 유입이라는 바탕 위에 남송 성리학 역시 '비일시비일인(非一時非一人)' 즉 어느 한 시기에 어느 한 사람에 의하여 '도입'된 것이라고 하기보다는 당시 사회의 시대적 요구에 의해 여러 사람들의 다양한 관심과 노력의 결과로 자연스럽게 '유입(流入)'되었다고 하는 것이 보다 더 타당하다고 생각한다. 왜냐하면 하나의 외래문화가 수입되어 정착하기 위해서는 그것을 정착하게 하는 사전 분위기가 조성되어야 하기 때문이니, 사회 분위기가 조성되어 있지 않은 상태에서는 어느 한 사람이 아무리 강한 의지를 가지고 어떤 문화를 수입해 왔다고 하더라도 그것이 뿌리를 내리기가 쉽지 않다. 안향은 이러한 '유입'의 과정에서 나름의 역할을 한 것으로 보는 것이 타당할 것이다.

이러한 관점에서 보자면 지포 김구야말로 고려의 유학 부흥과 성리학 유입에 매우 큰 역할을 한 인물이라고 할 수 있다. 김구는 고려 말에 내적으로는 본래 고려에 존재하던 유학(儒學: 孔·孟 중심의 유학과 함께 북송 유학을 포함한)을 부흥시키는 데에 노력하였고 외직으로는 원나라로부터 남송 성리학이 유입되는 분위기를 만들었거나 직접 도입에 나선 것으로 볼 수 있는 여러 행적들을 남기고 있기 때문이다. 김구는 당시에 이미 불교가 가진 한계를 자각했으며, 원나라에 사신으로 다녀오면서 당시 원나라의 남송유학 수용 상황을 직접 확인할 수 있었을 것이라는 점, 그리고 원나라의 유학자로 유명한 왕악(王鶚)이라는 인물과 각별한 교유가 있었다는 점 등에서 유학을 진흥하기 위해 노력한 인물임에 분명하다. 또 그가 남송 성리학의 학문적 면모를 식접 경험했을 수 있다고 판단하기 때문에 그를 주희 성리학이 '유입'될 수 있는 분위기를 조성하여 유입의 바탕을 다진 인물, 나아가서는 주희 성리학을 도입하는 데에 큰 역할을 한 대표적인 인물로 볼 수 있는 것이다.

김구는 우선 지나치게 난만한 불교를 대신할 사상으로 유학의 부흥이 필요하다는 점을 인식하고 있었기 때문에 당시 무신 정권의 권신인 최항이 「원각경」을 새기면서 그에 대한 발문을 지으라고 하자, "벌은 노래 부르고 나비는 춤추며 온갖 꽃이 새로이 피어나니, 이 모든 것이 다 화장세계(華藏世界: 불국정토)여서 그 안에 온갖 아름다움이 다 깃들어 있구나. 종일토록 원각경 설법한답시고 중얼거리느니, 입을 봉한 채 남은 봄이나 잘 보내는 것이 훨씬 나으리라."라는 시를 지음으로써 최항이 불교를 자신의 영달을 비는 목적으로 사용하는 것에 대항하였다. 이로써 김구는 최항의 미움을 사서 출척 당했었다.31)

이처럼 김구는 유학을 진흥하고자 하는 강한 의식이 있었으며 당시 신흥 사대부로서 지나치게 난만한 불교를 벗어나 새롭게 사상을 혁신하고자 하는 의지가 강했기에 사실상 파직이라는 불명예와 불이익을 당하면서도 그런 의지를 실천으로 옮길 수 있었다.

유학을 부흥하고 성리학 유입의 터전을 만들고자 하는 김구의 의지는 그의 이름과 자(字)와 호(號)에도 나타나 있다. 이름 '구(坵)'는 공자의 성명인 '공구(孔丘)'의 '丘'와 완전히 같은 글자이다. '丘'가 공자의 이름 글자가 된 후, 사람들은 공자를 존경하는 의미에서 '丘'자를 함부로 사용하지 않았다. 이런 이유로 '언덕'이라는 의미를 나타내는 글자를 다시 만들 필요를 느껴 후기자(後起字)로서 '丘'에 '토(土)'를 덧붙인 '坵'자가 만들어지게 되었다. 그러므로 '丘'와 '坵'는 사실상 같은 글자이다.

---

31) 『고려사』 권106 열전19 김구전. "崔沆雕圓覺經令坵跋之坵作詩曰, 蜂歌蝶舞百花新, 摠是華藏藏裏珍. 終日啾啾說圓覺, 不如緘口過殘春. 沉怒曰 謂我緘口耶 遂左遷."

이름은 본래 부모가 지어주는 것이다. 그런데 김구의 초명은 백일(百鎰)이었다. '일(鎰)'은 무게를 재는 단위로 쓰이는 글자이다. 그러므로 '百鎰'은 곧 '100鎰'이다. 성격적으로도 중후하고 국가와 사회를 위해서도 무게감이 있는 일을 하라는 의미에서 그런 이름을 지어주었을 것이다.[32] 그런데 그 이름을 버리고 다시 공자의 이름과 사실상 같은 '坵'라는 이름을 짓게 된 것은 공자와 같은 사람이 되라는 부모의 당부가 담겼거나 아니면 공자와 같은 사람이 되겠다는 본인의 강한 의지를 반영한 것이라고 할 수 있다. 김구의 자는 '차산(次山)'인데 이름을 '언덕'을 뜻하는 글자인 '坵'로 지었기 때문에 자는 언덕과 비슷한 의미인 山자를 취해서 次山이니 라 한 것이다. 왜냐하면 자를 짓는 관례상 자는 반드시 이름과 관련이 있어야 하기 때문이다.[33] '次山'은 '두 번째 산'이라는 뜻이기도 하고 '다음 산'이란 뜻이기도 하다. 김구는 공자를 산처럼 높은 인물로 보고 자신을 '공자 다음의 두 번째 산' 혹은 '공자의 뒤를 이을 공자 다음의 산'이라는 의미를 취하여 '次山'이라는 자를 취한 것이다. 유학 부흥의 포부와 자부심을 자에 담은 것이다. 김구의 호(號)인 지포(止浦)는 성리학에서 중요시하는 텍스트의 하나이며 주자 성리학의 근간을 이루는 『대학(大學)』에 나오는 3강령 중 최후 완성단계인 '지어지선(止於至善: 지극한 선에서 멈춤)'에서 '止'자를 택하여 지

---

[32] 김구의 성씨인 부안김씨의 관시조 마의태자 김부대왕의 휘가 '鎰'임은 앞서도 밝힌 바 있다. 김구의 본성명 金百鎰에는 선조인 김부대왕 金鎰보다도 100배 이상 훌륭한 일을 하라는 의미도 담겨있다고 할 수 있다.

[33] 예를 들자면, 삼국시대 촉나라의 승상 제갈량(諸葛亮)의 자는 공명(孔明)이다. 이름 글자의 亮(밝을 량)과 자 글자의 明(밝을 명)이 다 '밝다'는 의미를 갖고 있어서 뜻은 상동의 관계에 있다. 당나라 때의 대 문장 한유(韓愈)의 자는 퇴지(退之)이다. 이름 글자의 愈(…보다 나을 유)와 자 글자의 '退(물러날 퇴)'가 서로 상반의 관계에 있다. 김구의 이름 '坵'와 자 '次山'의 山이 다 '언덕, 산'이라는 의미이므로 서로 상동관계에 있다.

었다. 뒷글자로 '浦(포구 포)'를 택한 것은 김구의 원래 고향이 바닷가인 전북의 부안이었을 뿐 아니라, 김구가 원각경을 새기는 사업을 진행하는 권신 최항을 조롱하고 불교를 폄하했다는 이유로 무신집권 세력의 횡포에 밀려 부안 변산의 포구마을에 은거하였기 때문이다. 이 포구마을에서 은거하면서 김구는 자신의 호를 '지포(止浦)'라고 짓고 은거한 포구마을 이름도 '지지포(知止浦)'라고 명명하였다. 2024년 현재도 '지지포' 지명은 그대로 사용되고 있다.

이상 살펴본 바와 같이 김구의 이름과 자와 호에는 유학을 부흥하고 성리학을 수용하겠다는 의지가 짙게 배어 있다. 그런데, 김구가 원나라의 유학자이자 황제의 최측근인 왕악에게 보낸 편지에는 다음과 같은 구절이 있다.

> 합하(왕악)께서 작은 우리나라에 대해서 평소에 "황제의 덕화를 입어 유가의 학풍을 숭상하고 있다."는 말씀을 황제께 줄곧 해주심으로써 황제께서 문득 『조정광기(祖庭廣記)』 한 부를 내려주셨으니 그 특별한 선물로 인한 기쁨뿐 아니라, 우리 유가의 도가 동쪽으로 오게 됨이 또한 기쁩니다.34)

『조정광기』는 원래의 책 이름이 『공씨조정광기(孔氏祖庭廣記)』인데 현존하는 가장 오래된 공씨(孔氏) 가문의 족보이다. 모두 12권으로 공자의 50대손인 원나라 공원조(孔元措 1182 - 약1252)가 편찬하였다. 이 족보는 『가보』와 『조정기』의 두 족보를 기초로 삼고, 『좌전』, 『주례』, 『예기』,

---

34) 『지포선생문집』 권3 서(書) 「여왕학사서(與王學士書)」 "承閤下幸謂小邦, '素蒙皇化, 粗尙儒風者, 久矣.' 輒以祖庭廣記一部垂示, 則不惟榮其異貺, 亦且欣吾道之東矣."

『사기』,『공자가어』 등 30여 종의 사적을 바탕으로 상고하여 오류를 바로 잡고 누락된 부분을 보충하였다. 뿐만 아니라 앞에 도상을 넣고, 새롭게 배열하고, 옛 비석의 전문을 기재하기도 했다. 금나라 황통(皇統), 대정(大定), 명창(明昌) 연간에 이르기까지 공씨 가문 사람들의 전기와 금나라 조정이 공씨 가문의 후예들을 특별히 총애하여 예우한 내용까지도 기록하고 있어 공씨 가문의 내력과 역사를 연구하는 저서로서의 가치가 높다. 현재 북경도서관에 소장되어 있다. 이처럼 중요한 책을 김구의 사신(私信)을 받은 왕악이 황제에게 진언함으로써 황제가 특별히 이 책을 고려에 보낸 것이다. 김구가 왕악에게 보낸 편지에서 유학을 '오도(吾道)' 즉 '우리의 도'라고 표현한 점으로 보아 그러기 당시에 유학 부흥에 믿쓰고 있었음을 알 수 있으며, 황제로부터『조정광기』를 선물 받음으로 인하여 "유사의 도가 드디어 동쪽 우리나라로 오게 되었다."고 생각한 김구의 자세들 읽을 수 있다. 아울러 훗날 김구를 제향한 서원을 도동서원이라고 명명한 것도 이때 사용한 '도동(道東)'이라는 막과 무관하지 않을 것이라는 추론도 가능하다.

유학부흥을 향한 김구의 열망은 그의 두 아들에게 그대로 큰 영향을 미쳐 장자 김여우(金汝盂)와 4자 김승인(金承印)이 우리나라 최초로 제향 공간과 교육 공간을 겸한 형태의 향교를 강릉에 건립하게 된다.『문헌비고(文獻備考)』에는 다음과 같은 기록이 있다.

> 김여우가 역동(易東) 우탁(禹倬)35)과 함께 경서를 강론하면서 삼국 이래로 유학이 침체하고 있음을 개탄하고 원나라의 중주(中州) 학교를 모

---

35) 본관 단양(丹陽). '역동선생(易東先生)'이라 불렸다. 문과에 급제, 영해사록(寧海司錄)이 되어 민심을 현혹한 요신(妖神)의 사당(祠堂)을 철폐하였다. 당시 원나라를 통해 들어온 정주학(程朱學) 서적을 처음으로 해득하여 이를 후진에게 가르쳤다. 네이버 지식 백과.

방하여 학교를 세워서 유학 진흥에 힘썼다. 그가 원나라에 갔을 때, 원나라 황제로부터 "고려에서는 문묘를 세워 공자를 모시고 있는가?"라는 질문에 우선 그렇다고 대답하고는 본국의 강릉 안렴사로 있는 아우 김승인에게 문묘를 세우라고 하여 우리나라의 문묘는 이때부터 비롯되었다.36)

위 문장에 나오는 "원나라 황제로부터 '고려에서는 문묘를 세워 공자를 모시고 있는가?'라는 질문에 우선 그렇디고 대답하고는"이라는 상황은 바로 김여우가 혼인동맹을 성사시키기 위해 원나라에 가서 4년 동안 머물며 외교활동을 하던 때에 있었던 일이다.37) 임기응변으로 원나라 황제에게 고려에도 문묘가 있다고 답한 김여우는 귀국 후(대략 1283년) 서둘러 강릉안무사로 있던 그의 아우 김승인에게 문묘를 지을 것을 독촉한 것이다. 이처럼 『문헌비고』에는 김승인이 고려 최초의 문묘를 세우게 된 배경에 그의 형이자 김구의 장자인 김여우가 있다고 기록되어 있다. 뿐만 아니라, 권문해(權文海)의 『대동운부군옥(大東韻府群王)』에는 "동국에는 예전에 학교가 없었는데 고려 충렬왕 때에 강릉 안무사 김승인이 문묘를 화부산 연적암 밑에 처음으로 세우니, 여러 고을에서 문묘가 잇따라 일어났다"38)는 기록도 보인다. 여기서 유의해 봐야 할 점은 『문헌비고』는 '문묘(文廟)'라는 표현을 하고 있다는 점이다. 문묘와 향교는 다른 개념이다. 문묘는 공자를 제향하기 위한 제향 공간이고 향교(향학)는 학생들을 가르치는 교육 공간이다. 김승인은 강릉에 제향 공간으로서의 '문묘'의 기능과 교육기관으로

---

36) 『증보문헌비고』 제209권 「학교고8 · 향학(鄕學)」 향사의(鄕射儀), 세종대왕기념사업회 역주. 이 내용은 부안군청에서 발간한 『변산의 얼』(1982, 194쪽)에도 수록되어 있다.
37) 위 각주25) 참조. 6월 기해에 충렬왕이 세자로서 인질이 되어 원나라에 들어가게 되었다. 공의 아들인 여우가 한림학사로서 세자를 수행하여 원나라 조정에 들어가 세자의 혼인을 청하였다. 이후 4년 동안 혼사를 성사시키는 데에 큰 공헌이 있었다.
38) 앞의 『문헌비고』, 같은 곳의 주에 인용되어 있다.

서의 '향학'의 기능을 다 구비한 향교를 우리나라 최초로 세운 것이다.

형 김여우로부터 서둘러 문묘를 지으라는 지시를 받은 김승인은 바로 문묘를 짓는 일에 착수했다. 엄밀히 말하자면 기왕의 교육 공간인 향교에 제향 공간인 문묘의 기능을 추가한 새로운 형태의 향교 건립을 추진한 것이다. 『한국민족문화대백과』는 강릉향교의 건립에 대하여 다음과 같은 설명을 하고 있다.

> 강릉향교는 1313년에 강원도안무사인 김승인이 화부산(花浮山) 아래에 실립하였는데, 1411년에 또 소실되자 강릉 대도호부(大都護府) 이맹상(李孟常)이 유지 68인과 발의하여 1413년에 중건하였다.39)

『한국 역대인물 종합정보시스템』은 김승인의 형 「김여우」조에서 김승인과 관련하여 다음과 같이 밝히고 있다.

> 유교이 진흥에 힘써 동생 강릉아럼사 김승인에게 학교를 세우도록 권하여 강릉의 서쪽 화부산의 현적암 아래에 문묘를 짓고, 우리나라 최초의 향교를 세웠다. 시호는 충선이다.40)

『신증동국여지승람』에는 강릉향교와 관련하여 다음과 같은 기록이 있다.

> 강릉도호부 북쪽 3리에 있다. 동쪽 모퉁이에 항아리 같은 바위가 있으며, 항간에서 연적암이라 부른다. 고려 김승인이 존무사가 되어 화부산 밑에다가 처음으로 학사를 창설하였다.41)

---

39) 『한국민족문화대백과』, 한국학중앙연구원. 전자판.
40) 한국 역대인물 종합정보시스템(http://people.aks.ac.kr) 「김여우」 참조.

김승인이 강릉향교를 창건했다는 점은 『강릉향교지』를 통해서도 확인할 수 있는데 『강릉향교지』에는 「문류(文類)」라는 제목 아래 다음과 같은 기록이 있다.

옛날 강릉에 내외 향교가 있었으나 병화로 다 불타버린 뒤 중건하지 아니한 지 200여 년이나 흘러 후세 사람들은 그 터가 어디였던지조차 알 수 없게 되었다. 향교가 없어진 뒤에는 새로 글공부하는 사람들은 학교가 없어 산사 승방에 곁들어 살면서 글공부를 하고 있으니 이는 도리에 마땅치 못하다. 이리하여 내가 새로운 향교를 지으려고 그 터전을 찾던 차에 성 북쪽에서 문장의 세를 갖춘 명당을 얻어 시월부터 몸소 창립의 역사를 감독하였다. 이 공사를 마친지 한 달 만에 여러 고을에서 학생들을 모으고 학덕 높은 장로를 스승으로 모셔 학생들을 가르쳤다. 모든 학생들이 엄숙하고 신실하게 학문을 닦아 윤상(倫常)을 바르게 하므로 내가 이에 느낀 바가 있어서 향교 학생들을 위하여 장구율시(長句律詩) 11운(韻)을 짓는다.

皇慶中興二載秋	황경이 중흥하던 2년(1313년 아유르바르바다) 가을에
偶然人旱忝巡遊	재주 없는 이 사람이 우연히 강릉지역 순무(巡撫)의 역할을 맡았네.
湖山邐迤移三島	호수와 산이 신선의 세 섬(봉래, 방장, 영주)으로 이어진 아름다운 이곳이
烟火蕭條作一州	전쟁 연기로 온 고을이 피폐하여 소슬해졌네.
春誦寂寥稀囀詠	봄날에 책을 읽는 일도 끊겨 적막하고 시를 읊는 일도 드물고
夏絃零落少風流	여름철에 금을 타는 일도 스러지고 풍류도 메말라서

---

41) 『신증동국여지승람(新增東國輿地勝覽)』 제44권 「강릉대도호부(江陵大都護府)·향교(鄕校)」.

詞林過半頹難復	글 짓는 이들의 활동은 대부분 퇴락하여 되살아날 기미가 없고
學舍如今廢不修	학교는 아직껏 폐허로 남아 중수하지 않았네.
鳥革宏模思蘂國	변혁의 큰 생각 그 옛날 번성했던 한민족의 예맥국을 생각하고
螺峰秀氣卜花浮	소라고둥처럼 이러진 산봉우리의 빼어난 기운, 화부산에 터를 잡아
優時號令吾何敢	한뜻으로 일하는 사람들에게 어찌 감히 호령하랴?
不日經營亦孔休	하루도 쉬지 않고 학교 건립 임무를 경영했네.
曲突六間分兩廡	우뚝 솟은 6칸 집에 동서로 양무(兩廡)를 나누어 짓고
雕探百尺起南樓	아로새긴 들보 백 척 높이 남쪽 누대를 세웠네.
年高一柄誨無倦	나이 많은 스님은 학생들 가르치는 데 게으름 없고
雲窨諸生吟更遊	이름처럼 문하는 제생들 글도 잘 읽고 써써하기도 해라
桂窟淸香應入手	단계(丹桂: 영특한 인물)의 맑은 향기를 응당 손에 넣었으리니
杏園佳節已臨頭	은행나무 뜰에(공자가 은행나무 단에서 강의했듯이) 그런 좋은 가르침이 펼쳐질 좋은 시절이 이미 코앞에 다다랐구나.
須知喪喪飛榮踏	학생들이! 교훈새기 기억하세, 속세 뛰고 내달릴 생각 말고
出自孜孜繼晷油	새벽까지 불 밝혀 부지런히 공부하시게,

강릉도 존무사 봉상대부시총부의랑 예문관직제학지제 동지춘추관사(江陵道 存撫使 奉常大夫試摠部議郞 藝文館直提學知製 同知春秋館事) 김승인(金承印)

이상 『한국민족문화대백과』, 『한국 역대인물 종합정보시스템』, 『신증동국여지승람』, 『강릉향교지』 등의 기록이 모두 강릉향교를 "우리나라 최초의 향교"라고 칭하며 이를 본떠 조선팔도에 향교가 건립되기에 이르렀다고 하면서 강릉에 "처음으로 향교를 창설"했음을 강조함으로써 김승인이 세운 강릉향교가 우리나라 최초의 향교인 것으로 말하고 있다. 이때에 김승인이 세운 향교는 교육 기능만을 가진 기존의 향학과 달리 선현에 대한 제향을 겸한 문묘 역할을 하는 새로운 기능의 향교였기 때문에 '우리나라 최초의 향교'라고 한 것이다.

1931년에 발간된 『부안읍지』는 김승인의 강릉향교 건립에 대해 다음과 같은 기록을 전하고 있다.

> 문정공 김구가 안유(安裕)와 더불어 도의를 강마하고 성인의 학문을 펼쳤는데 맏아들 김여우가 여러 고을에 학교가 없는 것을 개탄스럽게 여겨 충렬왕을 수행하고 원나라에 갔을 때 원나라의 학교제도를 살피고 돌아와 그 동생 승인에게 전하였다. 김승인이 강릉안무사로 부임하여 향교를 건립하였다. 이처럼 김승인이 향교를 건립하자 다른 군현들에서 이를 본떠 조선팔도에 향교가 건립되기에 이르렀다.42)

여기서 말하는 안유는 바로 안향이다. 『부안읍지』의 이 기록이 당시의 어떤 사실(史實)을 근거로 기록한 것인지 확인할 수는 없으나 기술된 내용만으로 보자면 지금까지 논의한 내용에 대한 결론으로 삼을 수 있을 만큼 설득력이 있다. 김구와 그의 두 아들이 시기적으로 안향보다 훨씬 먼저 유학 부흥과 성리학 도입을 선도하였고 이로 인해 안향 당시에는 고려에 이미 유학이 융성하는 분위기가 있었기 때문에 충렬왕은 안향에게 유학제거라는 벼슬을 내리게 된 것이다. 이러한 관점에서 보자면, 고려 말에 유학 부흥과 성리학 도입에 공헌한 인물을 꼽는다면 안향에 앞서 김구와 그의 두 아들을 먼저 꼽아야 할 것이다. 따라서, 김구와 그의 아들 김여우를 종사하기 위해 소수서원보다도 9년이나 먼저 창건한 부안의 도동서원은 한국의 유학사(儒學史), 서원사(書院史)에서 각별한 의미를 갖는다고 할 수 있다.

---

42) 『부안읍지』, 「인물편」, 「김여우」 조, 1931.

4. 안향 주벽 소수서원에 대한 김구 주벽 제향 도동서원의 의의

『조선왕조실록』 정조 14년 경술년 2월 13일 갑자일에 다음과 같은 기사가 있다.

> 전라도 유생 박태규(朴泰奎) 등이 상소하기를, "부안현(扶安縣)에는 도동서원(道東書院)이 있으니, 바로 고려 때의 문정공(文貞公) 김구(金坵)를 제사 지내는 곳입니다. 명나라 가정(嘉靖) 갑오년(1534, 중종29)에 창건되었고, 선조(先朝) 병오년(1726, 영조2)에 이르러 증(贈) 영의정 충정공(忠正公) 홍익한(洪翼漢)을 추가로 배향하였습니다. 이는 충정공이 머물러 살았던 곳이고 충정공이 아껴고 좋아하던 곳이기 때문입니다.
> 김구는 고려조에 문교(文敎)가 널리 펴지지 못하여 이단(異端)이 제멋대로 횡행하자 홀로 정도(正道)를 부지히고 사도(邪道)를 배척해서 정학(正學)을 널리 천명히여 우뚝하게 백세의 사표(師表)가 되었습니다. … 하략.[43]

전라도 유생 박태규 등이 부안의 도동서원에 사액해 줄 것을 요청하는 상소의 글이다. 이 상소에서 부안 도동서원의 창건 연대를 명나라 가정(嘉靖) 갑오년 즉 조선 중종 29년, 서기 1534년으로 밝히고 있다. 이 연대는 지금까지 우리나라 최초의 서원으로 알려진 소수서원이 건립된 1543년에 비해 9년이나 앞선 연대이다.

앞서 살펴보았듯이 김구는 고려 말에 유학 진흥과 성리학 도입의 계기

---

[43] 扶安縣有道東書院, 卽麗朝文貞公 金坵俎豆之所也. 創建於皇明 嘉靖甲午(중종 29 1534), 而至于先朝丙午, 乃以贈領議政忠正公 洪翼漢道配焉, 蓋以文貞公杖屨之所憩也, 忠正公遺愛之所寓也. 坵當勝國之際, 文敎未敷, 而異端肆行, 則獨扶正斥邪, 不闡正學, 蔚然爲百世師表. 한국고전종합 DB https://db.itkc.or.kr/

를 마련하는 데에 많은 업적을 쌓은 인물이다. 이처럼 중요한 인물이기 때문에 우리나라 최초의 서원으로 알려진 소수서원(紹修書院)보다 9년이나 앞서 김구를 주벽으로 배향하기 위한 도동서원44)을 건립한 것이다. 건립한 연대로만 보자면 사실상 우리나라 최초의 서원은 소수서원이 아니라 부안의 도동서원이다. 그러나 그동안 우리나라 유학사(儒學史)나 서원사(書院史)에서는 안향(安珦)을 우리나라에 성리학을 도입해온 최초의 인물로 인정하고, 안향을 주벽으로 제향하기 위해 건립한 소수서원을 우리나라 최초의 서원으로 인식해 왔다. 왜 소수서원보다 9년이나 앞서 세워진 부안 도동서원의 의미와 가치는 퇴색하고 소수서원이 우리나라 최초의 서원이라는 인정을 받게 되었을까? 이 문제에 대한 답을 찾는 것이야말로 김구와 그의 두 아들이 생전에 이룬 유학진흥과 성리학 도입을 위한 노력을 제대로 평가하는 길이 될 것이다. 이에, 김구의 업적을 보다 더 면밀히 규명하기 위해 이 장에서는 김구를 주벽으로 제향하는 부안 도동서원의 의의를 안향을 주벽으로 제향하는 소수서원의 건립과정과 대비하여 고찰해 보기로 한다.

---

44) 최초로 건립한 서원을 '도동서원'이라고 명명한 것은 지포 김구가 '오도(吾道)' 즉 '유가의 도를 처음으로 동쪽 우리나라로 가지고 들어온 인물이라는 점을 확고히 하려는 의도라고 생각한다. 실지로 김구의 행적 중에는 '유가의 도가 동쪽 우리나라로 오게 한 결정적인 공로가 있다. 위 각주 34)에서 살펴본 바와 같이 김구는 원나라의 학사 왕악과의 교류를 통해 원나라 황제를 설득하여 황제로 하여금 공자 가문의 족보인 『조정광기(祖庭廣記)』 한 부를 고려에 보내도록 하였다. 이로써 불교가 난만했던 고려는 유학을 부흥하는 전기를 마련하게 되었다고 할 수 있다. 당시의 이러한 상황을 김구는 왕악에게 보내는 편지를 통해 다음과 같이 말하였다. "합하(왕악)께서 평소에 '고려는 황제의 덕화를 입어 유가의 학풍을 숭상하고 있다.'는 말씀을 황제께 줄곧 해주심으로써 황제께서 문득 『조정광기(祖庭廣記)』 한 부를 내려주셨으니 그 특별한 선물로 인한 기쁨뿐 아니라, 우리 유가의 도가 동쪽으로 오게 됨이 또한 기쁩니다." 여기서 "유가의 도가 동쪽으로"라는 말이 처음 사용되었다. 이러한 연유로 연대 상 우리나라 최초의 서원인 부안 도동서원의 이름을 '도동(道東)'이라고 칭하게 되었다고 할 수 있다.

1) 조선 성리학의 도통론(道統論)

그동안 유학사나 서원사에서는 안향(安珦 1243-1306)을 우리나라에 성리학을 도입해온 최초의 인물로 인정하고, 안향을 주벽으로 제향하기 위해 건립한 소수서원을 우리나라 최초의 서원으로 인식해온 관점은 안향이 한국유학사에서 갖는 도통적(道統的) 위치, 현전하는 안향의 전기라고 할 수 있는 『회헌실기(晦軒實記)』의 실상, 소수서원의 걸립과 사액과정 등을 면밀히 살펴보면 재론의 여지가 있는 부분이 적지 않다.

조선에서 도통문제가 본격적으로 거론된 것은 숙종 때에 유생들이 올린 상소로부터이다.

> 신 등이 삼가 살피건대, 도학이 전해진 것은 요·순으로부터 시작하여 공자 문하에서 융성하였는데, 맹자 이후로는 쇠퇴하여 1천여 년 동안 계승하는 자가 없었고, …중략… 송나라의 유자 주렴계가 비로소 그 단서를 열었고, 천명한 이로는 이정(二程)이 있었으며, 집성한 이로는 주자(朱子)가 있었으니, …중략… 우리나라를 헤아려보건대, 단군 때로 말하면 먼 옛일이라 상험할 수 없으며, …중략… 고려 말에 유종(儒宗) 정몽주가 나타나 성리를 연구하여 학문이 깊고 넓어서, 깊은 뜻을 홀로 깨달았는데 선유의 생각과 저절로 부합하였으며, 충효의 대절이 당대를 풍동(豐動)시켰고, …중략… 학문을 주자·정자(周子·程子)에 비하면 참으로 차이가 있겠으나 공로를 주자·정자에 비하자면 거의 같습니다. 그 뒤로 …중략… 정몽주의 계통을 잇고 깊이 염·락(濂·洛: 살던 곳이 濂溪인 周敦頤와 살던 곳이 낙양이었던 程顥·程頤를 합칭하는 말)의 연원을 찾은 자는 김굉필(金宏弼)이 있습니다. 김굉필의 사람됨은 기국이 단정하고 성행이 닦아져서 깨끗하며, 성학(聖學)에 뜻을 두덥게 하고 실천에 힘써서 보고 듣고 말하고 움직이는 것이 모두 공경스럽고, …중략… 죽을 때까지 밤낮으로 계

속하였습니다. 그에게 배운 자는 사도(斯道)의 본지(本旨)를 얻어 듣고, 그를 만난 자는 이 사람의 풍의(風儀)를 앙모하였으며, 금세의 학자가 그를 태산북두(泰山北斗)처럼 생각하여 …중략… 그러나 이 두 사람의 혜택을 입은 자는 온 세상이 다 같은데도 …중략… 이 두 선비는 아직도 설총(薛聰), 최치원(崔致遠), 안유(安裕=安珦)의 열(列)에 참여하지 못하였으니, 성조(聖朝)에서 법을 훼손함이 이보다 심할 수가 없습니다. …중략… 바라건대 전하께서는 …중략… 정몽주·김굉필을 문묘에 종사하게 하여 만세토록 이어갈 도학의 중함을 밝혀서 이 백성이 으뜸으로 삼아 따를 바가 있는 줄 알게 하소서.45)

권전(權磌 1490-1521)이 대표로 쓴 이 상소문을 통해서 고려 말 이 땅에 성리학의 뿌리를 내리게 한 정몽주를 필두로 김굉필까지 문묘에 종사함으로써 정몽주(鄭夢周)-길재(吉再)-김숙자(金叔滋)-김종직(金宗直)-김굉필(金宏弼)-정여창(鄭汝昌)-조광조(趙光祖)로 이어지는 도통을 세우고자 한 사림들의 의지를 볼 수 있다. 그들은 도통을 세우기 위해서는 아직 문묘에 모셔지지 않은 정몽주와 김굉필의 문묘 제향이 절대적으로 필요했기 때문에 이러한 상소를 올린 것이다. 이 상소는 바로 수용되지는 않고 왕은 "너희 소(疏)의 뜻을 보건대, 정몽주·김굉필을 문묘에 종사하여 우리나라의 만세토록 이어갈 도학을 밝히고자 하는 것이니 너희 뜻이 가상하다. 너희 소를 조정에서 의논하라."46)고 하였다.

조정의 논의 과정에서 태종 때 이후로 그 충절이 인정되어 문묘종사의 대상으로 수차 거론되어왔던 정몽주를 문묘에 종사하는 데에 대해서는 이

---

45) 『조선왕조실록』 중종실록 29권, 중종 12년 8월 7일 경술 6번 째 기사-김굉필 등을 문묘에 종사하도록 성균 생원 권전 등이 상소. https://sillok.history.go.kr
46) 위의 상소문과 같은 문장.

의를 제기하는 사람이 없었지만 김굉필의 문묘종사에 대해서는 의견 차이가 있어서 한동안 논의가 순탄치 않았다. 그러나 결국 김굉필과 그의 제자 정여창까지 문묘에 종사하는 것으로 의견이 모아짐에 따라 위에서 제시한 바와 같이 정몽주 - 길재 - 김숙자 - 김종직 - 김굉필 - 정여창 - 조광조로 이어지는 도통을 정립하게 되었다. 이렇게 형성된 도통은 조선이 끝날 때까지 이어졌고 지금도 수용되고 있다. 그러므로 근세 인물 장지연도 『조선유교연원』에서 다음과 같이 말했다.

> 포은은 우리나라 성리학의 종주이니 송유(宋儒)의 성리, 주자의 학문이 우리나라에 전해진 것은 실로 공에게서부터 시작된 것이다. 포은은 야은 길재에게 전하고, 야은은 강호 김숙자에게 전하고, 강호는 아들인 점필재 김종직에게 전하고, 점필재는 한훤당 김굉필에게 전하고, 한훤당은 정암 조광조에게 전하였다. 이는 포은 이후 서로 계승한 성리학의 적파(嫡派)이다.47)

그런데 앞서 인용한 권전의 상소문 내용에서 주의 깊게 살펴야할 부분이 있다. 바로 "이 두 선비(정몽주, 김굉필)는 아직도 설총, 최치원, 안유(향)의 열에 참여하지 못하였으니"라는 대목이다. 이 대목을 통하여 우리는 권전이 상소하기 전의 조선에는 이미 설총(薛聰) - 최치원(崔致遠) - 안향(安珦)으로 이어지는 도통이 있었음을 의미한다. 이 도통은 세종 때에 권근(權近 1352-1409)을 문묘에 종사하려는 의도에서 나온 것으로 알려져 있다.48) 세종 원년(1418)에 좌사간 정수홍(鄭守弘) 등이 권근을 문묘에

---

47) 장지연, 『朝鮮儒教淵源』(一)「고려 시대 정몽주」조, 63-64쪽.
48) 김용헌, 『조선성리학, 지식권력의 탄생』, 프로네시스, 2010, 64쪽.

종사하자는 논의를 처음 내어놓은 이래 세종 15년(143)에는 권근의 제자인 김반(金泮)이 다시 제기하였고, 세종 18년(1436)에는 성균관 유생들이 상언하여 권근뿐 아니라 이제현(李齊賢 1287-1367)과 이색(李穡 1328-1396)도 문묘에 종사하자고 주장하였다. 이들은 성리학을 고려에 처음 소개한 안향 이후로 이제현이 도학을 주창하고 이색이 그 정통을 전하였으며 권근이 그 종지를 얻었다고 보았다. 그리하여 위로는 설총-최치원-안유(향)의 도통을 끌어들이고 그 뒤에 이제현→이색→권근을 이어 붙여 설총 - 최치원 - 안향→이제현→이색→권근이라는 도통을 확립하였다. 이러한 도통 의식은 세조대를 거쳐 성종대에 이르기까지 지속되었다.49) 그랬던 것이 중종 때에 권전을 중심으로 한 유생들의 상소에 의해 반전되어 '정몽주-길재-김숙자-김종직-김굉필-정여창-조광조'라는 도통이 형성되어 오늘날까지 조선 성리학의 정통 도통으로 인식되고 있는 것이다.

2) 주세붕의 새로운 도통관에 따른 서원 창건과 『죽계지(竹溪志)』 편찬의 문제점

중종 12년에 권전이 올린 상소가 출발점이 되어 결국 조선의 도통관이 정몽주 - 길재 - 김숙자 - 김종직 - 김굉필 - 정여창 - 조광조로 확립되었으나 백운동서원을 개창한 주세붕은 이 도통관(道統觀)과는 달리 우리나라 성리학 도통의 시작을 정몽주로 인정하지 않고 안향으로 확고히 하였다. 주세붕은 백운동서원을 세우고 안향을 제사할 때 사용할 목적으로 지은 경기체가50)「도동곡(道東曲)」51)에서 다음과 같이 말했다.

---

49) 진상원, 「朝鮮中期 道學의 正統系譜 成立과 文廟從祀」, 한국사연구회, 『한국사연구』 Vol.128, 152쪽 참조.
50) 고려 고종 때부터 조선 선조 때까지 약 350년간 이어진 시가 형태이다. 대부분 "경(景)

삼한에 오랜 세월 끝에 (하늘이) 진정한 유학자를 낳게 하시니 소백산 자락을 흐르는 풍기 땅에서 안향이 태어난 죽계(竹溪)는 중국의 도학자 주렴계(周濂溪=周敦頤)가 태어난 염계(濂溪)와 같다고 할 수 있는데 염계는 여산(廬山)에 있고 여산은 주희가 백록동 서원(白鹿洞 書院)을 창건한 곳이다.52)

안향을 추숭한 나머지 하늘의 도움으로 안향이 풍기의 죽계에서 태어났다고 칭송하면서 안향이 태어난 소백산 자락의 죽계(竹溪)를 송나라의 도학자 주돈이(周敦頤 1017-1073)와 주희(朱熹 1130-1200)와 관련지어 산송하였다. 그리고 백운동서원과 관련하여 여러 자료를 보아 뉘은『죽세지』53)의 서문을 통하여 백운동서원을 정긴하게 된 이유를 시문에서 녹사

니엇너하니잇고" 또는 "경기하여(景幾何如)"다는 구결이 제4 6구에 있으므로 붙여진 장르상의 명칭이다. 논자에 따라 '경기하여가(景幾何如歌)', '경기하어제가(景幾何如體歌)', '별곡제(別曲體)', '별곡체가(別曲體歌)' 등으로 불린다.

51) 이 도동곡의 '도동(道東)' 또한 앞서 각주 44)에서 설명한 '도동'과 마찬가지로 '유가의 도가 동쪽으로 왔다'는 의미를 부각하기 위해서 사용했을 것이다. 그러나 분명한 것은 이 '도동'이라는 말은 원나라 황제로 하여금 공자가문의 족보인 『조정광기』를 고려에 하도록 유도한 김구의 공적으로부터 비롯되어 부인 도동서인에서 먼저 사용한 말이라는 점이다.

52) 주세붕(周世鵬), 도동곡(道東曲) 9장, 「죽계시(竹溪志)」「행록(行錄)」.

53) 주세붕은 안향의 후손 안위(安瑋)에게 보낸 편지에서, "일찍이 『고려사』를 읽고서 문성공(안향) 본전(本傳)과 문정공(安軸), 문경공(安輔) 두 분의 전기를 찾아내고, 또 『동문선』에 실린 비명(碑銘)과 묘지(墓誌) 및 시로 전송할 때 준 서문을 참고하여 순흥안씨의 역대 연원을 매우 자세하게 알았습니다. … 이러한 글을 한 권으로 가려 뽑았습니다."라고 말했다. 이 편지를 통하여 주세붕은 사당과 서원 설립을 계획하면서 이미 관련 자료를 수집하고 있었음을 알 수 있다. 그러나 『죽계지』의 산행 시기에 대하여는 현재 확증할 자료가 없다. 그 이유는 초간본으로 단정할 수 있는 간본이 전해진 것이 없고, 후쇄본과 중간(重刊) 형태의 이본은 내용의 가감은 물론 보각 보판이 여러 차례 이루어져 가늠하기가 어렵기 때문이다.(이상은 영남문헌연구소 안정(安柾)이 쓴 『한국고전종합DB』 사이트의 「죽계지」 해제 부분의 내용 일부를 발췌 정리한 것이다.) 『죽계지』 이본이 여러 차례 가감, 보각, 보판되는 과정에서 순조 24년에 안향의 20대손

와의 문답 형식'의 글을 통해 밝혔다. 그런데 혹자의 질문을 보면 주세붕이 백운동서원을 창건하는 일에 대해 당시 사람들이 그다지 반기지 않았음을 짐작할 수 있다. 질문 내용은 대략 다음과 같다.

*문성공 안향은 이미 국학(國學, 향교)에 종사되어 고을마다 사당이 있는데 왜 따로 사당과 서원을 세우는가? 더욱이 흉년인 이때에. 게다가 이 일을 주관하는 당신(주세붕)의 시위가 낮으니 사당을 세운다 해도 사람들이 그 권위를 인정하지 않을 것이다.
*주희는 백록동서원을 중수할 때 조정에 아뢰고 하였는데 왜 당신 주세붕은 임의로 안향의 서원을 세우는가?
*안향이 인재 양성을 위해 섬학전을 설치한 것은 맞지만 그의 학문 수준은 그다지 높지 않은데 그 점에 대해서는 어떻게 생각하는가?

물론 이러한 질문은 문답체로 글을 쓰기 위해 주세붕이 설정한 질문이다. 주세붕 스스로가 이런 질문을 설정했다는 것은 곧 당시에 많은 사람들이 이런 의구심을 가지고 있었다는 것을 의미한다. 이러한 질문에 대해 주세붕은 ① 주희가 백록동서원을 세운 뜻을 본받아 백운동서원을 창건한다고 하면서 ② 백록동서원은 원래 왕명으로 지은 것이기 때문에 조정의 허락을 받아야 했지만 백운동서원은 굳이 그럴 필요가 없다고 답한다. 안향의 학문에 대해서는 ③ 주희에는 미치지 못하나 마음은 주희의 마음이었기 때문에 주희의 학문과 인물은 안향을 통해서 볼 수 있으므로 안향의 영정

안병렬(安炳烈: 혹은 安明烈)이 『죽계지』에 수록되어 있던 안향에 관한 기록을 따로 모아 전부터 가전(家傳)되어 오던 『회헌실기』(道東本實記)에 합하여 『회헌실기』(태학본실기)를 간행하였다. 이때 『회헌실기』에 편입된 내용을 제외한 나머지 내용을 편집하여 3권 1책의 『죽계지』를 중간하였는데 오늘날 전해지는 『죽계지』는 바로 이때에 중간한 『죽계지』이다.

을 모실 서원이 필요하다는 답을 하였다. 당시 사람들의 합리적 반대를 무릅쓰고 서원 창건을 서두른 느낌을 읽을 수 있는 답변이다. 이처럼 주세붕은 줄곧 백운동서원을 지어 안향을 추앙하고 향사해야 함을 주장하였다.

드디어 『죽계지』를 편찬하면서 안향의 집안에서54) 전해 내려오는 안향의 행록(行錄)을 책머리에 엮었고, 이어 「존현록(尊賢錄)」, 「학전록(學田錄)」, 「장서록(藏書錄)」, 「잡록(雜錄)」 등을 넣었는데 이는 주자가 엮은 백록동서원에 대한 기록을 본받아 편집함으로써 주자를 경모한 공(안향)의 뜻을 나타내려고 하였다. 그(주희)의 학설은 모두가 중니(공자), 안사, 증사, 사사, 맹사, 두 정사(程子)의 학문의 요지인 위기지학(爲己之學)으로서 후세의 위인지학(爲人之學)과는 의리(義理), 내외(內外), 정조(精粗), 본말(本末) 면에서 천양지차가 있다. 이 책(죽계지)을 읽는 이가 진실로 경(敬)을 근본으로 세워 먼저 공(安珦)의 본전(本傳)을 읽으면서 공이 주자를 사모한 것이 무슨 마음이고 주자가 공에게 사모하는 마음을 깊게 한 것이 어떤 도였는가를 반드시 찾음으로써 공이 주자를 존경했던 도리로 공을 존경하여 천만 번 마음을 씻은 뒤에 주자의 모든 저서를 숙독한다면 하늘이 나에게 부여한 바가 반드시 눈앞에 뚜렷하게 나타날 것이다.55)

---

54) 원문은 '弁以公家行錄'이다. 이에 대한 번역을 '국사에 실린 행록'이라고 번역한 경우가 있는데 (한국고전DB) 이는 아무래도 잘못된 번역인 것 같다. 『죽계지』 서문에서 안향을 줄곧 '公'으로 표현한 점에 비추어 볼 때 이곳의 '公家'는 '공의 집안' 즉 '안향의 집안'으로 번역하는 것이 옳을 것이다.
55) 周世鵬, 『竹溪志』序 "弁以公家行錄, 其餘尊賢學田藏書雜錄諸篇, 則必表出朱子所著而爲之冠, 用寓公慕朱之意. 其說皆爲己之學, 實出於仲尼顔曾思孟兩程之要旨, 而與後世爲人之學, 其義利內外精粗本末, 自有霄壤之判矣. 讀是書者, 誠能主敬以立本, 先讀公本傳, 必尋公之所以慕晦翁者何心, 晦翁之所以使公致慕者何道, 以公所以禮晦翁者禮公, 千萬洗心, 然後詳熟晦翁諸作, 則天之所以與我者, 必淨露其端於吾目中矣."

안향의 전기를 읽으면서 안향이 주희를 숭모한 마음을 먼저 헤아리고, 주세붕 당시에 공부하는 사람들이 안향이 주희를 숭모했던 도리로 마음을 썼은 후에 주희의 모든 저서를 숙독한다면 주희가 주장한 도가 세상에 퍼지게 되어 주세붕 자신이 하늘로부터 부여받은 것으로 여긴 자신의 임무를 다하게 될 것이라는 내용이다. 주세붕은 안향을 숭모함으로써 당시의 선비들로 하여금 안향을 통해 주희를 보게 하는 것이야말로 하늘이 자신에게 내린 임무로 여긴 것이나. 주세붕의 이러한 견해는 역사에 기록된 안향의 학문과 덕행에 대한 객관적 기준에 입각하여 백운동서원을 창건한 게 아니라, 자신의 주관적 감성과 신념을 바탕으로 창건했음을 보여준다. 그런 주관적 신념이 강했기 때문에 당시 사람들의 반대를 무릅쓰고 서둘러 백운동서원을 창건한 것이다.

　주세붕은 1541년(중종36) 47세의 나이로 풍기군수로 부임하여 1542년 8월 15일에 문성공 안향의 묘당 기공식을 하고, 1543년 8월 11일에 안향의 영정을 사당에 봉안하였으며, 이어서 백운동서원을 창건하였다.56) 그리고 1544년(중종39) 9월 7일 안향의 증손으로서 일찍이 자신이 안무사를 지낸 강원도를 찬미한 경기체가 「관동별곡」과 고향 죽계에 대한 찬미의 노래인 「죽계별곡(竹溪別曲)」을 지은 문정공 안축(安軸)과 안축의 동생 문경공 안보(安輔)를 배향하였다. 그리고 이해 10월에 『죽계지』의 편집을 마치고 서문을 지었다. 한국 최초의 서원으로 알려지게 된 이 서원의 설립이 거의 군수 한 사람의 의지와 계획에 의하여 3년 만에 완성된 셈이다.

---

56) 이때 진사 황빈(黃彬)이 출연한 쌀 45석으로 기금을 세우고 논 1결 94부 3속과 밭 72부 4속의 학전을 마련하였으며, 터를 다지다가 획득한 놋쇠를 팔아 사서삼경, 『이정전서』, 『주자대전』, 『대학연의』, 『통감강목』 등 500책의 서적을 수장하였다고 한다. 周世鵬 『竹溪志』 序.

주세붕이 이토록 서둘러 백운동서원을 창건한 내력에 대해서는 다른 기록은 거의 없고 주세붕 자신이 편간한 『죽계지』에 창건 과정에 대한 기록이 주로 남아있다. 그런데 『죽계지』는 편간에 많은 문제점이 있어서 진즉부터 논란이 있었다. 바로 주세붕의 뒤를 이어 풍기군수가 된 퇴계 이황(李滉)은 자신이 군수로 재직할 당시에 백운동서원의 권위를 높이기 위해 경상도 관찰사를 통하여 서원에 사액을 해 줄 것을 청하는 소(疏)를 조정에 올리도록 부탁할 정도로 백운동서원을 중시하지만, 백운동서원의 창긴 내력을 기록하고 있는 『죽계지』의 편간에 대해서는 상당히 큰 의문을 제기했다. 이황은 그의 세사 임택시(朴澤之)에게 보낸 편시에서 나음과 같이 밀했나.

> 왕년에 상산(商山) 주경유(周景遊:景遊는 주세붕의 字)가 풍기군수로 있으면서 『죽세시』를 편산하였는데 편산을 마시자마자 간행아였다. 내가 사우 몇 명과 함께 그 문제점에 대하여 지적하고 고치기를 청하였는데, 경유가 사신의 뜻이 옳다고 여기고 들어주지 않았다. 대개 시비의 공평함은 사람이 누구나 공감하는 법인데 어찌 자신의 사견만 옳게 여기고 서부할 수 있는가. 오늘날 사람들이 그 책을 보면서 병폐가 있다고 여기지 않는 사람이 없으니 대개 시비 판단의 공정함에 있어서는 사람 마음이 다 같은 것이다. 어찌 자기 한 사람의 사견으로 여러 사람의 비방을 이길 수 있었는가?57)

주세붕이 『죽계지』를 편간하는 과정에 많은 무리가 있었음을 지적하였

---

57) 『퇴계선생문집』 제12권 서(書)1 "商山周景遊在豐邑, 撰竹溪志, 甫成卽入梓. 滉與士友數輩, 頗指其病處而請改之, 景遊固執自是而不聽. 今人見其書者, 無不以爲有病, 蓋是非之公, 人心所同然者, 豈可以一己之私見勝排之乎."

고 그러한 지적은 이황 개인의 생각일 뿐 아니라. 당시 사람들의 공통적 견해였음을 밝혔다. 이황은 또 『영봉지(迎鳳志)』58) 편찬과 관련하여 1560년(명종15)에 노경린(盧慶麟)에게 보낸 편지에서도 『죽계지』의 편간에 문제가 있음을 거론했다.

> 영봉지는 중거(仲擧)가 보내주어 이미 보았다. 다만 내가 항상 『죽계지』가 잡박(雜駁)된 것을 면치 못한 것에 대하여 문제점으로 여겼으니, 그 편찬 취지는 취하되 실제 행한 것은 본받지 않는 것이 어떻겠는가? 그(주세붕)가 초록한 위학(爲學), 입교(立教) 대다수는 혼란스럽고 두서가 없다."

『죽계지』에 문제가 많으니 『영봉지』를 편찬하면서 『죽계지』의 내용을 참고하지 말 것은 물론 『죽계지』와 같은 방식으로 책을 편집하지 말 것을 당부하고 있다. 그런가 하면 이황과 교유가 깊었던 금계(錦溪) 황준량(黃俊良 1517-1563)은 『죽계지』에 대해 이황에게 장문의 편지를 보내 구체적으로 문제점을 지적하였다.

> 지난번에 『죽계지』 편목을 보았는데, 「행록(行錄)」은 여러 안씨들의 사적이고, 여타 편은 주자의 글로서 역시 볼만하고 본받을 만한 것들이었습니다. … 중략 … 그러나 『죽계지』라는 책이름은 문제가 있어 보입니다.… 중략 … 죽계는 안씨의 세거지입니다. 따라서, 안씨들의 저술을 모아 『죽계지』라고 한다면 괜찮겠지만, 회암(주희)의 글을 발췌하여 그 사이에 끼워 넣고서도 아울러 칭하여 『죽계지』라고 하였으니 어찌 억지스럽지 않겠

---

58) 율곡 이이의 장인인 노경린(盧慶麟)이 창건한 영봉서원(후에 천곡서원으로 명칭 변경)에 관한 실기(實記).

습니까? … 중략 …제 생각으로는 『죽계지』에는 안씨들의 사적을 주로 넣고, 「학전록」, 「장서록」, 「가곡(歌曲)」, 「속상기(俗尙記)」 같은 것과 서원에 관련된 기사는 잡록으로 정리하여 그 뒤에 붙이고, 『주자대전』 중에서 가려 뽑은 주자의 명언은 「주서(朱書)」라 표제를 붙여 따로 간행하여 배우는 이들이 회헌을 탐구하는 자료로 삼게 한다면 명분이 바르고 말이 곧고 조리가 분명할 것입니다. … 중략 …그리고 문정공 안축의 「주리곡(珠履曲)」, 「고양곡(高陽曲)」 등 『죽계별곡(竹溪別曲)』 등은 한때의 희학에서 나온 것으로서 후세에 영송할 만한 것은 아니며 … 중략 … 자신이 지은 저술이 아니면 역시 『죽계지』에 함께 편입시키지 말아야 합니다. … 중략 … 『죽계지』는 모두 온당하게 편집되지만은 않은 것 같기 때문에 제가 의아심을 가지지 않을 수 없습니다. … 중략 … 저의 짧은 소견을 아뢰었으니 재단해 주시기 바랍니다.59)

황준량은 주세붕보다 22세 연하였고, 죽계지 편찬 수년 뒤인 1547년(명종2)에는 경상도 관찰사 안현(安玹)과 더불어 소수서원 「사문입의(斯文立議)」60)를 재정한 인물이며 주세붕을 꿈에서 만날 정도로 존숭했던 사

---

59) 『竹溪志』卷1 行錄後 「附黃學正俊良書」 "頃者, 又見竹溪志等篇, 行錄則諸安之事, 諸篇則朱子之書, 亦皆可觀可法者也. … 但於編次之間, 未免有疑. … 竹溪乃安氏之世居, 取諸安所著, 名以竹溪之志則可也, 學晦菴之書, 吾賢其間而亦冒竹溪之號, 則無奈有喧合之病歟. … 妄意於竹溪志, 編以諸安之事, 如學田藏書歌曲俗尙及凡干書院中事, 釐爲雜錄, 尾附其下. 又粘出晦菴大全中名言, 表以朱書而刊之書院, 爲學者求晦軒之地, 則名正語直, 而條理分明. … 且文貞珠履高陽之曲, 必出於一時善謔之餘, 而非可誦於後世者也. … 而如未免涉於自爲. … 竹溪之編, 似未盡出於至當之歸, 此下學之所不能無疑者也. … 聲敷管窺, 仰希取裁."

60) 소수서원이 창건 초기를 지나 자리가 잡히자, 운영방안에 대한 의견들이 대두했다. 이에, 소수서원 운영원칙을 세우는 6인회가 결성됐다. 경상도 관찰사 안현의 주도로 황효공, 정준, 유경장, 안공신, 황준량 등이 논의하여 원칙을 정했다. 이름을 「순흥문성공묘백운서원사문입의」라고 붙였다. 줄여서 '사문입의(斯文立議)'라고 한다.

람이다. 풍기에 거주하면서 지역의 중추인물로 활동하였고 이황과도 긴밀한 관계를 유지하던 인물이다. 이런 황준량이 『죽계지』의 편찬에 문제가 있다는 점을 신랄하게 비판했다는 것은 주세붕 당시 백운동서원을 지나치게 급히 창건한 것도 문제이지만, 백운동서원의 창건을 정당화하기 위해 편간한 『죽계지』의 편찬에도 심각한 문제가 있었음을 의미한다. 황준량의 이런 문제 제기에 대해 주세붕은 다음과 같은 내용으로 반론을 제기했다.

1. 안씨의 행록을 만들고 주위의 비난이 염려되어 다시 주자의 글을 취하여 넣고, 「학전록」과 「장서록」도 편입했다.
2. 「잡록」 부분에 백록동서원 고사와, 주자의 시가 및 명언을 넣은 것은 주자의 말이 학자들의 큰 법이 된다는 점을 나타내기 위해서이다.
3. 별록을 만들어 위로는 공자, 안자, 증자, 자사, 맹자로부터 아래로는 두 정자(程子)와 주자 등 성현의 말을 기록했으니, 이는 이 도(斯道)를 부지하고 이단을 물리치기 위해서이다.
4. 『죽계별곡』은 성현의 격언을 번안한 가사로 문제점을 보완하여 서원 산수 속에서 시가를 읊는데 도움이 되게 하려는 뜻인데 무슨 혐오스러운 점이 있어 삭제하겠는가.61)

그러나 주세붕의 이러한 반론은 황준량에 제기한 문제점에 대한 바른 답은 아니다. 황준량이 물은 말에 대답한 것이 아니라, 자신이 한 일에 대해 합리성을 부여하기 위한 설명을 많이 했다. 따라서 백운동서원 창건(1543년)과 『죽계지』 편간(1544년) 당시만 해도 황준량은 백운동서원 창건이나 『죽계지』 편간에 대해 부정적이었다. 그러나 이미 백운동서원이 창건되어버린 상황이므로 방치하거나 폐철할 수는 없는 노릇이었다. 이후 안향의

---

61) 『죽계지』 卷1 行錄後, 「答黃仲擧書」.

후손인 안현(安玹)이 경상도 관찰사 부임하게 되었는데 안현은 경상도 각 고을에 요청하여, 서원에서 일할 노비와 제수 장만에 필요한 식량과 소금 등을 확보하여 서원 운영의 재정적 기반을 마련하였다. 아울러 황준량과 함께 서원의 관리와 운영에 필요한 운영규정을 정하여 서원의 원장 임명 문제와 원생의 정원수, 제향 절차 등을 상세하게 규정하였다. 이에, 백운동 서원은 보유한 전답 30결(약 9만 평)에다 어장과 소금 및 보미(寶米:특정 목적의 기금을 마련을 위한 조직을 '보(寶)'라 하고, 그 보에서 모은 쌀을 보미라고 한다.)도 운영하게 되면서 서원은 토대를 굳히게 되었다. 이에, 황준량은 1547년에는 입장유 완전히 바뀌 적극적으로 소수서원의 운영을 제도화하기 위한 「사문입의(斯文立議)」의 제정에 동참한 것이다.

그러나 오늘날의 시각으로 보아도 창건 당시의 상황과 창건의 이유를 밝히『죽계지』의 편찬 체제가 치밀하게 조직되어 있지 않는 것은 사실이다. 책의 명칭도 '죽계=순흥안씨'라는 관점에서 보자면 충분히 비판의 대상이 될 수 있다. 그러므로 경재(敬齋) 이기(李芑 1476-1552)는 1548년(명종3) 봄에 『죽계지』의 말미에 붙인 발문에서 다음과 같이 말했다.

> 그 사람의 저서를 읽으면 그의 사람 됨됨이를 알 수 있다. 내가 『문성공전(안향전)』을 읽어보니 그의 마음이 회옹(晦翁 - 朱熹)을 사모한 것은 틀림없다. 그러나 그(안향)의 학문이 과연 회옹에 짝할 수 있는지는 모르겠다. 경유(景遊:주세붕)의 말을 살펴보면, 고을의 선생 중에 도기 있는 이를 천거하여, 주자의 학문에 의지하여 후진을 교육함으로써 덕을 이루게 하려고 한 것임을 알 수 있다.…62)

---

62) 『竹溪志』말미「竹溪志跋」"讀其書而知其人. 吾觀文成公傳, 其心果慕晦翁爾. 未知其學問果可追配晦翁不. 景遊所以云云者, 欲擧鄕先生之有道者, 以寓朱子之學, 誘掖後進, 使之成德也." 서울대학교 규장각 소장본(奎1360-7A, 1-3).

이기는 안향에 대해 주희를 사모한 사람임에는 틀림이 없으나 안향의 학문이 과연 주희와 짝할 만한 지에 대해서는 회의적 태도를 보였다. 이런 관점을 바탕으로 주세붕이 백운동서원을 건립한 것은 "고을의 선생 중에 도가 있는 이를 천거하여(擧鄕先生之有道) 종사(宗祀)하고 추앙함으로써 그를 통하여 주자의 학문에 의지하여 후진을 교육하게 하고자 함에 있었다."고 말하였다. 다시 말하자면, 안향의 학문이나 도학적 성취가 종사할 만큼 높아서가 아니라, 그 고을 즉 순흥 고을 죽계의 인물 중에서는 안향이 가장 지명도가 있는 인물이므로 안향을 천거하여 서원을 짓고 종사함으로써 지역의 교육 분위기를 확립하기 위해서 백운동서원을 건립했다고 한 것이다. 이상 논의한 바를 종합해 보면 석연치 않은 점이 적지 않다.

① 안향의 인물됨이나 학문이 서원을 창건하여 종사할 만큼 훌륭하지는 못하다는 점.
② 그럼에도 이미 형성된 정몽주-길재-김숙자-김종직-김굉필-정여창-조광조로 이어지는 조선 도학의 도통을 무시하고, 조선 초기에 잠시 형성되었던 설총-최치원-이제현-안향-이색으로 이어지는 도통에 따라 안향을 제향하기 위해 백운동서원을 창건하고 안향의 증손인 안축(安軸)과 안보(安輔)를 함께 배향함으로써 고을의 세족인 순흥안씨 집안의 사적 공간으로 의심받을 만했다는 점.
③ 서원을 창건할 때 지역민과 유지자의 반대가 적지 않았다는 점.
④ 백운동서원의 창건을 정당화하고 지역민과 유지자의 반대를 무마하기 위해 『죽계지』를 무리하게 편간했다는 점.
⑤ 백운동서원 창건의 정당성을 확보할 길이 달리 없었으므로 주희에게 의탁·의지하는 심리가 작용하여 『죽계지』에 주희의 문장이나 어록을 많이 끼워 넣었다는 점.
⑥ 『죽계지』 편찬의 불합리성으로 인해 거립 당시부터 오히려 더 많은

비난을 받았다는 점.

⑦ 창건 당시에 바로 효과적인 운용이 되지 못하고 4년 후에야 경상관찰사였던 안향의 후손 안현(安玹)의 주도 아래 황준량 등과 논의하여「사문입의(斯文立議)」를 제정함으로써 운용의 방안을 강구했다는 점.

이런 석연치 않은 점에 초점을 맞추고 본다면 백운동서원은 객관적인 학문적 '진(眞)'에 입각하여 창건되었다고 하기보다는 주세붕 개인의 신념과 의지, 그리고 세족 순흥안씨의 위세 등이 작용하여 건립된 면이 있다는 생각을 하지 않을 수 없다. 그리고 건립 당시에는 운용에도 문제가 있었던 것으로 보이는데 다시 안향의 후손인 안현이 경상관찰사로 부임하면서 지역의 학자들과 논의하여「사문입의」를 제정함으로써 운용이 활성화하기 시작했다고 할 수 있다.

3) 이황(李滉)의 '소수서원' 사액(賜額) 요청

주세붕이 시원 이름을 '백운동(白雲洞)'이라 한 것은 소수서원의 시리가 중국 송나라 때 주희가 재흥시킨 백록동서원이 있던 "여산(廬山)에 못지않게 구름이며, 산이며, 언덕이며, 샘물이며, 그리고 하얀 구름이 항상 서원을 세운 골짜기에 가득하였기" 때문에 그 백록동서원의 이름을 모방하여 '백운동서원'이라 하였다. 그러나 앞서 살펴본 바와 같이 백운동서원은 창건 당시부터 문제점을 안고 있었다. 그런 백운동서원이 조정으로부터 공인을 받고 널리 알려지게 된 것은 백운동서원이 건립된 지 햇수로 약 5년 후인 1548년 10월 풍기군수로 부임한 퇴계 이황의 노력 덕분이다. 이황은 그 사이에 병조판서를 제수받아 내직으로 들어간 인현의 후임으로 경상도 관찰사에 부임한 심통원(沈通源 1499-?)을 통하여 1549년 1월에 백운동서원에 임금의 사액(賜額)을 바라는 글을 올리고 국가의 지원을 요청하였다. 이황이 심통원에게 올린 글 중에서 눈여겨봐야 할 부분은 다음과 같다.

① 주세붕이 이임한 후, 문성공의 후예인 지금의 병조판서 안현(安玹)이 때마침 관찰사로 부임하여 사당을 참배하고 선비를 예우하였으며, 선비를 기를 수 있는 제도와 방도를 더욱 강구하여, 노비를 보충하고 어염(魚鹽)을 공급하는 등, 제반 조치를 하여 길이 그 덕택을 입게 하였습니다. 이때부터 감사가 부임할 때마다 모두 이곳에 마음을 기울여 권장하였고 함부로 하거나 소홀히 함이 없었습니다.

② 국학과 향교는 저자와 성 안에 있는 데에다 앞으로는 학령(學令)63)에 구애받고 뒤로는 외물에 영향을 받게 되니, 그 효과를 어찌 같은 등급으로 논할 수 있겠습니까. 선비의 학문이 서원에서 힘을 얻게 될 뿐 아니라, 국가에서 필요로 하는 어진 인재 또한 서원에서 더 많이 배출된다고 하겠습니다.

③ 주세붕이 처음 서원을 건립할 때에 이를 이상하게 여기는 사람이 많았으나, 주씨의 뜻이 더욱 견고하여 세인의 비웃음과 비방을 무릅쓰고 시행하여 이처럼 전에 없었던 성대한 일을 이룩했습니다.

④ 저는 송나라 고사에 의거하여 서적과 편액(扁額)을 내려주고 토지와 노비를 정해 주시어 서원의 형편을 풍족하게 하고, 또한 감사와 군수에게는 선비의 양성 방안과 경비의 지원 등에 관해서만 살피게 하고 번거로운 명령과 사소한 조목에 얽매이지 말게 해주시기를 바랍니다.

⑤ 군현의 향교에 이르러서는 제도만 갖추어져 있을 뿐, 실제 교육은 크게 무너진 상태입니다. 선비들이 도리어 향교에서 공부하는 것을 부끄럽게 여겨, 이미 심각하게 퇴폐한 상태에 대하여 구제할 방도가 없으니 참으로 한심한 실정입니다. 오직 서원 교육이 지금에 진흥된다면 무너진 학교 정상화에 도움이 될 것입니다.64)

---

63) 성균관, 사학, 종학, 향교, 서원 등의 교육기관에서 학생들의 활동과 수업내용 및 처벌 규정을 정한 학칙. '학식(學式)' 또는 '학규(學規)'라고도 했다.
64) 『退溪先生文集』 卷9 「上沈方伯通源」 한국고전종합DB https://db.itkc.or.kr/

위의 ①③을 연계하여 생각해보면, 주세붕이 백운동서원을 창건할 당시에 세인의 비웃음과 비방이 심했었는데, 주세붕이 이임한 후 안향의 후예인 지금의 병조판서 안현이 때마침 관찰사로 부임하여 사당을 참배함으로써 백운동서원에 크게 힘을 실어 주었고, 그 후로도 경상관찰사로 부임하는 사람은 으레 백운동서원을 지원했다는 점을 알 수 있다. 역시 지역의 세족인 순흥안씨의 영향력이 크게 작용하여 백운동서원이 관찰사의 적극적인 지원을 받게 되었다는 사실을 확인할 수 있으니 ②와⑤를 연계하면 당시 조선의 향교는 매우 문란 피폐해져서 더 이상 교육기관의 기능을 다할 수 없게 되었는데 이황은 그런 상황에다가 다시 기존의 향교가 대개 저자와 성에 자리하고 있기 때문에 소란스러워 도학을 닦기에 부적절한 면이 있으므로 백운동 계곡 유정(幽靜)한 곳에 서원을 세워 선비들의 공부를 도울 필요가 있다는 논리를 펴고 있다. 이러한 논리에 근거하여 이황은 ④에서 제기한 것처럼 중국 송나라의 사례를 들어 조정에서 서원에 사액해 주고 경비를 지원해 줄 것을 요청하였다. 당시 시대상에 비추어 이황은 관학인 향교 믿고 사패인 서원이 필요힘을 강하게 주장한 것이다. 그런데 이황이 심통원에게 올린 글 안에는 다음과 같은 내용도 있다.

> 이제 수우(周侯:주세붕)가 창선한 것이 비록 신실로 뛰어나고 위대하며 안공(安公:안현)의 이룩해 놓은 바가 또한 매우 완벽하고 빈틈이 없다 하더라도 이것은 다만 한 군수(郡守)나 한 방백(方伯)이 한 일일 뿐입니다. 일이 임금의 명령을 거치지 않고 이름이 국사(國史)에 실리지 않았으니 세상의 여론을 불러일으키고 사람들이 의구심을 진정시키며 온 나라의 본보기가 되어 영구히 전해지지 못할까 염려됩니다.65)

---

65) 今夫周侯之所作, 雖信奇偉, 安公之所成, 亦甚完密, 然此特一郡守一方伯之爲耳. 事不經宣命, 名不載國乘, 則恐無以聳四方之觀聽, 定衆人之疑怪, 爲一國之效法, 而傳於久

앞서 살펴본 대로 본래 이황은 주세붕이 백운동 서원을 건립하고 『죽계지』를 편간한 데에 대해 적잖이 부정적이었으나 이 상소문에서는 주세붕이 백운동서원을 창건한 일을 칭송하고 안현이 「사문입의(斯文立議)」를 제정함으로써 운용이 활성화한 것을 정당화하고 있다. 이미 건립된 서원이니 앞으로도 잘 운용되어야 한다는 의지를 밝히고 있는 것이다. 이어서 "일이 임금의 명령을 거치지 않고 이름이 국사(國史)에 실리지 않았으니 세상의 여론을 불러일으키고 사람들이 의구심을 진정시키며 온 나라의 본보기가 되어 영구히 전해지지 못할까 염려됩니다."라고 하여 백운동서원 창건 당시에 있었던 논란이 재연될 것을 염려하고 있다. 이황의 편지에 여전히 백운동서원 창건 당시의 불합리성과 부정적 민심에 대한 불안이 내재해 있는 것이다. 이러한 불안을 불식시키기 위해서라도 이황은 조정의 사액이 절실하게 필요했던 것이다.

이황이 심통원에게 보낸 이런 내용의 편지는 심통원에게 수용되었고, 심통원은 관찰사의 이름으로 조정에 상소하였다. 심통원의 글을 시작으로 1550년(명종 5년)에는 영의정 이기(李芑), 좌의정 심연원(沈連源:沈通源의 형), 우의정 상진(尙震)이 백운동서원에 국왕의 이름으로 편액과 서적, 토지, 노비를 보내달라는 청을 올리자, 국왕이 이를 받아들였다. 명종은 대제학 신광한(申光漢 1484-1555)에게 서원의 이름을 짓게 하였는데 "이미 무너진 유학을 다시 이어 닦게 했다.(旣廢之學, 紹而修之.)"는 뜻을 담은 '소수(紹修)'로 결정하고 명종5년(1550) 2월에 '소수서원(紹修書院)'이라고 쓴 현판을 내렸다.

본래 많은 문제를 안고 출발한 백운동서원이지만 훗날 이황의 노력에 힘

遠也. 위의 주 64와 같은 곳.

입어 조선 최초의 사액서원이 되면서 조정으로부터 서원이 성리학의 선현제향과 교육 기능을 수행하는 정당성을 인정받게 되었다. 이후, 소수서원은 이황의 주요 활동무대가 되었고 이황 사후에도 그의 제자들의 활동 무대가 되어 영남 유학의 본거지 역할을 하게 되었다. 아울러, 영남 사림들이 강력한 힘을 가진 재야정치집단을 형성하는 데에도 큰 영향을 미쳤다. 이런 관점에서 보자면, 소수서원이 오늘날까지도 조선의 서원을 대표하는 최초의 서원으로 인정을 받고, 그 역할과 공직이 회자되는 것은 건립 이후 안현과 이황 등의 노력에 의해 사액을 받았기 때문이지 건립 당시의 건립 취지나 정당성 성당성이 인정되었기 때문이 아니라고 할 수 있다. 다시 말하자면, 이왕에 건립한 것이니 잘 운용해 보자는 후인들의 의지와 노력으로 인해 사액서원이 되었기 때문이지 건립 당시의 정당성이 절대적이었기 때문은 아니라고 할 수 있는 것이다.

그렇다면, 백운동서원 칭건 당시 적잖은 문제로 지적되었던 안향의 도학(성리학) 수준은 어느 정도이며, 그가 성리학 도입을 위해 노력한 점의 실상은 무엇일까?

4) 안향의 유학진흥과 성리학 도입 관련 기사(紀事) 검토

『고려사』에 수록된 안향 열전은 그의 세계(世系)와 관련하여, "아버지 안부(安孚)가 향리로서 의술을 업으로 섬다가 벼슬을 얻어 밀직부사(密直副使)까지 지냈다."라는 비교적 소략한 사실만을 전하고 있다. 구체적인 세계는 안향에 관한 여러 기록을 모아 출간한 『회헌실기(晦軒實記)』를 통해 알 수 있는데 『회헌실기』의 「본원(本源)」부분에 의하면 안향의 증조부는 신호위상호군(神虎衛上護軍)에 추증된 안자미(安子美)인데 이때부터 순흥을 본관으로 삼았다고 한다. 조부는 추밀원부사에 추증된 안영유(安永儒)이다. 어머니 단산(丹山) 우씨(禹氏)는 향공진사 우천규(禹天珪)의 딸이자 역학에 능통했던 우탁(禹倬)의 누이였다.66)

증조부인 안자미에 이르러 순흥을 본관으로 삼았다는 점, 증조부 이전의 세계는 알려진 바가 없다는 점, 그리고 아버지 안부가 본래 주(州)의 향리였다는 『고려사』의 기사로 볼 때 안향의 가문은 대대로 지방 향리를 역임한 중소지배층으로 보인다. 고려시대 향리, 특히 최상층 향리였던 호장(戶長)은 중앙관청인 상서성(尙書省)으로부터 임명장을 받아 지방관이 파견되지 않은 지역의 사무를 독자적으로 처리할 수 있는 권리를 갖고 있었다. 또한 과거를 통해 중앙 정계로 편입할 수도 있었다는 점에서 조선시대 향리와 큰 차이가 있다. 무신집권기 이후 과거제가 확대됨에 따라 다수의 향리 가문이 새롭게 중앙 정계에 대두하였는데, 아버지 안부의 혼인관계와 사회적 행적, 안향 자신이 과거를 통해 출세하게 되는 과정을 종합해 볼 때 안향의 가문은 고려후기 향리 층이 중앙 관인 층으로 성장한 가문이라고 할 수 있다.

안향이 정치적 활동을 시작한 원종 대는 고려의 격변기였다. 30년에 걸친 대몽항쟁을 끝내고 원나라와 결혼동맹을 맺은 고려는 원종의 즉위와 함께 무신정권을 종결시키고 왕정을 회복하였는데, 1270년에는 삼별초항쟁이 일어났다. 안향은 삼별초에게 잡혀 고초를 당하기도 했다.67)

충렬왕의 즉위 이후 안향은 상주, 안동 등지에서 지방관으로 활동하였으며, 이후 다시 중앙으로 복귀하여 판도좌랑(版圖佐郎), 전중시어사(殿中侍御史)를 거쳐 국자사업(國子司業)에 올랐다. 그런데 이즈음 즉 충렬왕

---

66) 전주대 호남학연구소 역, 『회헌실기』, 회헌실기간행위원회, 1984, 30-34쪽.
67) 위의 책, 「연보」 부분.

15년과 16년(1290)에 있었던 안향의 행적과 관련하여 『회헌실기』에는 다음과 같은 기록이 있다.

> 충렬왕 15년(1289) 원외랑에 제수되었다가 얼마 후, 좌우사낭중을 더하고 또 다시 유학제거를 더하다. ―그 당시 왕은 원나라와 연합군을 구성하여 왜구를 정벌하고자 정동행성을 설치하여 왕이 이 일을 직접 관장하고 선생을 원외랑으로 삼았다. 얼마 후, 좌우사낭중을 임명하니 선생의 덕망과 이름은 멀리 퍼졌으며 원나라에서 또한 고려 유학세거사를 설치하니 왕이 선생으로 제서를 임명하였다.68)

『회헌실기』는 이러한 내용 기술의 근거자료로서 『고려사』를 제시했으나 『고려사』 충렬왕 15년 조의 기사와 내용이 다르다. 충렬왕 15년 9월 주 마지막 부분에 "이달에 원나라에서 고려국유학제거사(高麗國儒學提擧司)를 설치하였는데 그 질(秩)은 종5품이라고 하였다."라는 기록만 있을 뿐 안향을 유학제거로 임명했다는 기록은 없다. 다만, 『고려사』 열전105 안향전에는 "황제가 명하여 정동행성 원외랑(征東行省 員外郞)으로 임명되었고, 갑자기 낭중(郎中)을 더하고, 고려의 유학제거(儒學提擧)로 삼았다."69)는 기록이 있다. 그런데 『회헌실기』에는 다음과 같은 기록이 있다.

> 충렬왕 16년(1290) 연경에 머물면서 주자의 책을 손수 쓰고 공자와 주자의 초상화를 모사하다. ―그 당시 주자서가 세상에 성하지 않았는데 선생은 이를 처음으로 보고 마음으로 몹시 좋아하고 공문(孔門)의 정맥임을 깨달았다. 이에, 주자서를 손수 기록하고 공자와 주자의 초상화를 모사

---

68) 위의 책. 44쪽.
69) 『고려사』 권105 열전18 안향전. "帝命爲征東行省員外郞, 尋加郞中, 本國儒學提擧."

하여 돌아왔으며 이로부터 주자서를 깊이 연구하여 박문약례(博文約禮)의 공부를 이루었다.70)

그러나 『고려사』 충렬왕 16년 조에는 이런 기사가 전혀 없다. 다만, 충렬왕 16년 기사의 첫머리에 "경인 16년 봄 정월에 왕이 원나라에 체류하였다."는 기록이 있고 동년 3월 정묘일 기사에 "왕과 공주 및 세자가 원나라로부터 귀환하였다."는 기사만 있다. 『고려사』 안향 열전에도 이러한 기사는 기록되어 있지 않다. 단, 『고려사절요』에는 다음과 같은 약간의 연관성이 있는 기록이 있다.

> 안향이 (섬학전의) 남은 자금을 박사(博士) 김문정(金文鼎) 등에게 주어 중원(中原)으로 가서 공자와 70제자의 초상을 그리고 또 제기(祭器)·악기(樂器)·육경(六經)·제자서(諸子書)·사기(史記) 등을 사가지고 오도록 하였다.71)

『고려사』에는 아예 관련 기록이 없고 『고려사절요』에도 안향이 직접 원나라에 가서 "주자서를 손수 기록하고 공자와 주자의 초상화를 모사하여 돌아왔다."는 등의 기록은 없다. 이처럼 『고려사』를 비롯한 정식 사서(史書)에 기록이 없기 때문인지 『회헌실기』는 안향이 원나라에서 행한 "주자서를 손수 쓰고 공자와 주자의 초상화를 모사하는" 등의 행적에 대한 근거자료로서 「가승(家乘)」이라는 문헌을 제시했다. 주지하다시피 「가승」은 집안에서 전해오는 '약식 족보'를 말한다. 따라서, 안향이 원나라로부터 주자서를 베껴 오고 공자와 주자의 초상화를 모사해 왔다는 기록은

---

70) 앞의 『회헌실기』, 44쪽.
71) 『고려사절요』 22권 忠烈王 30년 조.

안향 집안의 「가승」에 전해 오는 이야기일 뿐 정사에는 전혀 기록이 없는 것이다.

그런데 우리 학계가 지금까지 안향이 성리학을 최초로 고려에 도입한 인물이라면서 제시하는 근거는 바로 충렬왕 15년과 16년에 있었던 다음과 같은 일들이다.

> 1. 충렬왕 15년에 원나라가 고려에서 유학을 진흥하기 위해 유학제거사라는 관청을 설치했는데 안향이 최초로 유학제거사를 관장하는 유학제거가 되었다.
> 2. 유학세계도시 유학을 진흥하고자 노력하던 나에 충렬왕 15년 11월에 원나라에 가게 되었고, 원나라에 간 안향은 주자서를 손수 베껴 쓰고 공자와 주자의 초상화를 모사하여 돌아왔다. 이로 인해, 비로소 고려에 주자 성리학이 도입되었다.
> 3. 최초의 유학제거로서 주자의 저서를 들여왔고, 공자와 주자의 초상화를 모사해 왔기 때문에 안향은 우리나라에 최초로 성리학을 도입한 인물이다.[72]

그러나 안향이 행한 이러한 일들은 제1항의 유학제거가 되었다는 기록 외에 다른 기록은 어디에도 없다. 안향이 성리학을 도입했다는 결내적인 증거로 널리 알려진 위 2항의 내용 즉 "주자서를 손수 베껴 쓰고 공자와 주사의 초상화를 모사하여 돌아왔다"는 기록은 오로지 『회헌실기』에 기록되어 있을 뿐인데 『회헌실기』는 그 근거 자료로서 안향 집안의 「가승」을 들고 있는 것이다.

---

72) 네이버 사전, 지식백과 등.

5) 『회헌실기(晦軒實記)』의 성격

앞서 각주53)에서 밝힌 바와 같이 오늘날 전해오는 『회헌실기』는 순조 24 혹은 25년(1804 혹은 1805)에 안향의 20대손 안병렬(安昞烈 혹은 安明烈)이 편간한 이른바 『태학본 회헌실기』를 저본으로 삼고 있다. 안병렬은 『죽계지』에 수록되어 있는 안향에 관한 기사를 가려 뽑아 전부터 가전(家傳)되어오던 『회헌실기』(道東本實記)에다가 덧붙여 증보된 『회헌실기』(이를 『태학본회헌실기』라고 한다)를 출간하였다. 회헌실기의 간행에 대해 한국학중앙연구원 디지털 『향토문화전자대전』은 다음과 같은 정보를 제공하고 있다.

"『회헌실기』는 모두 다섯 차례 간행되었다. 먼저 영조39(1763)에 17대손 안극권(安克權)이 「유집사실(遺集史實:안향이 남긴 글과 역사서에 기술된 기록)」, 「세계비지(世系碑誌:집안 내력과 각종 비문과 묘지명)」, 「제현기술(諸賢記述:안향에 대한 후대 사람들의 기술)」 등의 편목으로 편집하여 1766년에 간행하였다. 당시 판각을 도동사(道東祠)에서 했기 때문에 『안자연보(安子年譜:후손들이 안향을 존숭하여 안자라 칭하였다.)』에서는 이를 『도동본실기(道東本實記)』라 부르고 있다. 두 번째 발간된 『회헌실기』는 순조16(1816)에 역시 안향의 후손인 안재묵(安在默) 등이 증보한 것으로 홍석주(洪奭周)가 서문을 썼다. 세 번째는 역시 안향의 후손인 안명렬(安明烈 혹은 安昞烈) 등이 1883-1884년 사이에 4권 2책으로 간행한 것으로 민영목(閔泳穆)이 서문을 썼다.[73] 『안자연보』에서는 이를 『태학본실기(太學本實記)』라고 부른다. 네 번째는 1909년 후손과 사림이 합심하여, 경상남도 진주의 현산(硯山)에서 5권 3책으로 간행한 것인데 이를 흔히 『연산본실기(硯山本實記)』라고 부른다. 이만도(李晩

---

73) 앞의 각주53) 참조.

齋)가 서문을 썼다. 마지막 다섯 번째는 1922년 12월 27일 진주 도통사(道統祠) 광명각(光明閣)에서 인쇄하여 1923년 1월 3일 발행했다. 당시 발행자 또한 후손인 안명식(安明植)이었고 인쇄자도 후손 안백숙(安伯淑)이었다."74)

이러한 간행 내력으로 볼 때 비록 책의 이름은『회헌실기』이지만 이 책은 안향 당대의 실지 기록은 아니며 안향 사후에 바로 그의 행적을 정리하여 기록한 책도 아니다. 후대에 생산된 안향과 관련이 있는 다양한 형식의 글을 모아 놓은 일종의 자료집인 것이다. 그런데『네이버 국어사전』을 비롯하여『지식백과』등 대부분의 인터넷 사전들은 "『회헌실기』는 안향(1243-1306)의 행적을 엮은 실기이다."라고 정의하고 있다. 1306년에 사고한 인물에 대한 자료를 그의 후손들이 모아 1763년에야 엮은 책을 '실기(實記)'라고 이름 붙이는 것이 과연 타당한 일일지 모르겠다. 사후 450여년 후에 엮은 책에 '실기'라는 이름을 붙인 것은 특별히 '실기'임을 강조하기 위함이었을 것이다.

1923년 간행한『회헌실기』의 권1에는 안향이 남긴 시 5수, 상소 1편, 문 1편이 수록되어 있으며 권2로부터 권5까지를「부록」으로 명명함으로써 안향의 시문을 주로 여기고 나머지 자료를 모두 부록으로 취급하였다. 이는 책의 성격을 안향의 '시문집'으로 규정하기 위한 조치로 보인다. 왜냐하면 안향의 문집이 전해오는 게 없기 때문이다. 그러나 부록에 비해 안향이 남긴 시문의 분량이 턱없이 부족하다. 서거정이 편찬한『동문선』에도 안향의 시문은 딱 시 1수만 수록되어 있다. 이점은『동문선』에 수록된 김구의 시문이 95편이고,『보한집』의 편저자인 최자(崔滋)의 시문은 25편

---

74) https://yeongju.grandculture.net/디지털 영주문화대전.

이며, 김구와 함께 수찬관으로 일하며 실록을 편찬한 이장용(李藏用)의 시문이 21편이고, 익재 이제현의 시문이 124편인 점과 매우 대조적이다. 『회헌실기』 권2에는 「세계원류(世系源流)」, 권3에는 연보, 열전, 행장, 진상(眞像), 다른 사람이 안향을 추모한 시 2수, 문 4편, 서(書) 7편, 첩문 2편 등이 수록되어 있고, 권4에는 사제문 6편, 비지 5편, 소수서원(紹修書院)에 남아있는 안향 관련 축문과 서(書) 등 25편을 엮은 「사원(祠院)」이 수록되어 있다. 권5의 전반부도 「사원」으로 임강서원(臨江書院)에 전하는 축문 등 9편, 도동묘(道東廟)의 상량문 등 6편, 한천사(寒泉祠)의 축문 등 2편이 수록되어 있다. 이어 문인들의 찬술(讚述), 보유록(保有錄)과 추원사(追遠祠) 3편과 보본단(報本壇)의 축문과 단기(壇記) 등 2편이 수록되어 있다. 1922년 간행본 『회헌실기』는 1984년 11월에 전주대학교 호남학연구소에 의해 번역되어 1쪽부터 192쪽까지에는 번역본을 수록하고, 193부터 285쪽까지에는 원본을 영인하여 수록한 형태로 출간되었다.

이 『회헌실기』에 대해 윤용균(尹瑢均)은 『윤문학사유고(尹文學史遺藁)』(1933)에서 그 역사적 가치와 신빙도에 대해 의문을 제기하였는데 이에 대해 김병구(金柄九)는 『회헌사상연구』(김병구, 제일문화사, 1981)에서 이 실기가 대체로 『고려사』, 『고려사절요』, 『동국통감』 등의 기록과 일치하므로 그 자료적 가치가 충분하다고 추정하였다.[75] 그러나 앞서 잠시 살펴본 바와 같이 『회헌실기』에 수록된 유학진흥과 관련한 안향의 행적은 『고려사절요』와 부분적으로 일치하는 외에 나머지 부분은 정식 사서의 어디에서도 볼 수 없는 기록이다. 이 외에도 『회헌실기』는 정사와 착오를 보이거나 아예 현전하는 어떤 기록으로도 확인이 불가능한 기록들이 상당수 보인다.

---

75) https://terms.naver.com/한국민족문화대백과 전자판.

문제는 지금까지 한국 학계에서 안향을 성리학의 도입자로 추앙하게 된 근거가 사서(史書)의 기록이 아니라, 안향이 세상을 떠난 후 450여 년 후에 후손들에 의해서 편집된 '안향 관련 자료집' 성격을 띤 『회헌실기』이며 그중에서도 순흥안씨 집안의 「가승」이라는 점이다. 그렇다면 한국의 학계는 이러한 부실한 기록을 왜 그토록 신봉하여 안향을 성리학의 도입자로 추앙해 왔을까? 첫 번째 이유는 고려 말에 안향이 나름대로 유학 진흥을 위해 노력한 공로가 있기 때문이며, 두 번째는 주세붕에 의해 안향을 종사하는 백운동서원이 세워지고, 그 백운동서원이 이황의 건의로 '소수서원'이라는 우리나라 최초의 사액서원이 되었기 때문이다. 그런데 앞서 살펴본 바와 같이 주세붕에 의해 세워진 백운동서원 자체가 주세붕의 군수 임기 동안에 순흥안씨 집안의 성원 아래 성급하게 창건되었다는 점을 생각한다면 백운동서원 창건의 정당성과 권위에는 원초적으로 문제가 있어 보인다고 할 수 있다. 원초적으로 문제가 있었지만 후에 퇴계 이황의 노력으로 인해 조선 최초로 사액서원이 됨으로써 그 위상이 월등하게 높아짐으로써 영남 지역 유학자들의 배양과 활동 근거지가 되었고, 이로 인해 소수서원은 오늘날까지도 조선을 대표하는 가장 권위 있는 서원으로 인정받고 있는 것이다.

6) 안향의 유학진흥 활동

안향이 유학 진흥을 위해 실질적으로 한 일은 무엇일까? 정식 사서(史書)에 남아있는 기록은 무엇이며 그에 대한 평가는 어떠할까? 『고려사』 충숙왕 6년(1337) 조에는 다음과 같은 기록이 있다.

기묘일에 찬성사 안향이 건의하여 국학의 섬학전(贍學錢)을 설치하였다.76)

그리고 『고려사절요』에는 보다 더 자세하게 다음과 같은 기록이 있다.

국학에 섬학전(贍學錢)을 설치하였다. 과거에 찬성사 안향이 학교 교육이 크게 무너지고 유학이 날로 쇠퇴하는 것을 우려하여 양부(兩府)와 의논하기를, "재상의 직책은 인재를 양성하는 것보다 더 급한 것이 없는데, 이제 양현고가 탕진되어 교육에 쓸 자금이 없으니, 청컨대, 6품 이상은 각기 은(銀) 한 근씩을 내고 7품 이하는 등급에 따라 베를 내게 하여 양현고에 귀속시켜서 본전은 그대로 두고 이식을 받아서 영구히 교육 자금으로 만들자."하니, 양부에서 이를 좇았다. 그 사실이 보고되니, 왕이 내고(內庫)의 금전과 양곡을 내어 보조하였다. 이때 밀직(密直) 고세(高世)라는 사람이 자기는 무인(武人)이라고 하며 돈을 내려하지 않으니, 안향이 여러 재상에게 이르기를, "공자의 도가 만세에 법을 내려주었다. 신하가 임금에게 충성하고, 아들이 어버지에게 효도하며, 아우가 형에게 공경하는 것이 누구의 가르침인가. 만일 '나는 무인인데 무엇 때문에 애써 돈을 내어 저 생도들을 양성하겠느냐?'고 한다면, 이 사람은 공자를 위하지 않는 것이니 이래서야 되겠는가!" 하니, 고세가 듣고 매우 부끄러워 즉시 돈을 냈다.77)

---

76) 『고려사』 권32 세가, 충렬왕 30년 5월. "己卯, 贊成事安珦建議置國學贍學錢."
77) 『고려사절요』 권22, 충렬왕 30년, 5월. "置國學贍學錢. 初, 贊成事 安珦憂, 庠序大毁, 儒學日衰, 議兩府曰, "宰相之職, 莫先於敎育人材. 今養賢庫殫竭, 無以資敎養, 請令六品以上各出銀一斤, 七品以下出布有差, 歸之養賢庫, 存本取息, 永爲敎養之資." 兩府從之, 事聞, 王出內庫錢穀, 以助之. 時, 有密直 高世者, 自以武人, 不肯出錢, 珦謂諸相曰, "孔子之道垂憲萬世. 臣忠於君, 子孝於父, 弟恭於兄者, 是誰之敎耶. 若曰, '我爲武人, 何苦出錢, 以養爾生徒.' 則是不爲孔子也, 而可乎." 世聞之, 甚慙, 卽出錢."

찬성사(贊成事)가 된 안향은 고려의 교육기관이 점차 쇠퇴하는 것을 염려하여 섬학전 제도를 수립하여 학생들을 공부하게 한 것이다. 이점은 공로를 인정해야 할 부분이다. 그런데 안향 사후 13년이 지난 충숙왕 6년 (1319)에 안향을 문묘에 배향하자는 의견이 나왔을 때 그에 대한 반응은 그다지 긍정적이지 않았다.

> 문성공 안향을 문묘에 종사(從祀)하게 하였다. 세간에서 논하는 자가 말하기를, "안향이 비록 국자감의 섬학전을 설치할 것을 건의하여 인재를 양성한 공적이 있으나 어찌 이것만으로 문묘에 제향할 수 있겠는가?"라고 하였으나 안향의 문생(門生.) 총명(摠郎) 신천(辛蔵)이 극력 주청했으므로 이 명령이 있었다.78)

이 기사에서 우리가 주목해야 할 점은 안향을 문묘에 제향하자는 논의에 대해 반대한 사람이 있었으며, 반대의 이유는 "비록 국자감의 섬학전을 설치할 것을 건의하여 인재를 양성한 공적이 있으니 어찌 이것만으로 문묘에 제향할 수 있겠는가?"라는 점이다. 이러한 점은 앞서 이기(李芑)의 글에서 살펴본 "그(안향)의 학문이 과연 회옹(주희)에 필적할 수 있는지는 모르겠다. 경유(景遊:주세붕)의 말을 살펴보면, 고을의 선생 중에 도가 있는 이를 천거하여, 주자의 학문에 의지하여 후진을 교육함으로써 덕을 이루게 하려고 한 것임을 알 수 있다."(각주62)라는 구절과 맥을 같이 한다. 즉 안향의 학문을 그다지 높이 평가하지 않은 것이다. 그러나 안향의 문인인 신천(辛蔵)이 강력하게 주청했기 때문에 왕이 허락하는 명을 내렸다. 신천

---

78) 『고려사절요』 권24 충숙왕 6년 6월. "以文成公 安珦從祀文廟. 時, 議者以爲, "珦雖建議置國子贍學錢, 有養育人才之功, 豈可以此從祀乎." 珦之門生摠郎 辛蔵力請, 故有是命."

은 공민왕 때 승려였다가 환속하여 정치에 참여한 신돈(辛旽)의 증조부이다. 신천(辛蕆)의 강력한 주청으로 인해 문묘에 배향하게 되었다는 사실과 안향이 원나라로부터 "주자서를 베껴 들여오고, 공자와 주자의 화상을 모사해 왔다."는 기록이 정사에는 없다는 점을 감안한다면 안향이 고려 말기에 유학 진흥을 위해 주로 한 일은 섬학전 제도를 정비하여 교육을 장려했다는 점으로 요약된다. 섬학전 제도를 활용하여 교육을 장려한 것이 안향의 실질적 주된 공적인데, 사실과 달리 안향은 우리나라에 성리학을 도입한 선구적 인물이라는 기술이 정착되어 한국 성리학의 비조로 추앙을 받게 된 것이다. 안향이 실지로 행한 행적과 적잖은 괴리가 있는 추앙이라고 할 수 있다.

7) 부안 도동서원의 의미

도동서원은 중종29년(1534)년에 전북 부안군 부안읍 연곡리에 창건되었다. 고려 말기에 학자, 시인, 정치가, 외교관으로서의 업적이 탁월했던 지포 김구의 학행을 기리기 위해 창건되었으며, 창건 당시 김구를 주벽으로 제향했고, 그의 맏아들로서 강릉에 우리나라 최초로 교육공간과 제향공간을 겸한 형태의 향교를 세우라는 지시를 동생인 강릉안무사 김승인(金承印)에게 내려서 성사시킨 김여우(金汝盂)를 배향하였다. 그 뒤 1692년 최수손(崔秀孫), 성중엄(成重淹), 김석홍(金錫弘)을 추배하였으며, 숙종37년(1711)에는 홍익한(洪翼漢), 최필성(崔弼成), 김계(金啓)를 추배하였고, 1834년에는 김해(金垓)를 추가 배향하였다. 도동서원을 창건할 당시에는 부안김씨의 중시조인 김구를 주벽으로 종사하고 김구의 아들 김여우를 배향하는 것으로 시작했지만, 후에 다른 성씨 중에서도 학문과 절의가 깊은 최수손, 성중엄, 홍익한, 최필성 등을 배향하여 부안 지역과 연고가 있는 인물들을 두루 제향했다. 이점은 소수서원이 안향을 주벽으로 종사하고 그의 두 후손인 안축(安軸)과 안보(安輔)를 배향하는 것으로 창건한 후, 단 한사람 소수서원의 전신인 백운동서원을 창건한 주세붕만 배향한 채 지금에 이르고 있는 점과는 대조적이다. 게다가 이황이 백운동서원에 사액을 청하기 위해 당시 경상관찰사였던 심통원에게 보낸 글인 「상심방백 통원(上沈方伯 通源)」에서 한 다음과 같은 말도 부안의 도동서원과는 다른 면이 있음을 보여주고 있다.

> "국학이나 향교가 사람이 많이 모이는 성과 안에 있어서 한편으로 학령(學令)에 구애되고 한편으로 과거(科擧) 등의 일에 유혹되어 생각이 바뀌고 정신을 빼앗기는 것과 비교할 때 그 공효를 어찌 동일 선상에 놓고 말할 수 있겠습니까. 이런 관점에서 말하자면 선비의 학문이 서원에서 역량을 얻게 될 뿐만 아니라 나라에서 인재를 얻는 데도 틀림없이 서원이 국학이나 향교보다 나을 것입니다."[79]

이 글을 통해서 볼 때, 소수서원은 창건 당시부터 이미 어느 정도 학문적 축적이 있는 유생들의 학문연마를 돕는 장소로서 풍광 좋고 한적한 곳을 선호했음을 알 수 있는데 이 점 또한 부안의 도동서원의 입지(立地)와 큰 차이점이 있는 것이다. 소수서원이 어느 정도 학문적 축적을 이룬 지역 유생들의 '세미나 장소'로 건립된 성격이 강하기 때문에 풍광이 좋은 고을 택하여 건립했다면, 부안의 도동서원은 서원의 원초적 기능인 '사립학교'로서의 지역교육을 담당할 목적 아래 창건했기 때문에 주변의 풍광을 고려하기보다는 학생들 통학의 편리성에 주안점을 두고서 마을의 한 가운데에 건립

---

[79] 『退溪先生文集』 卷9, 「書」부분 「상심방백 통원(上沈方伯 通源)」 번역문. 한국고전종합DB https://db.itkc.or.kr/

한 것이다.80)

부안의 도동서원은 정조14년(1790)에야 전라도 유생 박태규(朴泰奎) 등이 200명의 연명을 받아 청액 상소를 올렸고, 이후로도 몇 차례의 청액 상소가 있었으나 관철되지 못했다. 그러다가 흥선대원군의 서원철폐령으로 고종5년(1868)에 훼철된 뒤 복원되지 못한 채 지금은 유허만 남아있다.

도동서원의 창건 시기는 중종 29년(1534)으로 우리나라 서원의 역사에서 최초로 일컬어지는 풍기군수 주세붕이 중종38년(1543)년 건립한 백운동서원보다 9년이나 앞선 최초의 서원이다. 이처럼 백운동서원보다 9년이나 앞서 창건된 서원임에도 도동서원은 백운동서원 즉 소수서원에 비해 그 가치와 의의를 인정받지 못한 채 그 존재가치가 묻혀있었다. 이는 '사액'을 통한 국가적 공인을 받는 절차를 밟지 못했기 때문이다. 백운동서원의 창건과 소수서원 사액은 국가적 공인이라는 점에서 '최초의 서원'이라는 의미가 부여된 것이고, 부안의 도동서원은 비록 소수서원보다 9년이나 앞서 창건되었지만 국가의 공인을 받는 절차를 서두르지 않았기 때문에 그 합리적이고 타당했던 창건 의의가 묻히게 된 것이다.

그러나 앞서 주세붕의 백운동서원 창건 과정에서 살펴보았듯이 백운동서원 또한 창건 당시에는 안향과 그의 후손 안축과 안보를 제향하기 위한 사묘·사당의 성격으로 창건되었다는 점에서 부안 도동서원이 설령 창건 당시에 사묘·사당의 성격으로 출발했다고 해도 백운동서원에 비해 손색이 있

---

80) 이러한 입지(立地)환경의 차이는 소수서원과 부안의 도동서원만의 차이가 아니라, 영남지역의 서원과 호남지역의 서원 입지조건의 전반적인 차이라고 할 수 있을 것 같다. 영남지역의 서원들이 거의 대부분 마을과 멀리 떨어진 풍광 좋은 곳에 위치한 데에 반해, 호남지역의 서원들은 거의 대부분 마을 안에 있는 것이다. 이 점에 대해서는 차후 별도의 논문을 통해 고찰해 보기로 한다.

는 것은 아니다. 처음부터 '도동(道東)'이라는 이름을 사용한 점으로 인하여 오히려 백운동서원보다 더 중요한 위상을 갖는다고 할 수 있다. 특히, 백운동서원이 창건 당시에 창건의 불합리성이 많이 제기되고 반대 여론이 있었던 데에 비해 도동서원은 창건 당시에 반대 여론이 제기되었다는 기록이 전혀 없고 구전되는 바도 없다는 점에서 더 큰 의미를 갖는다. 아울러 백운동서원의 주벽으로 종사된 안향과 비교해 볼 때 지포 김구가 안향보다 32세 연상이면서 그의 두 아들과 더불어 실질적으로 유학 발전에 공헌한 바가 크며, 성리학이 유입되는 데에 직·간접적으로 큰 역할을 했다는 점에서 김구와 그의 아들 김여우를 종사하기 위해 창건한 부안 도동서원의 의미는 더욱 크다고 할 수 있다. 기록문헌의 산실로 인해 비록 창건 당시의 정황을 정확히 알 수는 없지만 김구와 그의 두 아들이 유학진흥과 성리학 도입을 위해 노력한 일련의 행적으로 볼 때 부안 도동서원이 갖는 한국 유학사적 의의는 크다고 하지 않을 수 없는 것이다. 더욱이 도동서원이 처음부터 서원으로 불렸을 가능성과 '도가 동쪽으로 전해져 왔다'는 의미를 가진 '도동(道東)'이라는 명칭을 사용했다는 점에서 그 역사적 의미는 특별한 것이라고 해야 할 것이다.

5. 국립통역관양성기관 동문관(通文館)의 설치

김구 신도비는 김구의 말년을 다음과 같이 기록하고 있다.

> 병자년(1276, 66세)에 공은 다음과 같은 건의를 하였다. "설인(舌人: 통역관)들이 대부분 미천하고 배움이 부족하여 통역하여 전하는 말이 사실이 아닌 경우가 많을 뿐 아니라, 간혹 간사한 생각을 가지고 사사로운 이익을 취하는 경우도 있어서 그 폐해가 나라에까지 미치기도 합니다. 청

컨대 통문관을 설치하시고 금내학관에 명하시어 참외문신들 중에 젊은 사람들로 하여금 한어를 익히게 함으로써 번역하는 언어의 실수를 바로잡으소서."81)

이러한 기록은 『고려사』에서도 확인할 수 있다.

충렬왕 2년에 처음으로 설치한 것으로, 금내학관(禁內學官) 등 참외(參外)의 관직에 있는 자로서 나이가 40살 미만인 자들에게 한어(漢語)를 익히도록 하였다. 당시 통역관(舌人)들이 한미한 계층 출신이 많아 사실대로 말을 전하지 않고 간악한 마음으로 제 이익만 추구하는지라 참문학사(參文學事) 김구(金坵)의 건의에 따라 통문관을 설치하였다. 뒤에 사역원(司譯院)을 설치하여 통역 업무를 맡아보게 하였다.82)

김구의 이러한 건의는 곧바로 수용되어 우리나라 역사상 처음으로 국립 통역관 양성기관인 통문관(通文館)이 탄생하게 되었다. 그렇다면 김구는 왜 통문관의 설치를 건의하였을까? 그 당시 통역을 맡던 이른바 '설인(舌

---

81) 『고려사』 권106 열전19 김구전 "충렬왕이 즉위하자 첨의 부사로 고쳐 임명하였고 얼마 있다가 참문학사, 판도사사로 조동시켰다. 당시에 대개 설인(舌人: 통역)들의 출신이 미천하고 사람이 용렬하여 통역을 함에 있어서 사실 그대로 전하지 않는 일이 많았고 어떤 자는 나쁜 마음을 먹고 저에게 유리하게끔 일을 꾸며 놓았다. 그래서 김구가 왕에게 건의하여 통문관(通文館)을 설치하고 금내 학관(禁內學官)의 참외 인원으로 나이가 젊은 자들에게 한어(漢語)를 배우게 하였다.(忠烈卽位改知僉議府事尋遷參文學事判版圖司事 舌人率微賤庸劣傳語多不以實或懷奸濟私 坵獻議置通文館令禁內學館參外年少者習漢語)"

82) 『고려사』 권76, 지30. "忠烈王二年, 始置之, 令禁內學官等參外, 年未四十者, 習漢語. 禁內學官 秘書·史館·翰林·寶文閣·御書·同文院也. 幷式目·都兵馬·迎送, 謂之 禁內九官. 時, 舌人多起微賤, 傳語之間, 多不以實, 懷奸濟私, 參文學事金坵建議, 置之. 後置司譯院, 以掌譯語."

人)'83)들의 농간과 폐해 때문이었다. 국경 지역을 오가며 개인적인 장사를 하던 무리들은 어느 시대에나 있었는데 그들은 장사를 하는 과정에서 생활의 수단으로 한어나 거란어, 여진어, 몽고어 등 외국어를 배우게 되었다. 몽고가 거란족의 요나라와 여진족의 금나라, 그리고 한족의 송나라까지 멸망시키고 대제국을 건립한 이후부터는 몽고어의 위상이 크게 높아져서 한어와 함께 당시의 국제어 역할을 하였다. 이런 와중에 몽고어와 한어에 능한 '설인'이라고 불렸던 이들은 때로는 국가 간 외교에 공을 세우기도 하였지만, 몽고어에 능통하다는 점을 내세워 원나라에서 출세할 기회를 엿보는 등 종종 고려 조정을 곤혹스러운 상황에 빠뜨렸다. 중간에 밀을 빌려 사리사욕을 챙기기도 하고 원나라의 권력가에게 아부하기 위해 고려 조정을 속이고 물자를 반출하여 원나라의 권력자에게 바치는 사례도 있었다. '설인'이 농간을 부려 폐해를 낳은 대표적인 사례가 바로 강윤소(康允紹)의 경우이다. 『동사강목(東史綱目)』에는 다음과 같은 기록이 있다.

> 폐신(嬖臣) 강윤소(康允紹)는 본래 신안공(新安公)84)의 노복이었는데, 몽고어를 할 줄 알며 간사하고 약삭빠름으로 왕의 총애를 빌었으며, 임연(林衍)과도 친한 사이였다.85)

---

83) 『고려사』에는 '설인(舌人)'이라는 용어가 총 여섯 번 나온다. 그러나 중국에서는 '설인'이 오래전부터 통역관을 뜻하는 용어로 사용된 것 같다. 『국어(國語)·주어(周語)』에 기록된 위소(韋昭)의 주석에는 다음과 같은 설명이 있다. "설인은 다른 나라의 뜻을 전달할 수 있는 사람이다. 상서성에 속한 관리이다." 이와 관련하여서는 박종연, 「고려시대의 중국어 통역에 관한 연구: 통역관 선발 양성과 명칭 문제를 중심으로」, 『중국어문학』 제62집, 영남중국어문학회, 2013, 306쪽 참조.
84) 성명은 왕전(王佺)이다. 원종의 비(妃) 경창궁주(慶昌宮主)의 부친이다.
85) 安鼎福, 『東史綱目』 第11下 「戊辰年 元宗 九年」: "嬖臣康允紹, 新安公之奴也. 解蒙古語, 以姦黠得幸於王, 且與衍相善."

강윤소는 본래 원종의 비(妃) 경창궁주(慶昌宮主)의 부친이었던 신안공(新安公) 집안의 노복 출신이다. 신안공을 따라 원나라에 가서 1년 동안 머무를 기회가 있었다. 이때 몽고어를 배워 원종의 총애를 사게 되었다. 이후, 원나라에 사신을 파견할 때면 으레 수행하여 통역을 맡아 설인의 역할을 담당하였다. 이처럼 강윤소는 역어도감(譯語都監)과 같은 공식 기관에서 교육받은 것이 아니라, 개인적으로 몽고어를 배워 출세한 인물이다. 여러 차례 원나라에 사신으로 다녀온 공로로 강윤소는 벼슬길에 나아가게 되었고 마침내 장군의 지위에 오르게 되었다. 세자가 문벌 자제들을 거느리고 원나라에 시위(侍衛)하러 갔을 때 강윤소는 그 사행 길에 뽑히지도 않았는데 왕에게 보고도 없이 따라가기도 했다.[86] 이처럼 몽고말에 통하는 자가 자주 원나라에 드나들다 보니 차츰 꾀가 생기고 불손한 마음이 일게 되었다. 김구는 설인 강윤소의 행패를 직접 목격하고 무례한 행위를 당하기도 했다. 김구「연보」에는 다음과 같은 기록이 있다.

이때(1273) 상감께서 여러 신하들을 거느리고 성절(聖節)을 하례하는데 다루가치(達魯花赤)도 그들의 관속을 인솔하여 오른쪽에 서 있었다. 내수(內豎)인 상장군 강윤소가 호복(胡服) 차림으로 바로 들어와 스스로 원나라 사신에 견주어 왕을 보고도 절하지 않다가 왕께서 성절의 수배(壽拜)를 올리자 같은 시간에 일어나 호배(胡拜:몽고식 절)를 올렸다. 상감께서 노여워하면서도 제재하지 못하고 유사(有司)들 역시 감히 힐난하는 이가 없었다. 공(公:김구)이 이에 호되게 탄핵하니 다루가치가 성내어 말하기를 "윤소가 먼저 머리를 깎고 상국(上國)의 예를 따르거늘 도리어 탄핵하느냐!"고 하면서 오히려 위협하려 들었다. 공(김구)이 말하기를 "내 차라리 견책을 당할지언정 어찌 그 종놈을 탄핵하지 않겠느냐!"라고 하였

---

86) "及世子率衣冠子弟, 入侍于元, 允紹不在選中, 不告于王遂行."

다. 원래 강윤소는 신안공의 노복이었는데 …중략…스스로 원나라에 들어가 몽고식으로 머리를 깎고 돌아와서는 스스로 원나라 사신에 견주어 다루가치 홍다구(紅茶丘)에게 아부하여 본국(고려)를 해칠 것을 도모하는 자였다.87)

설인 강윤소의 행패를 직접 목격한 이 사건을 계기로 김구는 '설인'이라는 자들이 자칫 고려 조정에 큰 위험인물이 될 수 있다는 생각을 하게 된 것으로 보인다. 실지로 벼슬이 군부판서(軍簿判書)에까지 오른 강윤소는 충렬왕 원년(1275) 12월에 홍다구에게 빌붙어서 본국을 해치려 하고, 고려에 많은 양의 군량이 비축되어 있다는 거짓말도 서슴지 않았나. 이로 인해 원나라 조정에서 고려에 군량을 바칠 것을 독촉하도록 만든다. 이처럼 미천한 출신으로서 사석으로 농고발을 익힌 뒤, 이를 개인의 출세 수단으로 이용하려는 이들이 강윤소 이외에도 적지 않았던 것 같다. 잠시 살펴본 『고려사』에 기록된 "당시 설인들은 거의가 미천하고 용렬해 정확히 말을 옮기지 못했으며 어떤 때는 간악한 마음을 품고 사사로운 목적을 이루기도 했다."라는 기록으로 보아 당시 설인들의 수준과 정보를 심히될 수 있다. 김구는 설인들이 야기하는 이런 폐단을 일소하고 외교에 필요한 진정한 통역사를 양성하기 위해 통문관을 설치할 것을 주장하여 마침내 실현시킴으로써 우리나라 외교사에 커다란 족적을 남기게 된 것이다. 김구의 제안과 적극적 노력에 의해 설립된 통문관은 이후 조선으로 이어져 외교에 필요한

---

87) 『지포선생문집』, 부록, 연보. "時上率群臣, 賀聖節, 達魯花赤率其屬, 立於右. 內竪上將軍康允紹, 亦率其黨, 胡服直入, 自比客使, 見王不拜, 及上拜, 一時作胡拜. 上怒而不能制, 有司亦莫敢詰. 公劾之甚力, 達魯花赤怒曰, 允紹先開剃, 遵上國之禮, 而反劾耶, 將危之. 或以告公曰, 吾寧獲譴, 豈可不劾此奴耶. 蓋允紹, 本新安公家奴也. 解蒙占語, 以姦黠得幸於元宗, 旣而得罪, 不自安, 嘗私入元, 開剃而還, 自比客使, 阿附達魯花赤洪茶丘, 謀害本國者也."

통역관을 양성하는 중요한 역할을 담당하였다. 김구의 선견지명이 돋보이는 정책 입안과 수행이라고 아니할 수 없다.

6. 고려시대를 대표하는 뛰어난 시인이자 문장가

『지포선생문집』은 김구 생전에 이루어졌다거나 김구 사후에 바로 이루어진 책이 아니다. 어떤 이유에서인지 분명히 본래 있었던 것으로 여겨지는 문집은 사라지고 지금 전하는 『지포선생문집』은 김구의 18대손인 김동호(金東鎬) 등이 『동문선』과 『고려사』 등에서 김구의 시문을 뽑아 1795년에 편집을 완성한 후 조선 순조 원년인 1801년에 출간한 것이다. 이렇게 재구성한 『지포선생문집』에는 칠언절구 4편, 칠언율시 6편, 칠언고시 2편, 교책(敎冊) 5편, 표전(表箋) 69편, 계(啓) 1편, 소(疏) 5편, 서(書) 3편, 비명(碑銘) 2편 등 모두 95편의 시문이 수록되어 있다. 거의 같은 시기의 인물이며 『보한집』의 편저자인 최자(崔滋)의 시문이 『동문선』에 수록된 게 25편에 불과하고, 같은 시기 김구와 함께 수찬관으로 일하며 실록을 편찬한 이장용(李藏用)의 시문이 『동문선』에 수록된 게 21편에 불과하다는 점을 감안한다면 김구의 시문이 탁월한 위치에 있었음을 알 수 있다. 물론, 『동문선』에 수록된 수량에만 의지하여 김구 시문의 수월성을 다 증명할 수는 없다. 그러나 조선 초기에 문형을 담당한 큰 문장가였던 서거정(徐居正)의 눈에 든 작품의 수가 많다는 것은 그만큼 작품의 수준이 높다는 것을 간접 증명하기에 충분하다고 할 수 있다. 이러한 까닭에 김구보다 약간 뒤의 인물로서 고려 말 최고의 문장가로 손꼽히는 익재(益齋) 이제현(李齊賢 1287-1367)도 김구의 시문에 대해서 "아름답기가 더할 나위 없다(瑰麗無雙)"[88]고 평가한 것이다. 그런 평가를 한 익재 이제현의 글이 『동문선』에 수록된 편수가 124편이라는 점으로 봐도 95편이 수록된 김구의 문장이 이제현의 문장과 비견할 만한 수준이었음을 짐작할 수 있다. (김구의 문학적 업적에 대해서는 본서의 앞부분 「지포 김구 시 전집 -주해와 상설」 부분에서 상세하게 논의한 바 있으므로 더 이상의 기술을 생략한다.)

III. 결론

문정공(文貞公) 지포(止浦) 김구(金坵)는 고려 시대 최대의 국난이라 할 수 있는 몽고와의 전쟁 그리고 회귀의 시대를 살며 개인적으로 닥친 많은 난관을 극복하면서 국가와 민족을 위해 일함으로써 많은 업적을 남긴 인물이다. 김구의 생애와 수학 및 과거에 합격하는 과정들에 대해서는 다시 요약하는 것을 생략하고 김구가 이룬 큰 업적들만 요약하자면 다음과 같다.

① 문정공 지포 김구는 몽고의 원나라로 보내는 외교문서인 표전문을 전담하여 작성하고 원나라 황제의 측근인 왕악(王鶚)과의 개인적 친분을 활용하여 황제에게 로비(lobby)를 부탁함으로써 고려의 자존심을 지키면서 실리외교를 성공적으로 이끈 외교가이다.

② 김구의 장자 김여우는 원나라에 4년 동안 머물며 외교활동을 전개함으로써 마침내 고려와 원나라 사이의 결혼동맹을 성사시켰고, 이로 인해 고려는 국호를 지키고 왕통을 유지하는 독립국의 위상을 갖게 되었다. 이

---

88) 이제현, 『역옹패설(櫟翁稗說)』, 을유문고, 1978, 38쪽.

러한 내력은 충렬왕이 김여우에게 내린 공신녹권인 「문한공 단권」이 최근 발견되어 학계에 공개됨으로써 구체적으로 밝혀지게 되었다.

③ 김구는 인재 양성의 중요성을 절감하고 참외문신 제도를 수립하여 유능한 인재가 비록 과거에 낙방했더라도 지속적으로 학문을 연마하여 국가의 동량재로 성장하도록 지원했다.

④ 김구는 지나치게 난만해진 불교의 폐단을 간파하고 안향(安珦)보다도 훨씬 먼저 유학을 부흥해야 한다는 인식을 하였다. 본래 '백일(百鎰)'이었던 이름을 공자의 이름과 같은 '坵(=丘)'로 바꾸고 자를 공자 다음의 산이라는 뜻에서 '차산(次山)', 호를 '지어지선(止於至善)'에서 의미를 취하여 지포(止浦)라고 한 점 등을 통해서도 김구의 유학부흥 의지를 확인할 수 있다. 이에, 김구는 원나라와의 외교 활동을 통해서 얻은 정보를 활용하여 고려에 주희 성리학이 유입되도록 선도적인 역할을 하였다. 원나라 황제로 하여금 공자 집안의 족보인 『조정광기』를 고려에 보내주도록 유도한 점은 김구의 유학 부흥 의지를 실천한 사례이며 이때부터 '도가 동쪽 우리나라로 왔다'는 의미의 '도동(道東)'이라는 말이 싹텄다.

⑤ 아버지 김구의 유학 부흥에 대한 열망과 성리학 도입의 의지를 계승한 아들 김여우는 원나라에 머물면서 제향과 교육을 겸한 형태의 원나라 국자감과 향교의 기능을 목도하고, 귀국 후 강릉 안무사로 나가 있던 아우 김승인으로 하여금 우리나라 최초로 제향과 교육을 겸한 형태의 향교를 짓게 하였다. 우리나라 최초의 향교인 강릉향교는 바로 김구의 아들 김승인에 의해 지어진 것이다. 조선시대 지방교육을 담당한 공교육기관인 향교 즉 제향과 교육을 겸한 형태의 향교를 우리나라 최초로 건립한 인물이 김구의 제4자 김승인이고, 김승인으로 하여금 그러한 일을 하도록 한 배후에는 유학을 부흥시키고 원나라로부터 유입되기 시작한 새로운 학문으로서

의 성리학을 널리 보급하고자 한 김구와 그의 장자 김여우의 의지와 노력이 자리하고 있다. 그러므로, 고려 말의 유학부흥과 성리학 유입에 가장 선도적 역할을 한 인물은 김구와 그의 두 아들이라고 해야 할 것이다.

⑥ 김구를 주벽으로 제향하기 위해 창건된 전북 부안의 도동서원은 안향을 주벽으로 제향하기 위해 건립한 백운동서원(소수서원)보다 9년이나 앞서 창건된 우리나라 최초의 서원이다. 그런데 소수서원이 풍기군수 주세붕이 앞장서 관방(官方)이 주도하여 건립된 서원인 데에 반해, 부안의 도동서원은 김구의 후손인 부안김씨 종중이 중심이 되어 창건했다는 점에서 훗날 서원의 '세력'에 큰 차이가 생기게 되어 결국 부안 도동서원의 위상과 의미는 역사에 묻히는 결과를 맞고 말았다. 이제라도 부안 도동서원이 한국유학사와 한국서원사에서 갖는 의미를 밝혀 안국의 유학 발전에 기인 교육의 교육 실상을 보다 정확하게 파악할 필요가 있다.

⑦ 그동안 안향은 우리나라에 성리학을 최초로 도입한 인물로 인식되어 왔으나, 사실 정사인 『고려사』에 기록된 안향의 행적 중 성리학을 도입하는 데에 공허해음을 증명할 수 있는 기록은 안향이 '유학제거'라는 관직을 맡았다는 점과 '섬학전'제도를 보강하여 교육에 힘썼다는 점 외에 다른 기록은 찾을 수 없다. 그동안 안향을 성리학을 도입한 인물로 추앙하게 된 근거인 "원나라에 가서 주희의 저술을 베껴오고, 공자와 주희의 초상을 모사해 옴으로써 이 땅에 성리학이 퍼지기 시작했다."는 식의 주장은 다 안향에 대한 각종 기록이 담긴 『회헌실기』에 근거를 두고 있다. 그런데 『회헌실기』는 책이름만 '실기'일 뿐, 안향이 세상을 떠난 후 450여 년 후에 후손들에 의해서 편집된 '안향 관련 자료집' 성격을 띤 책이며, 그 중 "안향이 원나라에 가서 주희의 저술을 베껴오고, 공자와 주희의 초상을 모사해 옴으로써 이 땅에 성리학이 퍼지기 시작했다."는 기록은 순흥안씨 집안의 「가

승」에 근거하여 『회헌실기』에 채록된 것이다. 게다가 백운동서원이 창건 당시부터 안향의 학문적 위상과 관련하여 불합리성이 많이 제기되고 반대 여론이 있었다는 점도 백운동서원 즉 소수서원을 부안의 도동서원을 제치고 우리나라 최초의 서원으로 인식하고 홍보하는 것은 문제가 있을 수 있다. 부안의 도동서원에 주벽으로 종사된 지포 김구는 안향보다 32세나 연상이면서 그의 두 아들과 더불어 실질적으로 유학 발전에 공헌한 바가 크며, 성리학이 유입되는 데에 직·간접적으로 큰 역할을 했다는 점에서 소수서원보다 9년 앞서 김구와 그의 아들 김여우를 종사하기 위해 창건한 부안 도동서원의 의미는 더욱 크다고 할 수 있다. 더욱이 도동서원이 처음부터 서원으로 불렸을 가능성과 '도가 동쪽으로 전해져 왔다'는 의미를 가진 '도동(道東)'이라는 명칭을 사용했다는 점에서 그 역사적 의미는 특별한 것이라고 할 수 있다.

⑧ 김구는 외교에 통역관의 역할이 매우 중요함을 절감하고 우리나라 최초로 국립 통역관 양성기관인 통문관을 설치하였다. 김구의 제안으로 설치한 통문관은 조선시대로 이어져 통역관 양성의 산실 역할을 하였다. 김구의 통문관 설치 제안과 실현은 우리나라 외교사에 빛나는 큰 업적이라고 해야 할 것이다.

⑨ 김구는 고려 말기 뿐 아니라, 전 고려 시대를 대표할 만한 시인이자 문장가이다. 중요한 외교문서인 '표전문(表箋文)'은 내용적으로는 외교적 결례나 굴종을 저지르는 일이 없도록 작성해야 하고, 형식적으로는 상대 국가를 칭송하기 위한 미사여구를 많이 사용하는 변려문으로 작성하기 때문에 짓기가 까다롭고 어려운 문장 장르로 정평이 나 있다. 그런데 그처럼 까다롭고 어려운 표전문을 김구가 전담하여 작성했다는 점에서 김구의 탁월한 문장력은 짐작하고도 남음이 있다. 김구는 표전문을 작성함에 있어서

적절한 고사 사용과 한자·한문의 훈고와 문법적 운용을 기묘하게 함으로써 상대국을 설득하면서도 우리의 자존심과 자부심을 손상하지 않도록 하였다. 이런 김구의 표전문은 원나라의 황제를 감동시켜 우리의 요구를 수용하는 좋은 외교적 결과를 낳았다. 김구 문장력의 탁월함에 대해서는 당시 고려의 왕을 비롯하여 이규보, 이제현, 최자, 최해 등 당대 문인들의 칭송이 자자했다. 김구는 시도 문장 못지않게 잘 지었는데 불행하게도 응당 있었을 것으로 사료되는 그의 시·문집의 원본이 전해지지 않음으로써 그의 시문의 면모를 제대로 다 살필 수 없음이 아쉽다. 18세기에야 재구성한 그의 시문집인 『지포선생문집』을 통해서라도 그의 문학에 대한 연구가 지속적으로 진행되어야 할 것이다.

[부록2]
김구(金坵)의 제주 '돌 밭담' 축조와
그 인문학적 가치

Ⅰ. 서론
Ⅱ. 문정공 지포 김구 '제주 돌 밭담 쌓기'에 대한 기록
Ⅲ. 제주 돌 밭담 이외 세계 유명 돌담의 유래
   1. 프랑스의 경우
   2. 영국 아일랜드의 경우
   3. 일본의 경우

Ⅳ. 제주 돌 밭담의 인문학적 가치
Ⅴ. 제주 돌 밭담 인문학적 가치의 활용 방안
   1. 극적인 스토리텔링
   2. 차별화된 관광 정책
   3. 지포 김구 선생을 소재로 한 소설·영화·연극의 제작

Ⅳ. 결론

I. 서론

국가 중요농업유산이며 흔히 '흑룡만리'라는 말로 표현되곤 하는 제주도의 돌 밭담은 2014에 세계식량농업기구(FAO)의 세계농어업유산자원(GIAHS)으로 지정 등록되었다. 이로써 제주의 돌 밭담은 세계적인 명성을 갖게 되었으며 제주의 주요한 관광자원으로 국내외 관광객들의 각광을 받고 있다. 제주도에서는 제주의 소중한 문화자원인 이 돌 밭담을 길이 보존하면서 그 문화적 가치를 높이기 위해 돌 밭담의 역사와 의의 및 축조 기술과 보존 대책 등 다양한 방면에서 연구를 지속하고 있다.

지금까지는 제주의 돌 밭담을 세계문화유산으로 등재하고 홍보하기 위한 전략, 보존 방안, 축담의 기술 등에 대한 연구가 주를 이루어 왔다. 이러한 분야에 대한 연구도 매우 중요하고 필요하다. 앞으로 더 깊은 관심과 연구가 시작되어야 될 것이다. 그런데 이러한 연구와 함께 우리가 절대 소홀히 해서는 안 되는 연구 분야가 따로 있다. 바로 제주 돌 밭담이 가지는 인문학적 가치이다. 21세기는 문화예술의 시대이고 인문학의 시대이다. 만약 제주의 돌 밭담이 세계의 다른 돌담과 상이한 특별한 인문학적 가치를 가지고 있다면 그 인문학적 가치를 부각하여 세계에 홍보함으로써 제주 돌 밭담의 문화 유산적 가치를 더욱 빛나게 해야 할 것이다.

이러한 관점에서 제주에 '돌 밭담 쌓기'를 정책적으로 시행한 역사 인물인 지포 김구 선생에 대해 주목할 필요가 있다. 제주 도민들은 "제주 밭담은 판관 김구가 쌓기 시작하였다."는 설을 사랑스럽게 여기며 판관 김구를 제주 '돌문화의 은인'으로 추앙하고 있다. 이제, 지포 김구가 초임지인 제주도에서 시행한 '돌 밭담 쌓기' 정책의 실체를 정리하고 제주 '돌 밭담'이 갖는 인문학적 의의를 고찰하여 세상에 널리 알리고자 한다. 그리하여 제주 '돌 밭담'의 가치는 물론, 한국을 대표하는 관광지인 제주도의 가치를 높이는 데에 보탬이 되고자 한다.

II. 문정공 지포 김구 '제주 돌 밭담 쌓기'에 대한 기록

김구 신도비에는 다음과 같은 기록이 있다.

> 제주도의 밭은 예로부터 밭두렁의 경계가 없어서 사나운 놈들이 구실을 붙여 강제로 남의 땅을 제 땅과 합쳐 버리기도 하고, 사슴이나 말이 곡식을 해치는 피해도 적지 않아서 백성들이 골머리를 앓았다. 이에, 공이 돌을 쌓아 담을 쳐서 각자 경작하는 경계를 바로잡고 동물들이 곡식을 유린하는 것을 방지하였다. 제주도 백성들은 지금도 이 사실을 밀어 기리고 있다.1)

이 외에도 김구가 제주도에 정책적으로 돌 밭담을 쌓게 했다는 기록은 여러 곳에서 확인할 수 있다. 1530년(중종 25) 이행(李荇)·윤은보(尹殷輔)·신공세(申公濟)·홍언필(洪彦弼)·이사균(李思鈞) 등이 『동국여지승람』을 증수하여 출간한 『신증동국여지승람(新增東國輿地勝覽)』에는 다음과 같은 기록이 있다.

> 돌을 모아서 담을 쌓았다. 『동문감(東文鑑)』에는 다음과 같은 기록이 있다. "그 땅에 돌이 많고 건조하여 본래 논은 없고 오직 보리·콩·조만이 생산된다. 그 밭이 예전에는 경계의 둑이 없어서 강하고 사나운 집에서 날마다 차츰차츰 먹어 들어가므로 백성들이 괴롭게 여겼다. 김구(金坵)가

---

1) 「신도비명」, "濟之田, 舊無疆畔, 強暴之類, 有因緣兼幷者, 且多鹿馬害穀之患, 民病之, 公遂築石爲垣, 正其經界, 防其蹂躙, 民至今賴之."

판관이 되었을 때에 백성의 고충을 물어서 돌을 모아 담을 쌓아 경계를 만 드니, 백성들이 편리하게 여겼다.".2)

『신증동국여지승람』은 『동문감』의 기록을 인용하여 위와 같이 밝히고 있지만 오늘날 『동문감』은 이미 실전되어 전하지 않고 있다. 『신증동국여지승람』는 1477년에 편찬한 『팔도지리지』에 『동문선』에 수록된 동국문사(東國文士)의 시문을 첨가하였으며, 체재는 남송(南宋) 시대 축목(祝穆)이 지은 『방여승람(方輿勝覽)』과 명나라의 대표적 통지인 『대명일통지(大明一統志)』를 참고하였다. 1차 수정과 교열은 1485년에 김종직(金宗直) 등에 의하여 이루어졌으며, 1499년에 임사홍(任士洪)·성현(成俔) 등이 부분적인 교정과 보충을 가하였으나 내용상의 큰 변동은 없었다. 제3차 수정은 증보를 위한 것으로서 1528년(중종 23)에 착수하여 1530년에 속편 5권을 합쳐 전 55권으로 완성하고 표제에 '신증(新增)'이라는 두 글자를 넣어 국가적인 사업으로 간행한 조선의 대표적인 지리 서적이다. 『신증동국여지승람』이 갖는 이러한 신뢰성에 비추어 볼 때 김구가 제주도에 판관으로 나갔을 때 "백성들의 고충을 물어서" 돌담을 쌓도록 하는 정책을 펼쳤음은 의심의 여지가 없다.

조선 중기의 문신으로서 제주 목사로 있던 이원진(李元鎭 1594-1665)이 1653년에 간행한 『탐라지(耽羅誌)』에도 『신증동국여지승람』과 같은 내용의 기록이 있다.3) 이원진이 죽기 2년 전에 쓴 이 책은 앞서 1530년에

---

2) 『東文鑑』: "地多亂石乾燥, 素無水田, 唯麰麥豆粟生之. 厥田古無疆畔, 强暴之家, 日以蠶食, 百姓苦之. 金坵爲判官, 問民疾苦, 聚石築垣爲界, 民多便之." 卷38 「全羅道·濟州牧」 제5면.

3) 李元鎭, 『耽羅誌』"聚石築垣. 東文鑑. 地多亂石, 素無水田, 唯麰麥豆粟生之. 厥田古無疆畔, 强暴之家, 日以蠶食, 百姓苦之. 金坵爲判官, 問民疾苦, 聚石築垣爲界, 民多便之."

출간된 『동국여지승람』과 김정(金淨)이 쓴 『제주풍토록(濟州風土錄)』을 참고하였기 때문에 거의 같은 내용을 기록한 것으로 보인다. 이원진의 『탐라지』는 체제가 잘 갖춰진 현존하는 최초의 읍지일 뿐 아니라, 내용도 상세하고 정확하여 제주도의 제반 사정을 소상히 파악할 수 있는 책이다. 조선 중기 이후에 편찬된 읍지들이 관찬과 사찬을 불문하고 『탐라지』를 참고했을 정도로 자료적 가치가 큰 책이다. 더욱이 이원진이 『탐라지』를 간행할 당시 제주 지역의 석학이자 명인으로 알려진 고홍진4)의 현지 감수를 거쳤다. 이러한 책에 김구의 돌 밭담 쌓기 공적이 수록된 것으로 보아 당시에 제주도민들이 다 김구가 제주에 돌 밭담을 쌓게 했다는 사실을 믿어 칭송하고 있음을 알 수 있다.

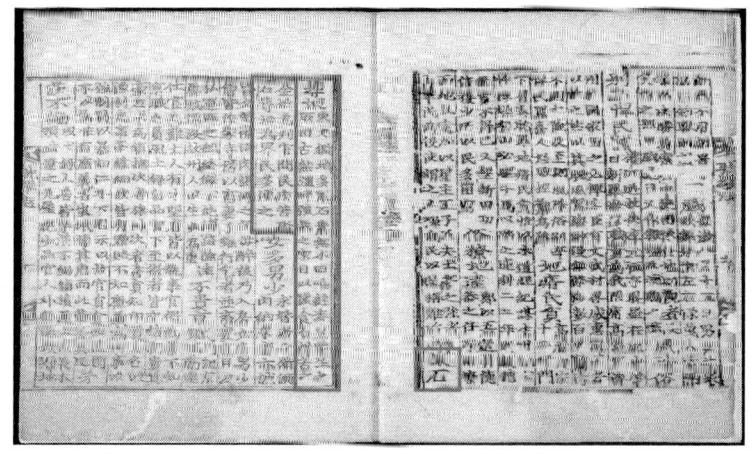

『耽羅誌』(1653) 「風俗」 1책 18-19면

(이미지 출처: 서울대학교 규장각한국학연구원(https://kyudb.snu.ac.kr)

---

4) 제주에는 복술을 잘 보는 문곡성〔문영후〕, 명당을 잘 보는 고전적〔고홍진〕, 의술을 잘 보는 진좌수〔진좌수〕 3인이 유명했다.〔출처〕 한국학중앙연구원-향토문화전자대전 grandculture.net

탐라지의 다른 또 하나의 판본인 국립중앙도서관 소장의 탐라지에도 같은 기록이 있고, 2016년에 김영길이 역주하고, 윤시동이 편찬한 『국역증보탐라지(國譯增補耽羅誌)』에도 같은 내용의 기록이 수록되어 있다.5)

『탐라지』영인본 14면 　　　　　『탐라지』영인본 13면

조선 중기의 문신으로서 제주 목사를 지낸 이형상(李衡祥 1653-1733)이 1704년에 지은 『남환박물(南宦博物)』에도 김구가 제주에 돌 밭담을 쌓았다는 기록이 수록되어 있는데 "예로부터 밭두둑이 없어서, 몹시 우악스럽고 사나운 사람이 남의 땅을 한데 아울러서 제 것으로 만들어 버린다.

---

5) 윤시동, 『국역증보탐라지(國譯增補耽羅誌)』, 제주: 제주문화원, 2016

김구가 판관이 되었을 때, 제주 각지에 영을 내려 담을 쌓게 하니, 백성들이 모두 그것을 편안하게 여겼다. 지금은 밭두둑과 집 옆에도 모두 각기 담을 쌓았으니, 다만 밭 경계를 정한 것일 뿐 아니라 목장의 말을 막는 것이다."6) 라고 하였다. 이형상의『남환박물』은 백과사전식으로 기록된 책으로서 역사적, 학술적인 가치가 매우 높은 것으로 인정받고 있다. 현재 제주특별자치도 시도유형문화재 제34호로 지정되어 있다

조선 후기의 문신 김성구(金聲久)의 문집인『팔오헌집(八吾軒集)』의 권5「남천록(南遷錄)」의 상권에도 제주도의 돌 밭담에 대한 기록이 있다.

돌길이 울퉁불퉁하여 어느 곳 한 곳 평탄하 길이 없있다. 들을 바리보니 만매실의 집더져럼 종횡으로 담장이 저 있있다. 낭초에는 돌돌이 무질서하게 쌓여 있었을 텐데 후에 차츰 개긴하여 경자지로 만들면서 돌덩이들을 밀려 내던질 수 없다 보니 밭두둑에 쌓이던 것이 너버서 마침내 담이 된 것이다. 무덤도 밭에 있는데 무덤 역시 4면을 돌을 쌓있다. 그렇게 함으로써 소나 말 등이 함부로 논밭에 들어가는 것을 막았다.7)

이 기록은 김성구 개인이 제주를 여행하면서 일기 형식으로 쓴 기행문이다. 당시 김성구는 제주 밭담을 김구가 제도적으로 쌓았다는 사실을 모르는 채 농사짓기에 편하도록 돌을 걷어 내어 밭두둑에 쌓아 놓은 것으로 파악하였다.

아마 제주 돌 밭담은 김구가 판관으로 부임하기 전부터 경작자들이 자연

---

6) 이형상 지음, 이상규·오창명 역주,『남환박물』, 서울: 푸른역사, 2009. 109쪽
7) 김성구,『팔오헌집(八吾軒集)』권5「남천록(南遷錄)」"石路從從, 無一平坦處. 望見田野, 如萬家遺址, 墻壁縱橫. 盖當初無人之時, 皆是積石亂堆, 後漸爲耕墾之地, 因恢拓墾畝, 而不能遠闢, 只就田頭累築, 仍成垣墻. 墳塚多在田中, 而亦皆四面石築. 所以禦牛馬闌入蹂躪之患也."

스럽게 돌을 경작지 밖으로 주워내면서부터 자연 발생하였을 것이다. 그때는 담이 아니라 밭두둑에 돌무더기 형태로 쌓이게 되었을 것이다. 그런데 그것을 김구 판관이 제도적으로 돌 밭담을 쌓게 함으로써 오늘날처럼 무너지지 않게 쌓인 담의 형태를 갖추게 되었을 것이다. 즉 돌무더기로 산재하던 것을 김구가 정책을 입안하여 '돌 밭담' 형식으로 인위적으로 쌓게 함으로써 경작지의 경계를 분명히 하고, 가축이나 야생동물로부터 농작물을 보호하고 태풍의 피해도 막는 효과를 발휘하게 한 것이다.

이상의 기록 외에도 다음과 같은 기록들이 제주에 돌 밭담을 쌓게 된 내력을 설명하고 있다.

    1577년, 임제(林悌) 저, 남명소승(南溟小乘)
    1601년, 김상헌(金尙憲) 저, 남사록(南槎錄)
    1679년, 이증(李增) 저, 남사일록,
    _____, 윤시동(尹蓍東 1729-1797)저, 증보탐라지(增補耽羅誌)
    1841년, 이원조(李源祚 1792-1872)저, 탐라지초본(耽羅誌草本)

이중 조선 영조 정조 시대의 문신으로서 제주 목사를 지낸 윤시동(尹蓍東 1729-1797)이 지은 『증보탐라지(增補耽羅誌)』는 일제강점기 경성제국대학 교수였던 금서룡(今西龍)이 수집하여 일본으로 가지고 가는 바람에 국내에는 알려져 있지 않았다. 1960년에 금서룡의 후손이 일본 천리대(天理大)에 기증한 이후 현재까지 일본 천리대학교 도서관에 보관되어 있다. 제주자치도는 천리대 측으로부터 자료를 제공받아 이 책을 2016년에 번역 출간하였다.

이상과 같은 기록을 통해서 볼 때 김구 선생이 초임 벼슬로 제주 판관에 부임했을 때 백성들이 고통으로 여기는 점을 물어서 그 고통을 해결해

주기 위해 돌을 모아 담을 쌓아 경계를 만든 것은 분명하다. 판관 김구는 전부터 자연발생적으로 쌓아온 돌담을 새로운 시각에서 창의적으로 관찰하고 현실적인 문제를 간파한 다음, 백성의 편에 서서 백성들을 아끼는 휴머니즘을 발휘하여 돌 밭담을 쌓을 것을 정책으로 입안하고 제도화한 것이다.

III. 제주 돌 밭담 이외 세계 유명 돌담의 유래

제주의 돌 밭담 외에 프랑스와 영국 아일랜드의 돌 밭담도 세계적으로 유명하다. 그리고 일본에는 '돌 논 두둑'이 있다. 그렇다면 외국의 돌 밭담들은 대개 어떤 과정을 거쳐 쌓아지게 되었을까? 외국에도 김구 판관과 같은 사례가 있을까? 이에, 대한 연구를 통해 제주의 돌 밭담과 외국의 돌담 사이에 뚜렷한 차이점을 찾아낸다면 제주 돌 밭담의 독자적인 가치를 보다 더 적극적으로 드러낼 수 있을 것이다.

1. 프랑스의 경우

프랑스에 돌담이 많은 지역은 프로방스 알프스 꼬드 다쥐르(Provence-Alpes-Côte d'Azur) 레지옹(Région)의 뤼브롱(Luberon)에 위치한 보끌뤼즈 산(Monts de Vaucluse)이다. 이 산에는 '르 뮈르 드 라 뻬스뜨(Le mur de la peste-페스트의 벽)'이라는 돌담이 있다. 중세에 유럽을 휩쓸었던 흑사병(페스트)은 1346-1363년경에 절정을 이루었었는데 과학자와 역사가들은 당시에 흑사병으로 유럽 인구의 30~60%에 이르는 수천만 명이 죽었으리라고 추측한다. 바로 이때 자기가 살고 있는 지역으로 흑사병이 넘어오는 것을 방지할 요량으로 쌓은 돌담이 바로 '르 뮈르 드 라 뻬스뜨' 즉 '페스트의 벽'인 것이다. 앙뚜안 달망(Antoine d'Allemand)이라는 사람이 왕명을 받아 기획한 것으로 라뉴(Lagnes) 지역과 퐁뗀 드 보끌뤼즈(Fontaine-de-Vaucluse) 지역 사이에 27km의 벽을 설치하고

군인을 배치하여 외부인이 이 벽을 넘어 유입해 들어오는 것을 막았다고 한다.8) 이 '페스트의 벽' 돌담은 프랑스 왕국과 아비뇽 교황의 명령으로 쌓기 시작했다. 국왕의 명령을 받아 이 사업을 독려한 사람은 교황령에 속하는 작은 국가라고 할 수 있는 꽁따 브네쌩(Comtat Venaissin)의 행정 관리들이었다고 한다. 그러나 이처럼 애써 돌담을 쌓았지만 전염병을 막지는 못했다.

물론, 프랑스의 돌담도 시대적으로 그 용도가 달랐다. 서고트 왕국 시대(4-6세기)에는 주로 군사적인 방어 목적으로 돌담을 쌓았고, 로마네스크 시대(11-13세기)에는 거주지를 구분할 목적으로 담을 쌓았다. 중세시대(14-15세기)에는 교회 및 교회로 가는 길을 예술적으로 장식하기 위해서 징검다리 담을 쌓았다. 18세기 중반 프랑스 혁명으로 인하여 중세가 끝나고, 이어 19세기에 영국으로부터 시작된 산업혁명으로 경제활동의 양상이 달라지면서 경작지의 경계를 표시하기 위해서 뿐만 아니라, 산업시설을 신설하면서도 담을 쌓았다.9)

이상 프랑스의 돌담에 대해 개략적으로 살펴보았다. 프랑스도 원시 농경시대부터 경작의 편리를 도모하기 위해서 혹은 외부 세력을 방어할 목적 아래 자연발생적으로 돌담을 쌓아왔다. 이것은 세계 어디의 돌담이라도 다 공통으로 가진 성격이라고 생각된다. 그렇게 자연발생적으로 돌담을 쌓아 오다가 전염병 페스트가 대유행하자 궁여지책으로 돌담이라도 쌓아서 전

---

8) Luberon공식홈페이지 https://luberon.fr/luberon/histoire/grands-evenements/annu+le-mur-de-la-peste+2565.html 지역신문 france blue:https:// www.francebleu.fr/infos/societe/confinement-un-mur-de-pierres-seches-pour-proteger-la-provence-en-1721-158635022

9) James Oetomo, 2014, Comportement des murs de soutènement en pierre sèche : une modélisation par approche discrète, Université de lyon, p5

염병을 예방해볼 생각으로 보다 더 높고 튼튼한 돌담을 쌓았던 것이 오늘날 프랑스 돌담의 대표적인 유적으로 남게 된 것이다.

프랑스의 돌담

2. 영국 아일랜드의 경우

아일랜드 서쪽 지역은 바위가 많은 지역이라서 원시 농경시대부터 돌을 정리하고 골라내어 더 많은 경작지를 확보하려는 노력을 했다. 아울러, 경작자들 사이에 경작지의 경계를 분명히 하기 위해 돌담을 쌓기도 했다. 아일랜드 서쪽 지역의 자연환경에 비해 동쪽 지역은 토질이 좋아서 돌담을 쌓지 않고 울타리를 치거나 도랑을 파서 경작지의 경계를 구분하였다.10) 이 시기 서부 지역의 돌 밭담은 개별 농민들에 의해 축석되었기 때문에 구불구불 불규칙한 형태의 돌담을 쌓았다.

중세시대에 들어서는 영주와 농도의 제도가 생기면서 토지를 차지한 부유한 영주(지주)가 농노들을 동원하여 강제 노역을 통해 돌담을 쌓게 되는데 이때 쌓은 돌담은 대부분 인위적인 경계를 따라 직선으로 쌓았으며 전문적인 축석기술을 활용하여 정교하게 쌓았다. 심지어는 돌담에 아름다운

---

10) https://www.hillwalktours.com/walking-hiking-blog/5-facts-about-irish-stone-walls/#Why_are_there_stone_walls_everywhere_in_Ireland

조각을 하는 경우도 있었다. 18-19세기 들어 산업 혁명과 함께 농업도 기계를 사용하게 되면서 농업혁명이라고 할 만한 변화가 일어났는데 이때부터 토지의 소유자들이 농장 개념으로 농토를 경작하면서 농장 둘레에 돌담을 치게 되었다.11)

◆ 영국 아일랜드의 밭담과 농경의 담 제주대 고성보 교수가 2019년에 제안한 「지속 가능한 제주밭담 보전관리를 위한 농촌 공익형 직불제 도입방안」보고서에서 제목.

3. 일본의 경우

1) 아마미 제도(奄美大島) 기카이섬(喜界島)의 돌담

산오 화석을 사용한 돌담과 묘역 등 산호초(珊瑚礁) 무아가 진세 뒤아있다. 기카이섬의 돌담은 태풍 등 강한 바람과 염해(塩害)로부터 가옥을 보호하기 위해 만들어진 것이다. 특히 아덴(阿伝) 촌락은 돌담이 많아 있어 옛날 섬의 모습 그대로를 많이 보존하고 있다.12) 그러나 이 돌담들은 가옥

---

11) https://www.odysseytraveller.com/articles/dry-stono-walls-an-alternative-history-of-the-british-isles/

12) https://www.wwf.or.jp/staffblog/activity/4488.html

의 둘레에 친 돌담이지 경작지의 둘레에 친 돌담은 아니어서 일본에서 돌담문화로 유명한 곳이기는 하지만 제주의 돌 밭담과는 그 성격이 다르다.

2) 사쓰마반도(薩摩半島)의 남서단에 있는 가사사(笠沙) 마치(町)의 오오토우(大当) 지구(地區)의 돌담

사쓰마 반도의 오오토우 지구는 100 가구가 넘는 집들이 한 곳에 모여 있는 밀집 촌락으로, 마을 입구에는 "100만 개의 자연 석적(石積) 석담군(石垣群)이 있는 마을 오오토우" 라고 적힌 표석이 있다. 해안선까지 산이 이어져 평지가 적은 경사지 지형이기 때문에 사람들은 경사지에 백만 개 정도의 자연석을 쌓아 택지를 확보하여 마을을 형성하였다. 1,250m의 오솔길 양쪽, 부지의 경계도 모두 돌담으로 이루어져 독특한 경관을 이루고 있다.13) 그러나 이 지역의 돌담 역시 주택을 짓기 위해 쌓은 축대나 옹벽 용도의 돌담이어서 제주의 돌 밭담과는 그 성격이 다르다.

---

13) https://washimo-web.jp/Trip/Kasasa/kasasa.htm

3) 미야기켄(宮城縣) 이치난시(日南市) 사카모토(坂元)의 계단식 논(棚田)에 돌을 쌓아 만든 논두둑(石積畦畔)

일본에서 제주도와 같이 평지에 돌담을 쌓은 사례는 보이지 않았지만 '석적휴반(石積畦畔)', '石積み畑' 등을 키워드로 삼아 검색한 결과 일본 각지의 계단식 논(棚田)에 활용되는 돌 논두렁이 검색되었다. 계단식 논의 돌 논두렁으로 특히 유명한 곳은 사카모토(坂元)의 계단식 논이다.

대부분의 계단식 논은 흙으로 두둑을 쌓는데 사카모토의 논은 돌로 두둑을 쌓았다. 위 논과 아래 논의 사이의 단차(段差)가 적다면 흙 두둑으로도 충분하지만 사카모토의 계단식 논은 상하 논 사이의 단차가 커서 두둑을 돌로 쌓은 것이다. 이는 택지를 조성하면서 돌로 축대나 옹벽을 쌓는 경우와 비슷하다. 폭우에 둑이 무너지지 않게 하려면 둑을 비스듬히 쌓아 경사면을 넓혀야 하는데 논 두둑의 경사면을 넓히면 상대적으로 경작기가 좁아지므로 가능한 한 넓은 경작지를 확보하기 위해 돌로 수직의 옹벽이나 축대를 쌓듯이 논 두둑을 쌓은 것이다.

이 지역은 에도시대에는 오비번(飫肥藩)의 사케타니(酒谷)촌에 해당했는데 오비번은 다른 번과 마찬가지로 에도시대에 토목공사를 시행하면서 많은 아시가루(足輕)[14]들이 여기에 동원되었다고 한다. 또한 에도만(灣)의 우라가(浦賀) 앞바다에 미국의 페리 제독이 이끄는 이른바 '페리의 함대'가 나타나면서 오비번에서도 해안방비를 증강하기 위한 토목공사를 시행했고, 그 과정에서 방파제와 같은 석적(石積) 공사가 필수적이었기 때문에 석적(石積) 숙련공들이 많아지게 되었다고 한다.

이러한 배경을 거쳐 다이쇼(大正) 말기 쇼와(昭和) 초에는 '사카모토 경지정리사업'이 시작되었는데, 쇼와 3년(1928)부터 쇼와 8년(1933)에 걸쳐 경지정리사업이 진행되었다. 이는 예로부터 농지가 부족했던 사케타니 마을에 새 농지를 만들려는 큰 사업이었다. 과거 돌쌓기 공사를 경험한 사람들도 이 공사에 가담되었을 것으로 추정된다.[15]

---

14) 무가(武家)에서 평시에는 잡역에 종사하다가 전시에는 병졸이 되는 최하급의 무사.
15) https://www.kankou-nichinan.jp/tourisms/242/
https://note.com/bono_memo_note/n/n2a5c8d3a18a9

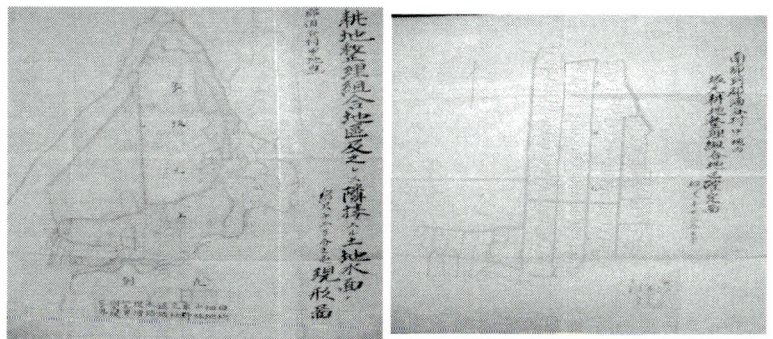

앞에서 살펴본 바와 같이 일부의 돌 담장 문화는 제주의 돌 밭담 문화와는 발생 동기부터 근본적으로 다르다. 그리고 세계적인 명성을 갖고 있는 프랑스의 돌담이나 영국 아일랜드의 돌담은 원시 농경시대부터 농사를 보다 편리하게 짓기 위해 경지지로부터 돌을 골라내는 과정에서 자연발생적으로 쌓아지게 되었다는 점에서는 제주의 돌 밭담과 크게 다를 바 없다. 그러나, 영국이나 프랑스의 돌 밭담에는 지포 김구 선생과 같은 인물이 없니. 흑사병이 유행하자, 국왕과 교황이 흑사병을 막기 위해 행정관의 감독을 앞세워 농노들에게 강제 노동을 시킴으로써 '르 뮈르 드 라 뻬스뜨 (Le mur de la peste-페스트의 벽)라는 돌담이 오늘날 문화 유적으로 남게 되었으며, 영국 아일랜드의 돌담도 튜더 시대에 농도를 독점히 없수는 이 농노들을 동원하여 강제 노역을 시킨 결과로 쌓아지게 되었다. 백성들을 위한 돌담이 아니라, 국왕과 교황과 영주들을 위해 백성들이 피땀으로 쌓은 착취의 결과물이라고 할 수 있는 것이다.

Ⅳ. 제주 돌 밭담의 인문학적 가치

앞서 제Ⅱ장에서 여러 기록을 통해서 확인한 바와 같이 제주도의 돌 밭담은 24세의 젊은 나이에 첫 부임지 제주의 판관으로 내려간 지포 김구 선생이 "백성들의 고충을 물어서" 그 고충을 해결하기 위해 정책적으로 제도를 확립하여 쌓은 돌담이다. 24세 목민관의 특별한 애민정신과 휴머니즘이 반영된 정책적인 사업이었다.

인류가 농경생활을 시작하면서 경작에 불편을 주는 돌을 밭에서 캐내어 주변에 쌓기를 반복한 결과 오랜 역사 속에서 자연스럽게 생겨난 밭담은 위에서 살펴본 프랑스나 영국의 아일랜드 외에도 세계 곳곳에 존재한다. 그러나 한 사람의 목민관이 백성들의 고통을 덜어주고 백성들이 보다 더 안락한 생활을 할 수 있도록 하겠다는 애민정신을 가지고 정책적으로 쌓은 밭담은 그 사례가 없다.16) 이러한 측면에서 제주의 돌 밭담은 24살의 젊은 판관 김구의 목민정신과 휴머니즘이 담긴 인문학적 가치가 높은 문화유산이라고 할 수 있다. 제주의 돌 밭담을 축석 기술, 효용성, 보존 대책 등을 중심으로 연구해온 시각에서 한 걸음 더 나아가 그 인문학적 가치를 연구해야 하는 이유가 여기에 있다.

제주 돌 밭담은 인문학적 가치가 높고 의미가 깊다. 김구는 1239년(고종 26)까지 6년 동안 제주판관의 직무를 수행했는데 당시 제주부사(副司)

---

16) 필자가 현재까지 조사한 바에 의하면 그렇다. 더 많이 조사하다 보면 제주도의 경우와 비슷한 사례를 발견할 수 있을지 모르나 현재까지는 그런 사례를 발견하지 못했다.

는 최자(崔滋)였다. 당시 제주는 육지 사람들에게 있어서는 유배지에 해당하는 험지였기 때문에 높은 관직의 제주부사는 발령을 받고서도 임지에 부임하지 않고 그대로 개경에 머물러 있는 날이 많았고, 대신 실무 담당자인 판관이 실지로 제주의 행정을 도맡아 처리했다. 이런 상황에서 김구는 목민관으로서 적지 않은 치적을 보임으로써 제주 백성들로부터 많은 칭송을 들었다.17)

그동안 제주 돌 밭담의 자연 환경적 가치, 기술적 가치, 관광 자원 가치 등에 대해서는 적지 않은 연구가 있었으며 그러한 연구와 관심을 바탕으로 현재 제주특별자치도는 유네스코 세계문화유산 등재를 준비하고 있다. 이에 반해, 제주 돌담에 대한 인문학적 연구는 상대적으로 부족하나, 제주의 돌 밭담은 판관 김구가 보인 미더운 목민정신과 휴머니즘에 연계하여 연구하고 홍보할 때 그 문화 유산적 가치를 보다 더 높게 평가받을 수 있을 것이다.

제주 밭담에 배인 판관 김구의 목민정신은 비록 경우는 다르지만 세종대왕이 한글을 창제하면서 보인 백성 사랑의 마음과 상통하는 면이 있다고 할 수 있다. 세계의 모든 문자들이 초기 원시인들이 사용하던 간단한 몇 글자를 수천 년 동안 사용하다 보니 세월 속에서 정착된 문자임에 반해 우리 한글은 유독 한 개인인 왕이 백성들을 사랑하는 마음으로 짧은 기간의 연구를 통해 인위적으로 만들어낸 글자이다. 백성들의 편리한 문자생활을 위하여 왕과 신하가 함께 연구하여 창제한 문자라는 휴머니즘의 바탕 위에 자리한 인문학적 가치로 인하여 한글의 위대성이 배가되었듯이 제주도의 돌 밭담도 고려 말의 한 목민관이었던 김구라는 인물이 백성들을 위해 정

---

17) 『지포선생문집』 권3, 「연보」, 고종 21년 갑오 401쪽 참조.

책적으로 지원하여 일정 기간 동안 인위적으로 쌓아 이루어졌다는 점에서 세계의 어느 돌담보다도 높은 가치를 갖는다. 제주의 돌 밭담을 세계의 여느 돌담과 차별화할 수 있는 매우 중요한 가치이다. 이점을 강조하고 부각시킬 때 제주 돌담은 세계의 다른 돌담보다 더 위대한 문화유산적 가치를 인정받을 수 있을 것이다.

V. 제주 돌 밭담 인문학적 가치의 활용 방안

1. 극적인 스토리텔링

요즈음 어린이들도 듣거나 읽거나 배우는지 모르지만 40대 이상의 어른이라면 아마도 마을 제방에 구멍이 난 것을 발견하고 자신의 팔을 밀어 넣어 구멍을 막음으로써 마을을 구한 살신성인의 네덜란드 소년 '한스'의 이야기를 거의 다 알고 있을 것이다. 네덜란드에는 실시로 이 소년을 기리는 동상이 세워져 있다. 그렇다면 이 소년은 실재했던 인물이며 팔뚝으로 제방을 막은 이야기는 실화일까? 아니다. 소년도 존재하지 않았고 이야기도 실화가 아니다.

자신의 팔뚝으로 제방을 막다가 숨진 소년의 이야기는 1865년 미국의 동화작가인 마리 메이프스 도지(Mary Mapes Dodge)가 어린이 잡지에 연재한 동화로부터 시작되었다. 미국에서 시작된 이 이야기가 해수면보다 낮은 국토를 제방을 쌓아 유지하고 있는 네덜란드에 전해지자 네덜란드 사람들은 큰 관심을 가졌다. 동화는 금세 온 나라에 퍼졌고 네덜란드 사람들이 너희 수 십년이 지나자 어느덧 이야기는 이제 미국의 이야기가 아니라 네덜란드의 이야기로 사회에 회자되기 시작했고, 소년의 이름 또한 네덜란드 식 이름인 '한스'로 불리게 되었다. 그리고 언제부터인가 네덜란드 사람들은 이 이야기를 실지로 있었던 이야기로 인식하게 되었다. 실화로 인식한 이상 이 소년을 기리지 않을 수 없게 되었다. 급기야 이 소년의 동상이 세워졌고 사람들은 이 소년의 동상 앞에 서면 묵념을 올리게 되었다. 마침내 이 이야기는 네덜란드에서 실지로 발생한 실화, 위대한 애민정신과 애국정신으로 포장되어 전 세계인들에게 네덜란드의 '역사적 사실'로 알려지게 되었다. 미국의 동화 작가 마리 메이프스 드지의 동화는 네덜란드에서 '실화'로 각색된 후, '동상'이라는 증거로 인해 외국인 관광객들에게도 완전한 '실화'로 받아들여지게 되었고 곧 전 세계로 퍼져 나가게 된 것이다. 그리고 1960년대 한국의 초등학교 교과서에도 실리게 된 것이다.

지포 김구 선생이 열악한 제주도의 자연 환경을 극복하며 어렵게 농사를 짓고 있는 제주도 "백성들의 당면한 고충을 물어서" 그 고충을 해결하기 위해 정책적으로 축석한 제주도의 돌 밭담의 이야기는 각색하기에 따라 마리 메이프스 드지의 동화보다도 더 감동적인 이야기로 재탄생할 수 있다. 24세 목민관의 특별한 애민정신과 휴머니즘이 반영된 정책이었고 제도이기 때문이다. 그러므로 제주의 돌 밭담은 지포 김구 선생의 목민정신을 중심으로 인문학적 가치를 적극적으로 연구하고 홍보하며 스토리텔링을 할 때 세계의 다른 어떤 돌 밭담보다도 높은 가치를 인정받을 수 있을 것이다.

2. 차별화된 관광 정책

지금까지 제주 돌 밭담을 관광자원으로 활용하기 위한 방안들이 많이 모색되어 왔다. 돌 밭담 쌓기 체험, 흑룡만리 돌담길 걷기, 돌 밭담을 배경으로 한 사진 촬영 등의 프로그램을 운영하여 나름대로 성과를 거두고 있다. 이러한 프로그램은 프랑스나 영국의 아일랜드 돌담 마을에서도 이루어지고 있다. 이러한 프로그램은 이러한 프로그램대로 운영하면서 지포 김구 선생이 행한 돌 밭담 쌓기 정책에 담긴 지혜와 애민 정신과 휴머니즘을 관광자원화 할 필요가 있다. 네덜란드에서 자신의 팔뚝으로 물이 새는 제방을 막은 '한스' 소년의 동상을 세움으로써 '한스' 소년의 이야기를 실화화

(實話化)하여 세계에 알리고, 알린 만큼 관광객이 몰려들게 했듯이 제주특별자치도도 제주도의 돌 밭담 문화를 관광자원화 함에 있어서 지포 김구 선생의 동상도 세우고, 「지포선생가」류(類)의 창작 판소리나 가곡, 가요 등도 작곡하여 공연할 필요가 있다.

앞으로의 관광은 갈수록 '문화 관광'의 성격이 짙어질 것이라는 전망이 진즉부터 나오고 있는 상황에서 세계의 여느 돌담과는 달리 '지포 김구 선생 이야기'를 갖고 있는 제주도의 돌 밭담은 지포 김구 선생 이야기와 함께 세계의 문화유산으로 각인시키고 관광자원화 할 때 그 가치를 배가시킬 수 있을 것이다.

3. 지포 김구 선생을 소재로 한 소설 · 영화 · 연극의 제작

문정공 지포 김구 선생이 제주도에 정책을 입안하여 제주적으로 돌 밭담을 쌓게 한 것은 세계의 돌담 문화사에서 그 사례를 찾을 수 없는 특별한 업적이라고 할 수 있다. 이는 자주외교, 성리학의 도입, 고려 말을 대표하는 문학가 퉁무꾀을 설치히 행정기라는 지포 김구의 많은 업적과 함께 길이 빛날 업적이다. 김구가 백성과 국가를 위해 남긴 이러한 업적 특히 제주도에 돌담을 쌓게 한 업적은 소설이나 희곡 등 문학 작품 창작에 매우 합당한 소재이며, 이러한 소재를 살려 보다 참신 가하하고 그러케 문학 작뷰을 저본으로 연극이나 영화를 제작한다면 세계의 어느 돌담과도 다른 제주만의 인문학적 특색을 가진 제주의 돌담을 세계의 문화유산으로 홍보하는 데에 큰 도움이 될 것이며, 제주의 돌 밭담이 가진 이러한 인문학적 가치를 지속적으로 고양시킬 때 제주는 명실공히 세계 돌문화의 성지로 자리매김 하게 될 것이다. 문정공 지포 김구 선생을 우상화하자는 얘기기 아니라, 실지로 있었던 역사적 사실을 보다 더 적극적으로 알리자는 이야기이다.

Ⅳ. 결 론

문정공 지포 김구 선생은 24세에 초임지인 제주도에서 제주 판관의 자격으로 제주도에 돌 밭담을 쌓을 것을 정책으로 입안하여 제도적으로 시행함으로써 경작지의 경계를 분명히 하고 우마와 야생동물들로부디 농작물을 보호하고 태풍의 피해도 줄이는 기능을 하게 하였다. 이로 인해, 제주도민들은 김구를 돌문화의 은인으로 추앙하게 되었는데 이러한 사실은 역사에 기록으로 뚜렷이 남아있다.

① 김구 선생이 제도적으로 시행한 돌 밭담 쌓기 정책은 목민관으로서 투철한 애민정신을 가지고 휴머니즘을 구현한 정책이었기 때문에 그 인문학적 가치가 매우 높으며 세계의 어느 돌담도 김구 선생의 휴머니즘 구현과 같은 인문 정신이 깃든 돌담은 없는 것으로 보인다.

② 김구 선생이 휴머니즘을 발휘하여 쌓은 돌 밭담은 그 인문학적 가치가 매우 높다. 앞으로 제주의 돌 밭담은 이러한 인문학적 가치를 연구하고 홍보하는 방향을 지향하며 관광과 보존 사업을 진행해야 한다.

③ 김구 선생이 제주의 돌 밭담 쌓기 정책에서 보여준 휴머니즘과 인문 정신을 이 시대에 재현하기 위해 판소리나 가요, 가곡 등 노래 제작, 소설 창작과 연극과 영화 제작 등을 고려해야 할 시점이다.

④ 제안 사항: 제주 돌 밭담의 인문학적 가치를 확고히 규명하여 세계의 다른 돌담과 차별화하기 위해 제주특별자치도에서는 프랑스, 영국, 일본 등 세계의 돌담과 제주의 돌 밭담의 차이를 규명하는 용역을 발주하기를 제안한다.

편저자 약력

□ 김병기 金炳基 Kim Byeong-gi

- 유년시절부터 부친 영재(英齋) 김형운(金炯云) 선생으로부터 한문과 서예 공부
- 1988년 대만중국문화대학에서 『황정견의 시와 서예 연구』로 박사학위 취득.
- 국립 공주사범대학, 공주대학교, 전북대학교에서 교수생활 37년 후 정년퇴임
- 중국 시학·미학·서예학 논문 70여 편/ 서예평론문 200여 편/ 저서 30종 집필·출간
- 중국, 일본, 대만, 홍콩, 미국, 폴란드, 루마니아, 카자흐스탄, 헝가리, 이탈리아, 러시아 등 해외초대전 7회 및 논문발표와 특강 50여 회
- 제1회 원곡 서예학술상 수상
- JTBC 차이나는 클라스 제43회 및 87회 출연 특강
- 한국서예학회·한국중국문화학회회장 역임
- 세계서예전북Biennale총감독 역임(2009-2017)
- 대한민국문화재청 문화재 전문위원 역임
- 전라북도 문화재 위원 역임
- 대한민국 서예대전 초대작가(현)
- 국제서예가협회 부회장(현)
- 강암 연묵회 회장(현)
- 전북대학교 명예교수(현)

□ 문혜정 文惠貞 Moon Hae-jeong

- 2009년 전북대학교 중어중문학과 박사학위 취득
- 전북대학교 인문역량강화사업추진단 학술연구교수 역임
- 전북대학교 BK21한·중문화「화이부동(和而不同)」연구창의인재 양성사업단 기금교수 역임
- 전북대학교 BK21중(한)문고전적번역대학원추진사업단 기금교수 역임
- 전북대학교, 전주대학교, 서남대학교 시간강사 역임
- 대한민국 서예대전 입선 및 전라북도서예대전 초대작가
- 세계서예전북비엔날레 작품 출품
- 중국 청도국제서예비엔날레 작품 출품 및 논문 발표
- 중국문예학·서예학 논문 30여 편 집필
- 한국서예학회 이사(현)
- 전북대학교 강사(현)

止浦先生詩全集

(우철)

遂焚倉舍領妻子投火而死

當年怒冠闐塞門四十餘城如燎原依山孤堞當
虜蹊萬軍鼓吻期一吞白面書生守此城許國身
比鴻毛輕早推仁信結人心壯士嚾呼天地傾相
持半月折骸炊晝戰夜守龍虎疲勢窮力屈猶示
閒樓上管絃聲更悲官倉一夕紅焰發甘與妻孥
就火滅忠魂壯魄向何之千古州名空記鐵

七言古詩

過西京 今之平壤

扁舟橫截碧江水 晚抵荒涼長慶寺
江山恐有神靈潛下淚 愴憶曾負笈遠追師
正見西都全盛時 月朗萬戶不知閉
塵靜九衢無拾遺 如今往事盡如掃
可憐城闕空青草 鋤犂半入英雄居
麻麥遍生朝市道 採采何處倩裙兒
哀唱一聲愁欲老

過鐵州

高宗十八年辛卯八月蒙古元帥撒禮塔
圍咸新鎮屠鐵州州倅李元禎固守力盡

虬卯羽葆參差翠鳳毛風護花奴頭上槿露濃金

母李中桃請者朙月徘徊影應是姮娥望赭袍

賀柳平章門生李右丞尊庇領門生獻壽

令公桃李四番榮鷽谷當年薦壽猊座主座者邀

座主門生門見領門年三韓慶閥喧嚌哄一代詞

林摠俊英夐有罕聞奇事在失来鞊帶得来呈

迎主教坊致語詩

我王曾為活蒼生親屈龍沙萬里行比極風雲初

啟會東方日月㪅迴朙笙歌滿國呈新喜劒佩趍

朝賀太平請見功臣歸羙處山舍萬壽湧峰嶸

倚玉樓風黑頭承相前應有緣髮封俠始見公

玉上無端點作痕已將名利貢乾坤千年爭奈埋

塵土餘藥郁堪双子孫金榜工夫誰見賞雪窓文

字未償冤可憐百歲升沉事決在明朝一片言

中例消灾道場音讚詩

遊空宿耀偶相干世眼無端作怪者若是被萠將

醞造當緣呪力旋消殘壽山夏慶千年翠神杵繞

卷一粒丹熾盛光中添瑞氣臘前春色滿三韓

文機障子詩

一朶蓬萊湧海高銀宮月闕駕靈鼇蘭燈燦爛頳

宣政殿行大藏經道場音讚詩二

一藏全勝百萬師故應魔外不容窺揀來龍象渾
無畏掃去豺狼莫疑畫講杵頭卷玉屑夜談梭
腹吐金經願王已輩千祥至社櫻昇平自可知
一會藏嚴是鷲峯百爐香動瑞烟濃講唇走玉翻
三藏譚舌飛珠演五宗端信覺皇分着力定教兵
騎不罍蹴龍天亦感宸誠切導灑真冷醻國容

上晉陽公二

兩世波瀾定海東泰山功後泰山功菲分萬戶猶
毫末河潤三韓亦掌中胡影不侵榆塞月漢歌閒

地盡地多還恐朔天多

嘲圓覺經

時擧國崇信佛法上下奔走要福之場權
臣崔沆雕圓覺經令公跋之公不肯許作
此嘲之沆怒曰謂我鹹
口耶遂左遷溟州判官

圓覺不如鹹口過殘春

蜂歌蝶舞百花新摠是華藏藏裏終日啾啾說

落梨花

飛舞翩翩去却迴倒吹還欲上枝開無端一片黏

七言律

絲網時見蜘蛛捕蝶来

止浦先生文集卷之一

詩

七言絶句

分水嶺途中

詩 嘉熙四年庚子公以權直翰林充書狀官如元有此詩及比征錄西京鐵州出塞等

杜鵑聲裏但青山竟日行穿翠密間渡一溪流知
幾曲送潺潺了又潺潺

出塞

峽中盡日踏黃沙橫擁氈裘冒雨過山盡已疑胡

止浦先生文集目錄終

書

與張學士書　　與王學士書

又與王學士書

碑文

臥龍山眞明國師碑銘

附

年譜

神道碑文幷銘

同前謝侍中

同前謝太子賓客

迎主教坊致語

卷之三

啓

上座主金相國傳衣鉢啓

疏

內殿行百座道場疏

內殿行金經說經疏

內殿請說禪文

代尹克敏讓太子賓客

謝東宮賜宴箋

洛山觀音慶讚疏

萬德社法會疏

告奏起居表
賀表
物狀
賀表
賀聖節起居表　賀表
賀聖節起居表
方物表　方物表
謝監試試員　賀表
元宗不允批答　讓國學祭酒侍講學士
代閔曦讓御史臺事　讓監試試員
同前謝承宣上將軍　讓知貢舉
同前謝翰林學士　代柳璥讓承宣上將軍
代元傅讓翰林學士
代李藏用讓門下侍中

告奏表	謝釐降公主表	賀立大元國號表	告奏表	陳情表	詔責兵船陳情表	遣濟州星主告奏表	還國謝恩表	陳情表	陳情表	
	同前謝酒表	賀表	告奏表	誅金俊告奏表	告奏起居表	告奏起居表	謝恩起居表	入朝告奏表	方物表	
告奏表										

賀立元表	陳情表	陳情表	告奏起居表	陳情表	陳情表	進奉鶻子起居表	進奉表	謝賜羊表	別紙告由表	進奉表
物狀	物狀	謝護送世子表	告奏起居表	告奏起居表	進奉表 上同	進奉起居表	謝恩起居表	賀正起居表	進奉起居表	

卷之二

過西京　過鐵州

應製錄

教册
　王世子玉册文　封王世子
　元王祔廟竹册文　除宰臣崔滋教書

麻制

表箋
　告奏表　告奏起居表
　賀新登寶位起居表　賀表上同

止浦先生文集目錄

卷之一

詩

七言絕句

分水嶺途中　出塞

朝圓覺經　落梨花

宣政殿行大藏經詩　上晉陽公詩二

中例消災道場經詩　文機障子詩

賀柳平章門生獻壽　迎主教坊致語詩

七言古詩

彌鍚興感去滾而避佛頭鋪糞之譏而謹書之如此云爾

崇禎後三乙卯季冬下澣 德殷 宋煥箕 序

安維金累善積功顯之清譽袟袟家法所以此實推本㴱源之論而於今益可驗矣今將編㭊而屬余以弁卷之文余以

絶無躋駿某後裔之誠
固當勤矣而實始主張
者卽公十八代孫東灝也
昔石潭李文成公撰
雲孫某家文字有曰扶

京之手者至矣篇褁雖
少而各文俱存不甚零
寥矣翅爲一弱之珍一
鳶之美也其所以攟摭
於散出之書精加校讎言

以使後人誦讀而知其爲矣若其詩之格調文之體規有非憯陋所敢議而竊謂當時羣彥王之所稱稟東壁之精擅兩

卓偉哉噫公之立朝徽蹟固可徵於廟庭史諜而爲非博雅之士有難盡識雖玆詩文之編辛出於累百載之後尚可

未見面則可知公之詞章寶爲華國也況在坐敎彝行夷俗未變之時淺權臣之媚佛勵妖宦之服胡者尤豈不

清裁甚見重於一世安
文成公裕與公謂非而
爲道義定則可見公之
德業非此俗儒也元學
士王鶚稱公奏文而恨

示余ニ不覺蹶然而作
一繙閱而得知公益詳矣
公之生旹在於宋之嘉
定祥興而歷事麗之
四朝峻秩邈齡兹議

致其實蹟泯沒不傳也
余嘗覽東文選而尋常
慨恨於斯若止浦金公
之事卽其一也一日公後
孫瀷以公遺稿三冊來

止浦集序

我東文章在麗朝不為不盛而凡其遺集布行于世者甚鮮抑或始有褒辭而失於兵燹終

止浦先生詩全集